मुग्धबोध हिन्दी व्याकरण

मुग्धबोध हिन्दी व्याकरण

कृष्णनारायण प्रसाद 'मागध'

वाणी प्रकाशन

वाणी प्रकाशन
ज्ञान के विविध आयामों के प्रकाशक

वाणी प्रकाशन का 'लोगो' विख्यात चित्रकार मक़बूल फ़िदा हुसेन की कूची से

वाणी प्रकाशन, 4695, 21-ए, दरियागंज, नयी दिल्ली-110002
वाणी प्रकाशन, अशोक राजपथ (पटना कॉलेज के सामने), पटना (बिहार)

MUGDHBODH HINDI VYAKARAN

by Krishnnarayan Prasad 'Magadh'

Linguistic

ISBN : 978-93-5000-214-8

प्रथम संस्करण

मूल्य : 395/-

वाणी प्रकाशन
फोन : 0091#11#23273167, 23275710
फैक्स : 0091#11#23275710
वेबसाइट : www.vaniprakashan.in
ई-मेल : vaniprakashan@gmail.com
vani_prakashan@yahoo.com

आर.टेक ऑफसेट प्रिंटर्स द्वारा दिल्ली-110095 में मुद्रित

निवेदन

व्याकरण के सिद्धान्त और व्यवहार, ये दो पक्ष होते हैं। सिद्धान्त के बिना व्यवहार की कल्पना नहीं की जा सकती। अतः ये एक-दूसरे के पूरक होते हैं। प्रस्तुत पुस्तक में सिद्धान्त को अधिक महत्त्व मिला है, पर व्यवहार पक्ष को कहीं भी छोड़ा नहीं गया है। संयुक्ताक्षर, सन्धिकोश, लिंगकोश, समासकोश (सामासिक पद), विशेष्य से विशेषण की रचना, शब्दरूप और शब्दप्रयोग का पूरा प्रकरण, वाक्यगत अशुद्धियाँ, विभिन्न प्रकार की अशुद्धियाँ आदि व्यवहार पक्ष के ही उदाहरण हैं।

पुस्तक के नाम **मुग्धबोध हिन्दी व्याकरण** की प्रेरणा चौदहवीं शताब्दी के प्रसिद्ध संस्कृत वैयाकरण बोपदेव के 'मुग्धबोध-व्याकरण' से मिली है जिसमें उन्होंने पाणिनीय 'अष्टाध्यायी' को अतीव सरल और सुबोध ढंग से प्रस्तुत किया है। मुग्धबोध का शब्दार्थ है 'मुग्ध' (= अज्ञ) को बोध (= ज्ञान) कराने वाला। व्याकरण जैसे शुष्क और उबाऊ विषय को सरल, सुबोध और प्रामाणिक ढंग से प्रस्तुत करते समय दृष्टि सदा कोमलमति (मैट्रिक और इण्टर के) छात्रों पर ही टिकी रही है।

पुस्तक-प्रणयन में मैं अनेक छोटी-बड़ी पुस्तकों का प्रत्यक्ष अथवा परोक्ष रूप से ऋणी रहा हूँ। कुछ के नाम यथास्थान उल्लिखित भी हुए हैं। इनके बावजूद पं. कामताप्रसाद गुरु और डॉ. वासुदेवनन्दन प्रसाद की पुस्तकें मुख्य उपजीव्य रही हैं। जिन विद्वानों की पुस्तकों से किंचित् भी सहायता मिली है, मैं उन सबके प्रति हार्दिक कृतज्ञता ज्ञापित करता हूँ। अन्त में कुछ मुख्य सहायक पुस्तकों का उल्लेख किया भी गया है।

वाणी प्रकाशन, दरियागंज, नयी दिल्ली, के स्वत्वाधिकारी प्रियवर श्री अरुण माहेश्वरी जी ने इसका साग्रह प्रणयन करवाया है। इसके सुरुचिपूर्ण प्रकाशन का दायित्व भी उन्हीं ने निभाया है। अस्तु, वे साधुवाद के पात्र हैं—'आ परितोषात् विदुषां न साधु मन्ये प्रय,ोग विज्ञानम्।'

कृष्णनारायण प्रसाद 'मागध' — चैत्र, प्रतिपदा, २०६१ वि.

छकौड़ी बिगहा — (ख्रिष्यब्द-मार्च २१, २००४)

(नालन्दा)

विषय-सूची

२. शब्द-विचार

छ. **क्रिया** १३२, क्रिया और धातु १३२, प्रेरणार्थक क्रिया (धातु) १३२, यौगिक क्रिया १३३, नाम धातु १३३, अनुकरण धातु १३३, क्रिया के भेद १३४ (सकर्मक-अकर्मक १३४, द्विकर्मक क्रिया १३५, संयुक्त क्रिया १३५, संयुक्त क्रिया के भेद १३६, पुनरुक्त क्रिया १३६, सहायक क्रिया १३८, पूर्वकालिक क्रिया १०६, नामबोधक क्रिया १३८, क्रियार्थक संज्ञा १३८, अनेकार्थक क्रिया १३९)।

काल १४०, काल के भेद–(भूतकाल, वर्तमान काल, भविष्यत् काल) १४०-१४२, **मुद्रा/अवस्था** १४२।

वाच्य १४३, वाच्य भेद १४३, वाच्य-परिवर्तन १४५, क्रिया का पद-परिचय १४५।

ज. **अव्यय** १४६, अव्यय के भेद १४६ (सम्बन्धबोधक अव्यय १४६, समुच्चय-बोधक अव्यय १४८, विस्मयादिबोधक अव्यय १४९, क्रिया विशेषण अव्यय १४९), निपात १५२, **अव्यय का पद-परिचय** १५३।

झ. **शब्द-रचना** १५३, (तत्सम, तद्भव, देशज, विदेशी; रूढ़, यौगिक, योगरूढ़), **शब्द-रचनाविधि** १५५, **आवृत्ति** और शब्द रचना १५६, **उपसर्ग** और शब्द रचना १५६, **प्रत्यय** और शब्द रचना (कृत् प्रत्यय, तद्धित प्रत्यय) १५८, **कृदन्त** १६०, **तद्धितान्त** १६२। (संज्ञा/विशेषण से संज्ञा १६२, जातिवाचक संज्ञा से भाववाचक संज्ञा १६३, व्यक्तिवाचक संज्ञा से अपत्यवाचक संज्ञा १६३, विशेषण से भाववाचक संज्ञा १६३, ऊनवाचक संज्ञा १६४, सम्बन्धवाचक संज्ञा १६४, संज्ञा से विशेषण १६४), अरबी-फारसी के तद्धितान्त १६५, **विशेषण से विशेष्य की रचना** १६५। **समास** १६८, समास और सन्धि में अन्तर १६८, समास के भेद (अव्ययीभाव १६९, तत्पुरुष १६९, नञ १७०, कर्मधारय १७०, संख्यापूर्वपद (द्विगु) १७२, द्वन्द्व १७२, बहुब्रीहि १७२), **कतिपय सामासिक पद** १७३।

ञ. **शब्द रूप और शब्द-प्रयोग** १७८, ऊनार्थक शब्द १७९, पर्यायवाची शब्द १८०, समानार्थक शब्द १८५, अनेकार्थक शब्द १९१, विपरीतार्थक शब्द १९४, श्रुतिसम-भिन्नार्थक शब्द

प्रस्तावना

भाषा

भाषा शब्द 'भाष्' धातु से निर्मित [भाष् + अ + टाप्] है जिसका अर्थ है—व्यक्त वाणी अर्थात् बोलना या कहना। सामान्यतः भाषा मनुष्य द्वारा कथित सार्थक शब्द-समूह है। सार्थक का अर्थ है—'अर्थ-संकेतित'; बोले या कहे जाने पर उससे संकेतित अर्थ का बोध हो जाए। भाषा किसी जनसमूह द्वारा अपने भाव-विचार को प्रकट करने के लिए प्रयोग में लाये जाने वाले सार्थक शब्द तथा उनके संयोजन का एक व्यवस्थित क्रम है। अर्थात् **भाषा वागेन्द्रिय से उच्चरित सार्थक, यादृच्छिक एवं रूढ़ ध्वनि-संकेतों की व्यवस्था है जिससे जनसमूह विशेष में भावों और विचारों का आदान-प्रदान किया जाता है**। यहाँ तीन बातें महत्त्वपूर्ण हैं—१. भाषा सार्थक ध्वनि-संकेत है; २. वह यादृच्छिक है; ३. वह रूढ़ है।

१. भाषा ध्वनि-संकेत है किन्तु उसे सार्थक अर्थात् 'अर्थ-संकेतित' होना आवश्यक है। अर्थ-संकेत के अभाव में भाषा स्पष्ट नहीं होगी।

२. भाषा यादृच्छिक (ऐच्छिक) संकेत है। यादृच्छिक शब्द 'यदृच्छा' से बना है। यदृच्छा का अर्थ है—अपनी इच्छा के अनुसार किया जाने वाला व्यवहार; मनमानापन, ऐच्छिक। यादृच्छिक ध्वनि-संकेतों (शब्दों) और उनके अर्थों में कोई सहज, नैसर्गिक या तार्किक सम्बन्ध नहीं होता। कुत्ता, बिल्ली, घोड़ा आदि को ये नाम क्यों पड़े? यह बताना कठिन है। इसका कोई दार्शनिक या तार्किक आधार नहीं है। ये ध्वनियाँ मनमाने तौर पर ऐच्छिक रूप में स्वीकार कर ली गयी हैं।

३. भाषा के ध्वनि-संकेत परम्परा से, अति प्राचीन समय से ही, प्रयुक्त होते रहने के कारण रूढ़ होते हैं। कुत्ता, गाय, घोड़ा, औरत, वृक्ष, लोटा आदि हजारों शब्द अति प्राचीन समय से ही विशेष अर्थ-संकेत के रूप में प्रयुक्त होते आ रहे हैं। ऐसे प्रयोग तर्कहीन हैं। ऐसा क्यों हुआ, इसका कोई कारण बताना मुश्किल है।

भाषा तीन प्रकार की होती है–१. इंगित, २. सांकेतिक, ३. व्यक्त।

१. **इंगित**–आंगिक संचालन अर्थात् हाथ, आँख, सिर आदि के हिलाने आदि से विभिन्न अर्थों की जो अभिव्यक्ति होती है, वह इंगित भाषा कही जाती है।

२. **सांकेतिक**–सैनिक, स्काउट, नाविक आदि झण्डे की सहायता से अपने दूरस्थ साथियों को जो संकेत भेजते हैं, वह भाषा सांकेतिक होती है। रेलवे गार्ड की लाल और हरी झण्डियाँ; रेलवे लाइन पर लाल और हरी बत्तियाँ, नगरों में चौराहे पर लगी लाल, हरी और पीली बत्तियाँ विभिन्न संकेतों को प्रकट करती हैं। ये सब सांकेतिक भाषा के अन्तर्गत ही आते हैं।

३. **व्यक्त**–व्यक्त भाषा के दो रूप होते हैं। भाषा का वह रूप जिसे बोला और सुना जाता है, वह **वाचिक** या **कथित** भाषा कही जाती है। भावों और विचारों की अभिव्यक्ति व्यक्त वाणी के द्वारा ही सम्भव है। उपरी विवेचित इंगित और सांकेतित भाषाएँ अपूर्ण और अस्पष्ट होती हैं। उनके द्वारा गम्भीर भावों या विचारों की अभिव्यक्ति नहीं की जा सकती है।

वाचिक या कथित भाषा ही लिखी जाने पर लिखित भाषा हो जाती है। **लिखित** भाषा, भाषा का वह रूप है जो लिखा, देखा और पढ़ा जा सकता है। इससे किसी भाव या विचार को सुरक्षित रखने में सुविधा होती है।

ऊपरि विवेचन से विदित होता है कि

१. व्यक्त भाषा (वाचिक एवं लिखित) सर्वाधिक महत्त्वपूर्ण होती है।
२. भाषा में प्रयुक्त किये जाने वाले ध्वनि-संकेत परम्परागत और रूढ़ होते हैं।
३. प्रत्येक भाषा या समाज विशेष के ध्वनि-संकेत अपने और दूसरों से भिन्न होते हैं।
४. भाषा के ध्वनि-संकेत समाज या वर्ग विशेष के भाव एवं विचार विनिमय में सहायक होते हैं।
५. ध्वनि-संकेत वागेन्द्रियों से उच्चरित वर्णों/अक्षरों या शब्दों से व्यक्त होते हैं।

भाषा के विविध रूप

भाषा के विविध रूप होते हैं–व्यक्ति बोली (idiolect), बोली (Patois/sub-dialect), विभाषा (dialect), बोली (Language), राष्ट्रभाषा (National language) और राजभाषा (Official language)। हिन्दी को भारत की राष्ट्रभाषा

और राजभाषा, दोनों का गौरव प्राप्त है।

वाणी का वह रूप जो एक व्यक्ति तक सीमित हो, वह **व्यक्ति-बोली** कही जाती है। प्रत्येक व्यक्ति अपनी शिक्षा-दीक्षा, सामाजिक स्तर, धार्मिक परिवेश, संस्कार आदि के कारण वाणी को निजता प्रदान कर लेता है जिससे दूसरों की बोली (वाणी) से उसमें भिन्नता प्रतीत होती है।

बोली, भाषा का वह रूप है जिसे सामान्य जन अपने समूह या घरों में स्थानीय तौर पर प्रयोग करते हैं। श्यामसुन्दर दास के अनुसार, "बोली से हमारा तात्पर्य उस स्थानीय और घरु बोली से है जो तनिक भी साहित्यिक नहीं होती और बोलने वालों के मुख में ही रहती है।" भाषाशास्त्रियों के अनुसार भारत में छह सौ से भी अधिक बोलियाँ प्रचलित हैं।

विभाषा या **उपभाषा** का क्षेत्र बोली से अधिक व्यापक होता है। एक विभाषा की कई बोलियाँ होती हैं। उदाहरणार्थ, हिन्दी की विभाषाओं—ब्रजी, अवधी, बाँगरू, बुन्देली, बघेली, मगही, मैथिली, भोजपुरी आदि—की कई-कई बोलियाँ हैं।

वैसी सभी विभाषाएँ/बोलियाँ जो परस्पर सम्बद्ध होती हैं तथा बिना सिखाये ही परस्पर समझी जाती हैं, उनके समूह को **भाषा** कहते हैं। भाषा, विभाषा और बोली में अन्तर उतना भाषाशास्त्रीय नहीं होता जितना अन्य प्रकार का। धर्म, समाज और राजनीति की शक्तियाँ एवं साहित्य-निर्माण जैसे तत्त्व किसी भी बोली या विभाषा को भाषा बना देने में महती भूमिका निभाते हैं। जिस बोली या विभाषा को धर्म, साहित्य-रचना और सामाजिक एवं राजनीतिक स्थिति की दृष्टि से महत्त्व प्राप्त हो जाता है, वह भाषा कहलाने लगती है। मध्यकाल में ब्रजबोली बोली के स्तर से ऊपर उठ कर भाषा (ब्रजभाषा) का गौरव पा चुकी थी। अँग्रेजी शासन में खड़ी बोली (कौरवी) को महत्त्व मिलना शुरू हुआ और आज उसके साधुरूप को मानक भाषा (हिन्दी) का गौरव प्राप्त है।

भाषा का साधु अर्थात् परिनिष्ठित रूप ही व्यापक हो **राष्ट्रभाषा** का स्थान प्राप्त कर लेता है। राष्ट्रभाषा सदा भाषा का मानक रूप होती है। वह एक भी हो सकती है और एक से अधिक भी। आधुनिक भारतीय भाषाओं में असमी, बांग्ला, मराठी, पंजाबी, तमिल, तेलुगु आदि कुल अट्ठारह भाषाएँ अपने मानक रूप में राष्ट्रभाषाएँ मानी गयी हैं जिनमें एक हिन्दी भी है।

सामान्यतः राष्ट्रभाषा ही **राजभाषा** होती है, पर जिस राष्ट्र में कई राष्ट्र भाषाएँ होती हैं, वहाँ व्यावहारिक सुविधा हेतु उनमें से किसी एक को उसकी व्यापकता, सर्वाधिक विस्तृत क्षेत्र में विचार-विनिमय का साधन रूप में प्रयोग,

अन्य भाषाभाषियों को उसे सीखने की सहजता और सरलता आदि को ध्यान में रख कर राजभाषा स्वीकार कर लिया जाता है। भारतीय राष्ट्रभाषाओं में हिन्दी अन्य भाषाओं के सीमित क्षेत्रों को लाँघ कर अधिक व्यापक एवं विस्तृत क्षेत्र में विचार-विनिमय का साधन और भावात्मक एकता में सहायक होने के कारण राष्ट्रीय नेताओं द्वारा भारत सरकार की राजभाषा स्वीकार की गयी है।

भाषा नदी की धारा की तरह सतत् प्रवहमान बनी रहती है। यह उसका स्वभाव या गुण है। भाषा रुकना नहीं जानती। उसके प्रवाह को रोकने या बाँधने का प्रयत्न किये जाने पर वह बन्धन को तोड़ कर निकल जाती है। देश-विदेश की हर भाषा में यह प्रवृत्ति दिखायी पड़ती है।

'हिन्दी' नाम

हिन्दी (हिन्दू और हिन्दूस्तान) शब्द संस्कृत का नहीं, फारसी (मूल का) है। 'हिन्दी' शब्द का प्रयोग दो अर्थों में होता रहा है—(क) हिन्द (भारत) का निवासी और (ख) हिन्द की भाषा के अर्थ में।

भारत के सिन्धु-तटवर्त्ती प्रदेश से बेबीलोन (बाबुल) रुई का आयात करता था। इसलिए बेबीलोन में रुई की सामान्य संज्ञा हो गयी 'सिन्धु'। सिन्धु शब्द वहाँ से सुमेर गया और वहीं 'स' ध्वनि 'ह' में बदल गयी। परिणामतः सिन्धु अथवा सिन्ध शब्द वहाँ 'हिन्दु' अथवा 'हिन्द' हो गया। इस प्रकार 'हिन्दु' और 'हिन्द' शब्द सुमेरीय पण्डितों की निर्मिति हैं। वहीं से यह शब्द फोनेशियनों द्वारा समस्त भूमध्यसागरीय देशों में प्रचारित हुआ। असम्भव नहीं कि फारस (प्राचीन ईरान) में यह शब्द वहीं से आया हो। **जन्दअवेस्ता** में प्रयुक्त 'हिन्दी' शब्द इसका साक्षी है कि ईरानी दार्शनिक जरस्थुत्र (जरतुस्त) के समय यह शब्द वहाँ प्रचलित था।[1] ईरानी सम्राट धारयवसु (दारयवसु या डेरियस, ख्रिस्तपूर्व ५२२-४८६वर्ष) के एक अभिलेख में 'हिन्दु' ('हिन्दुश' या 'हिन्दुष') शब्द सिन्धु प्रदेश किंवा भारत के अर्थ में प्रयुक्त मिलता है। साहित्यिक साक्ष्य और भी प्राचीन हैं। प्राचीन अरबी भाषा के कवि लावी[2] (लगभग ख्रिस्तपूर्व १६०० वर्ष) ने अपनी एक कविता में 'हिन्द' और 'हिन्दु' शब्दों का प्रयोग किया है। देशवाची 'हिन्द' शब्द में प्राचीन ईरानी का विशेषण प्रत्यय 'ईक' (कुछ के अनुसार निसबत का प्रत्यय) के जुटने से शब्द बना 'हिन्दीक्' या 'हिन्दीग्' जिसका अर्थ है—हिन्द (भारत) का, अर्थात् भारतीय। अस्तु, वाच्यार्थ की दृष्टि से इसका प्रयोग हिन्द के सम्बन्धित किसी वस्तु, व्यक्ति अथवा भाषा के लिए हो सकता है। ग्रीक के 'इन्दिके', 'इन्दिका', लैटिन के 'इन्दिया' आदि शब्दों की निष्पत्ति भी हिन्दीक

शब्द से ही मानी जाती है। रोम में भारतीय वस्त्रों को कभी 'इन्दिया लॉस इन्दियोस' (India los indios) ही कहा जाता था। ईरानी के हिन्दुश या हिन्दुष का यूनानी रूप है **इन्दोस,** जो अँग्रेजी में **इण्डस** बन गया। लैटिन का इन्दिया ही अँग्रेजी का इण्डिया है। कालान्तर में मुख-सुख के कारण 'हिन्दीक' का अन्तिम व्यंजन 'क' लुप्त हो गया और इस प्रकार अन्ततः शब्द रह गया हिन्दी। अस्वाभाविक नहीं कि जब देश (भारत) की संज्ञा 'हिन्द' हुई तो हिन्दी से देश की वस्तु आदि का बोध होने लगा। तात्पर्य यह कि 'हिन्दी' का प्रथम प्रयोग हुआ हिन्द के निवासी के अर्थ में और बाद में वह भारत की भाषा का बोधक हुआ।[३] हिन्द की भाषा के अर्थ में हिन्दी शब्द के प्रथम प्रयोक्ता **हकीम नजीरिया** हैं जिन्होंने **पंचतंत्र** के 'कर्कटक और दमनक' का संस्कृत (जुबान-ए-हिन्दी) से ईरानी सम्राट नौशेरवाँ के शासन काल (ख्रिस्तीसन् ५३१-५७६) में 'कलीला व दिमना' नाम से अनुवाद किया था। भाषा के अर्थ में 'हिन्दी' का प्रयोग कई सन्दर्भों में हुआ है एवं अब भी होता है।

भाषा के अति व्यापक अर्थ में 'हिन्दी' का प्रयोग हिन्द (हिन्दुस्तान/भारत) की भाषा के अर्थ में वैसे ही होता है जैसे 'इंग्लिश' इंग्लैण्ड की भाषा, 'जापानी' जापान की भाषा, 'रूसी' रूस की भाषा आदि। इससे कम व्यापक अर्थ में इसका प्रयोग उत्तर भारत की भाषा के रूप में किया जाता है। भाषा-शास्त्रीय दृष्टि से ये प्रयोग ग्रहणीय नहीं समझे जाते। भाषा-शास्त्रीय दृष्टि से हिन्दी शब्द का प्रयोग अग्रांकित स्थितियों में किया जाता है—

१. सुनीति कुमार चटर्जी के अनुसार केवल पश्चिमी हिन्दी को ही वास्तविक हिन्दी मानना चाहिए। इस मत से अधिकांश विद्वानों की असहमति है।

२. शुद्ध भाषा-शास्त्रीय दृष्टि से पश्चिमी हिन्दी और पूर्वी हिन्दी को ही हिन्दी मानना चाहिए। भाषा-शास्त्री बहुधा इसी मत को स्वीकार करते हैं।

३. उन सभी राज्यों—बिहार, झारखण्ड, उत्तर प्रदेश, उत्तरांचल, हरियाणा, हिमाचल प्रदेश, मध्यप्रदेश, छत्तीसगढ़ और राजस्थान—जहाँ हिन्दी माध्यम से शिक्षा दी जाती है, की भाषा हिन्दी कही जाती है। इस दृष्टि से बिहारी, पूर्वी हिन्दी, पश्चिमी हिन्दी, राजस्थानी और पहाड़ी (पश्चिमी और मध्य पहाड़ी), ये सभी हिन्दी के अन्तर्गत परिगणित होती हैं। सामान्य रूप से हिन्दी का भाषा के सन्दर्भ में इसी अर्थ में प्रयोग होता है, पर भाषा वैज्ञानिक इससे सहमत नहीं हैं। इन सबका विकास तृतीय अप्राकृत या अपभ्रंश के अग्रांकित रूपों से माना गया है—

१. शौरसेनी अप०—(पश्चिमी हिन्दी)—ब्रजी, कन्नौजी, बुन्देली, कौरवी (खड़ी बोली), बाँगरु (हरियाणवी या जाटू)।
—राजस्थानी (मेवाती, मालवी, मारवाड़ी, जयपुरी)।

२. अर्द्धमागधी अप०—(पूर्वी हिन्दी)—अवधी, बघेली, छत्तीसगढ़ी।

३. मागधी अप०—(पश्चिमी रूप से)—भोजपुरी।
(केन्द्रीय रूप से)—मगही, मैथिली।

४. रवस अप०—पश्चिमी और मध्य पहाड़ी भाषाएँ।

हरदेव बाहरी जी ने 'हिन्दी-वर्ग' में इन सबको स्थान दिया है, पर भाषाशास्त्रीय दृष्टि से इन सबको 'हिन्दी' भाषा की अपेक्षा 'हिन्दी-मण्डल' या 'हिन्दी-वर्ग' कहना अधिक उपयुक्त है।

४. 'हिन्दी का प्रयोग सीमित रूप में उस साधु या मानक भाषा के लिए होता है जो 'राष्ट्रभाषा' और 'राजभाषा' के रूप में स्वीकृत है। हिन्दी का यह रूप एक बोली 'कौरवी' या 'खड़ीबोली' पर आधारित है जिसे 'साधु हिन्दी', 'परिनिष्ठित हिन्दी', 'साहित्यिक हिन्दी' आदि नामों से जाना जाता है। इसे सदल मिश्र ने पहली बार 'खड़ी बोली' ही कहा था।

इस अर्थ में 'हिन्दी' शब्द का प्रचलन सबसे बाद में हुआ एवं इसे व्यापकता मिलनी शुरू हुई कलकत्ता में फोर्ट विलियम कॉलेज की स्थापना के बाद। इसके छोटे-मोटे कारण तो कई गिनाये जा सकते हैं, पर सबसे महत्त्वपूर्ण कारण हुआ कम्पनी सरकार का (सीमित अर्थ में ही सही) संरक्षण मिल जाना—सन् १८०३ ई. में सरकारी कार्यालयों में देवनागरी लिपि के उपयोग के लिए सूचना का जारी किया जाना।

---

१. 'चूँ ब्यास हिन्दी बलख आमद गस्तासप जरतुश्तरा बखान्द।'— जरतुश्त की १६३ वीं आयत। (अर्थात्, जब हिन्द निवासी व्यास बलख आया तब ईरान के राजा गस्तासप ने जरतुश्त को बुलाया।—**कविता कौमुदी**, भाग १, पृ० ४३ पर उधृत।)

२. अरब निवासी कवि लावी का समय हजरत मुहम्मद के जन्म से २५०० वर्ष पूर्व कूता गया है। लावी की मूल कविता हारुन रशीद के दरबारी कवि **अस्मई मिले कुशरा** द्वारा **'सिहल उकुल'** में पृ० ११८ पर संकलित (बेस्ट पब्लिशिंग कं०, वेस्ट पैलेस्टाइन द्वारा प्रकाशित) है। विशेष के लिए (क) लखनऊ से प्रकाशित 'आर्यमित्र', अक्तूबर, १९६८ ई० एवं (ख) दिल्ली से प्रकाशित **'हिन्दू विश्व'**, नवम्बर-दिस०, १९७६ को देखा जा सकता है।

३. भारत में 'हिन्दी' शब्द का प्रयोग पहली बार ख्रिस्ती सन् की सातवीं शताब्दी के अन्तिम चरण में गुजरात मे प्रणीत **'निशीथ चूर्णि'** नामक जैन ग्रन्थ में हुआ है।

हिन्दी-भाषा

भारत की राष्ट्रभाषाओं में एक हिन्दी भी है। हिन्दी का महत्त्व इसलिए भी बढ़ जाता है कि वह राष्ट्रभाषा के साथ ही राजभाषा (सरकारी कार्यालयों के काम-काज की भाषा) भी है। भारत की भाषाओं में प्राचीनतम भाषा संस्कृत है। विश्व के प्राचीनतम ग्रन्थ **ऋग्वेद** की भाषा संस्कृत है। उसे 'देवभाषा' और 'आर्यभाषा' भी कहा गया है। आर्यभाषा संस्कृत की हिमालयी उच्चता से ही अधिकांश आधुनिक भारतीय भाषाओं की निर्झरणियाँ जल ग्रहण करती हैं। वेदों से आरम्भ कर आधुनिक भारतीय आर्यभाषाओं के विकास को तीन सोपानों में रख कर ही अध्ययनीय बनाया जाता है—(क) प्राचीन भारतीय आर्यभाषाएँ—वेदों से आरम्भ कर खिस्तपूर्व ५०० वर्ष तक, (ख) मध्यकालीन भारतीय आर्यभाषाएँ— खिस्तपूर्व ५०० वर्ष से खिस्ती सन् १००० तक और (ग) आधुनिक आर्यभाषाएँ खिस्ती सन् १००० से आरम्भ कर आज तक। ऐसा माना जाता है कि खिस्ती सन् १००० के आस-पास आधुनिक आर्यभाषाएँ अपना अलग-अलग स्वरूप स्थिर कर चुकी थीं। हिन्दी भी उनमें एक थी।

हिन्दी भाषा 'संस्कृत' की सही अर्थों में उत्तराधिकारिणी है। कामता प्रसाद गुरु ने (**हिन्दी व्याकरण**, पृ.१३) हिन्दी भाषा के विकास को अग्रांकित रूप में दिखाया है—

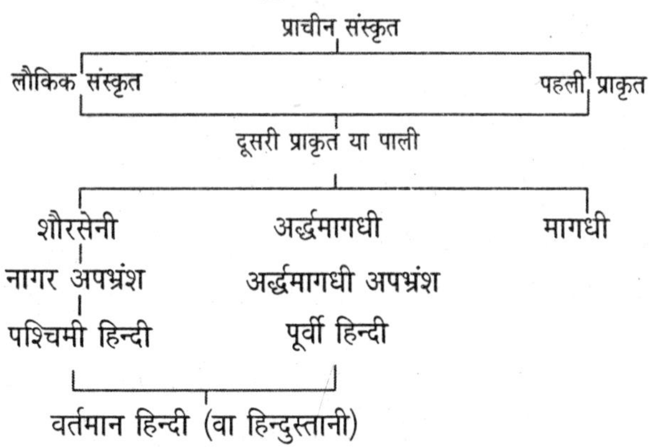

पं. किशोरीदास वाजपेयी (**हिन्दी शब्दानुशासन,** पृ० ७५) द्वारा प्रस्तुत हिन्दी के विकास की सारणी इस प्रकार है–

आद्य या मूल भारतीय आर्यभाषा

- प्रथम संस्कृत [वेदों की भाषा]
  - द्वितीय संस्कृत ['ब्राह्मण' ग्रन्थों एवं उपनिषदों की भाषा]
    - तृतीय संस्कृत [लौकिक संस्कृत] [जिसे पाणिनि ने व्यवस्थित किया एवं जिसमें कालिदास आदि की रचनाएँ हैं]
- प्रथम प्राकृत [वैदिक युग की साधारण जनभाषा]
  - द्वितीय प्राकृत [जिसका 'पालि' रूप प्राकृत है]
    - तृतीय प्राकृत [जिसे 'अपभ्रंश' कहते हैं एवं जिसके प्रादेशिक भेदों से आधुनिक आर्यभाषाएँ विकसित हुई।]
      - खड़ी बोली
        - उर्दू [विदेशी लिपि में और विदेशी रँग-ढँग में हिन्द (किसी समय) की भाषा]
        - हिन्दी [जिसे नागरी लिपि में सम्पूर्ण राष्ट्र की सामान्य-भाषा के रूप में वरण किया गया है।]

हिन्दी साहित्य के कई इतिहासकारों ने **सरहपा** को हिन्दी का पहला कवि स्वीकार किया है। इस आधार पर हिन्दी की पूर्ववर्ती या आरम्भिक सीमा ख्रिस्ती सन् की आठवीं शती ठहरती है। हिन्दी भाषा के विकास के मोटे तौर पर तीन सोपान माने जाते हैं–**प्रथम सोपान** (आदिकाल)– ख्रिस्ती सन् ८०० से १५०० तक; **द्वितीय** (मध्यकाल)– ख्रिस्ती सन् १५०१ ई० से १८०० ई० तक और **तृतीय सोपान** (आधुनिक काल)– ख्रिस्ती सन् १८०१ ई० से आज तक। प्रस्तुत व्याकरण आधुनिक कालीन हिन्दी के साधु या परिनिष्ठित अथवा मानक रूप तक सीमित है जो सम्पूर्ण हिन्दी क्षेत्र में शिक्षा का माध्यम है, जो राष्ट्रभाषा है और सरकारी कार्यालयों में राजकार्य हेतु राजभाषा स्वीकृत की गयी है।

लिपि

पहले-पहल भाषा वाचिक या कथित थी। भावों और विचारों को स्थायित्व प्रदान करने के लिए भाषा लिखित बनी या बनायी गयी। भाषा को लिखित बनाये जाने के विचार ने लिपि को जन्म दिया। लिखित भाषा में उच्चरित या कर्णगोचर शब्दों की मूल ध्वनियों को पहचानने के लिए उनके प्रतिनिधि या प्रतीक चिह्न नियत किये गये। **कर्णगोचर ध्वनियों को दृष्टिगोचर बनाने के लिए जो नियत चिह्न प्रयुक्त होते हैं उन्हें लिपि कहते हैं।** तात्पर्य यह कि **लिपि लिखित ध्वनि-चिह्नों की व्यवस्था है।** लिपि के माध्यम से भाषा को लिखित स्वरूप प्रदान किया जाता है। लिपि भाषा को स्वरूप और अभिव्यक्ति प्रदान करती है। अतः लिपि, भाषा की भाषा भी कही जा सकती है।

भाषा और लिपि में कोई तार्किक या तात्त्विक सम्बन्ध नहीं होता। कोई भी भाषा किसी भी लिपि में लिखी जा सकती है। इसके बावजूद भाषा से लिपि का ऐतिहासिक, पारम्परिक, मनोवैज्ञानिक आदि लगाव हो अवश्य जाता है।

भारत में लेखन कला का इतिहास अति प्राचीन है। **ऋग्वेद** में 'लिख्' धातु के कई रूपों के प्रयोग हैं। **अथर्ववेद** (६/१०/२) में 'अक्षर' का उल्लेख शब्द की छोटी इकाई के रूप में हुआ है।–**अक्षरेण मिमते सप्त वाणीः**। उसमें अन्य चार स्थलों (७/५०/५; १२/३/२२; १४/२/६८; २०/१३२/८) पर लेखन कला के उल्लेख हुए हैं, किन्तु कहा नहीं जा सकता कि उस समय की लिप्रि क्या थी। सिन्धु घाटी की लिपि अभी तक पूरी तरह पढ़ी नहीं गयी है। भारत में अशोक के शिलालेखों के पहले के दो अभिलेख मिले हैं–पिपरावाँ (नेपाल) और बड़ली या बर्ली (महाराष्ट्र) में, जिनका समय क्रमशः ख्रिस्त पूर्व ४८७ वर्ष के कुछ बाद का और ख्रिस्त पूर्व ४४३ वर्ष कूता गया है। वे लेख अशोक पूर्व ब्राह्मी लिपि में है। ब्रिटिश संग्रहालय में संरक्षित ख्रिस्तपूर्व पाँचवीं शती के एक बेबीलोनी फलक पर एक ही लेख दो लिपियों में अंकित है। इसमें एक लिपि ब्राह्मी है और दूसरी बेबीलोनी। इस लेख के अक्षर भी अशोकपूर्व ब्राह्मी के हैं। इससे पता चलता है कि ब्राह्मी लिपि ख्रिस्तपूर्व ५00 वर्ष तक भारत से बाहर पश्चिम में बेबीलोन तक पहुँच चुकी थी। अस्तु, ब्राह्मी लिपि का उद्भव उसके कई शताब्दी पूर्व अवश्य हो चुका होगा।

ब्राह्मी शुद्ध भारतीय लिपि है। आधुनिक भारतीय लिपियाँ ब्राह्मी से विकसित हैं। हिन्दी भाषा की लिपि **देवनागरी** या **नागरी** कही जाती है। देवनागरी लिपि का विकास ब्राह्मी की उत्तरी शैली से हुआ है। अभिलेखों की लिखावट के आधार पर देवनागरी लिपि का समुचित विकास ख्रिस्ती सन् की दसवीं शताब्दी से माना जाता है।

हिन्दी भाषा देवनागरी के अतिरिक्त कैथी, महाजनी आदि लिपियों में भी लिखी जाती रही है, पर मुद्रण अब केवल देवनागरी में ही होता है। इस कारण कैथी, महाजनी आदि लिपियाँ अप्रचलित होती जा रही हैं।

देवनागरी नामकरण के सम्बन्ध में कई मत हैं—१. नगरों में प्रचलित होने के कारण इसका नाम नागरी हुआ, २. गुजरात के नागर ब्राह्मणों द्वारा प्रयुक्त होने के कारण इसका नाम नागरी हुआ, ३. देवनगर स्थान-विशेष में प्रचलित होने के कारण इसका नाम देवनागरी हुआ। इन सब से भिन्न मत है श्री शाम शास्त्री का। उनके अनुसार, देवमूर्त्तियों के सांकेतिक चक्र या त्रिकोण आदि चिह्न 'देवनगर' कहे जाते थे। उनके (देवनगर के) मध्य लिखे जाने के कारण से 'देवनागरी' और क्षर नहीं होने के कारण 'अक्षर' कहे गये। पुष्ट प्रमाणों के अभाव में किसी भी मत को प्रामाणिक मानना गलत होगा, फिर भी श्री शाम शास्त्री का मत अधिक महत्त्व का प्रतीत होता है।

मेरी दृष्टि में हिन्दी भाषा की लिपि को 'नागरी' कहना अधिक उपयुक्त है, देवनागरी नहीं। कारण, नागरी में देवनागरी के कई वर्ण (ॠ, ऌ, ॡ) प्रयुक्त नहीं होते; नागरी में कई नये अक्षर (ड़, ढ़) और कई चिह्न [यथा—(.) जो वर्णों के नीचे लगते हैं—ज़, फ़ आदि; (ॅ) जो वर्णों के ऊपर लगते हैं—कॉलेज आदि] स्वीकार किये गये हैं। ब्रिटिश इण्डिया कम्पनी ने जनता की सुविधा के लिए अदालती कार्रवाइयों और कार्यालयों में काम-काज के लिए सन् १८०३ ई. में जो नया कानून जारी किया था उसमें देवनागरी की जगह नागरी का नाम ही आया है—"...नागरी भाषा वो अक्षर में लीखाय कै..." (१८०३ साल, ३१ आईन, २० दफा)। नागरी शब्द का प्रयोग हिन्दी भाषा के अर्थ में अब भी जारी है, यथा—नागरी प्रचारिणी सभा, काशी।

नागरी (देवनागरी) लिपि की विशेषताएँ

१. यह व्यवस्थित ढंग से निर्मित लिपि है।
२. ध्वनियों का क्रम वैज्ञानिक है। स्पर्श ध्वनियों में प्रथम वर्ग कण्ठ्य ध्वनियों का है एवं अन्तिम वर्ग ओष्ठ्य ध्वनियों का है। प्रत्येक वर्ग की प्रथम दो ध्वनियाँ अघोष हैं तथा अन्तिम तीन ध्वनियाँ सघोष। नासिका ध्वनि ङ, न, म आदि अपने वर्ग के अंत में है।
३. लिखाई एवं छपाई के लिए ध्वनि-प्रतीक एक ही रूप के हैं।
४. स्वरों में ह्रस्व-दीर्घ का भेद है एवं उनकी मात्राएँ निश्चित हैं।
५. एक ध्वनि के लिए एक ही लिपि-चिह्न है (जबकि रोमन में एक

ध्वनि के लिए एक से अधिक चिह्न चलते हैं। यथा 'क' के लिए c (कैट cat), k (काइट kite), Q(Queen क्वीन)।)

६. एक लिपि-चिह्न से सदा एक ही ध्वनि की अभिव्यक्ति होती है। (जबकि रोमन में एक लिपि-चिह्न से कई ध्वनियाँ अभिव्यक्त होती हैं। यथा–c से 'क' (कैट), 'स' (सेण्ट), 'च' (चैट)।)

६. केवल उच्चरित ध्वनियों के लिए ही लिपि-चिह्न हैं (जबकि रोमन में अनुच्चरित ध्वनियों के लिए भी लिपि-चिह्न हैं, यथा–वाक् (walk) में 'ल' का उच्चारण नहीं है, पर उसके लिए चिह्न (L) है।)

७. उच्चारण एवं प्रयोग में समानता है (जबकि रोमन में ऐसा नहीं है, यथा–एच् (H) उच्चारण है, पर प्रयोग 'ह' है।)

इन विशेषताओं के कारण हिन्दी भाषा जिस रूप में बोली जाती है, उसी रूप में लिखी जाती है–श्रुतिसम लेखन। इस कारण अन्य भाषा-भाषियों को हिन्दी सीखने में उतनी कठिनाई नहीं होती जितनी अँग्रेजी या कोई और भाषा सीखने में होती है।

व्याकरण

व्याकरण [वि + आ $\sqrt{\text{कृ}}$ (करना) + ल्युट्–अन] का शाब्दिक अर्थ है–विश्लेषण। भाषा के सन्दर्भ में उसका अर्थ है–भाषा का विश्लेषण। इसकी करण-प्रधान व्युत्पत्ति–**'व्याक्रियते ऽ नेनेति व्याकरणम्'** अर्थात् जिस शास्त्र से भाषा व्याकृत की जाए, वह व्याकरण है–की गयी है। भाषा के व्याकृत किये जाने से तात्पर्य है उसके पदों को अलग-अलग कर प्रकृति, प्रत्यय आदि का ज्ञान-विधान किया जाना। व्याकरण शब्द की व्युत्पत्ति कर्तृप्रधान–**'व्याकरोति भाषामिति व्याकरणम्'** और भाव-प्रधान–**'व्याकृतिः व्याकरणम्'** भी की जाती है। इस प्रकार कहा जाएगा कि **व्याकरण वह शास्त्र है जिसमें भाषा का स्वरूप, उसके गठन, उसके अवयवों, उसके प्रकारों और पारस्परिक सम्बन्धों तथा उनके रचना-विधान और रूप-परिवर्तन पर विचार किया जाता है।**

व्याकरण का एक अन्य नाम **शब्दानुशासन** है। पं० किशोरीदास वाजपेयी के अनुसार, प्रकृति-प्रत्यय आदि की कल्पना करके पद्-व्युत्पत्ति करने से यह शास्त्र 'व्याकरण' है और शब्दों का परस्पर सम्बन्ध-विधान आदि करने के कारण इसे 'शब्दानुशासन' कहते हैं।...प्रयोग-बाहुल्य से 'व्याकरण तथा 'शब्दानुशासन' शब्द पर्याय-रूप हो गये हैं–एक की विशेषता दूसरे में आ गयी है। अर्थात् 'व्याकरण' कहने से शब्दानुशासन और 'शब्दानुशासन' कहने से व्याकरण गृहीत

हो जाता है' (**हिन्दी अनुशासन**, पृ० ७८, ७१)।

हिन्दी सही अर्थों में संस्कृत की उत्तराधिकारिणी है। वह आरम्भ से ही अन्तर्देशीय व्यापार और व्यवहार की भाषा रही है। यूरोपीय व्यापारियों के आगमन पर भी आरम्भ में हिन्दी ही व्यापार की भाषा बनी। समुद्र तट स्थित कलकत्ता, मद्रास, कोचीन, सूरत आदि अन्तर्राष्ट्रीय व्यापारिक केन्द्रों में व्यापार हेतु हिन्दी भाषा ही प्रचलित थी। फलतः काम-काज की सुविधा हेतु विदेशी व्यापारियों का ध्यान हिन्दी सीखने की ओर गया। इस निमित्त उन्होंने हिन्दी के शब्दों का संकलन और हिन्दी-व्याकरण का लेखन भी आरम्भ किया। इस प्रकार हिन्दी का पहला व्याकरण सन् १७०४ ई. में मद्रास में रहकर **तुरोनोसिस** नामक व्यक्ति ने लिखा। उसकी सूचना से पता चलता है कि सन् १६८५ ई. किसी यूरोपीय व्यापारी ने हिन्दी शब्दों का एक संकलन भी तैयार किया था। उसके पश्चात् हॉलैण्ड निवासी **जोइन जेशुआ केटलर** ने सूरत में रहते हुए सन १७१५ ई. में डच भाषा में व्याकरण लिखा जिसका प्रकाशन दानीद मिल ने किया। 'हिन्दी भाषा' नाम से उसके लैटिन अनुवाद से यूरोप की अन्य भाषाओं में भी वह अनूदित-प्रकाशित हुआ। इस प्रकार हिन्दी में दोनों आरंभिक व्याकरण न केवल विदेशियों द्वारा प्रणीत हुए वरन् हिन्दीतर भाषी व्यापारिक केन्द्रों में ही रचे गये। भारतीयों में **मिर्जा खाँ** ने औरंगजेब के शासनकाल में ब्रजभाषा का एक व्याकरण पहली बार लिखा था। विदेशियों द्वारा प्रणीत व्याकरणों में **केलॉग** महोदय (Rev. S.H.Kellogg) कृत **'ए ग्रामर ऑफ दि हिन्दी लैंग्वेज'** सर्वोत्तम है जिसका प्रकाशन पहली बार सन् १८७५ ई. में हुआ। विदेशियों के लिए भारतीयों द्वारा प्रणीत पहला व्याकरण **लल्लूजी लाल** कृत **'दि ग्रैमेटिकल प्रिंसीपल्स आव ब्रजभाषा'** है जिसकी रचना उन्होंने सन् १८१० ई. में की थी। इस व्याकरणों का ऐतिहासिक महत्त्व है।

हिन्दी के प्रामाणिक व्याकरण के निर्माण में सर्वाधिक महत्त्वपूर्ण पहल 'नागरी-प्रचारिणी-सभा, काशी की ओर से की गयी, जिसकी प्रथम परिणति पं० कामताप्रसाद गुरु प्रणीत 'हिन्दी व्याकरण' में हुई। उसके प्रकाशन (विक्रमाब्द ११७७) से हिन्दी व्याकरण-लेखन में नवयुग का सूत्रपात हुआ। उसका आधार ग्रहण कर, तब से अब तक, हिन्दी व्याकरण की छोटी-बड़ी पचासों छात्रोपयोगी पुस्तकें प्रकाशित हुई हैं। उसी की नीवन कड़ी प्रस्तुत **मुग्धबोध हिन्दी व्याकरण** है। विश्वास है कि उच्च, उच्चतर-माध्यमिक और 'इण्टर' आदि कक्षाओं के छात्रों के लिए यह उपयोगी सिद्ध होगी।

कृष्णनारायण प्रसाद 'मागध'

ध्वनि और वर्ण-विचार

ध्वनि ($\sqrt{\text{ध्वन्}}$ + ई) के उच्चारण का मूल आधार है—मुख और नाक से निकलती हुई वायु का घर्षण। वायु-घर्षण कभी पूर्णतः होता है, कभी अंशतः और कभी अल्पतः (नाम मात्र का)। जो बोला जाता है, वही सुना जाता है। **जो सुना जाता है उसे ध्वनि कहते हैं।** बोलने वाले के वाग्यन्त्र से उत्पन्न और शब्दों में समाविष्ट हो जो कर्णगोचर होता है, वे ध्वनियाँ कही जाती हैं। **ध्वनि के लिखित रूप अर्थात् ध्वनि-चिह्न को वर्ण या लिपि कहते हैं।** बोलने और सुनने में आती है ध्वनि, पर लिखने, पढ़ने और देखने में आता है वर्ण या अक्षर। वर्ण लघुतम वाक्-ध्वनि है।

वर्ण

मूल वाक्-ध्वनि को प्रकट करने के लिए प्रयुक्त होने वाले चिह्न वर्ण कहे जाते हैं। अर्थात्, **वर्ण उस मूल ध्वनि को कहते हैं जिसका खण्ड (टुकड़ा) नहीं होता;** वह अखण्डनीय लघुतम वाक्-ध्वनि है। यथा—अ, इ, उ, क, च, प आदि।

वर्णों की आक्षरिकता

अनेक बार वर्ण को अक्षर (इसलिए कि अब इसका और क्षरण नहीं हो सकता) भी कहा जाता है, पर **वर्ण और अक्षर में अन्तर है।** नागरी वर्णमाला का प्रत्येक वर्ण उच्चारण में आक्षरिक होने के कारण अक्षर की कोटि में आ जाता है (क्योंकि व्यंजनों के लिए निश्चित वर्ण भी स्वर युक्त होते हैं; उनमें 'अ' प्रकृतिस्थ रहता है, यथा—क = क्, अ; ख = ख् + अ, आदि), पर इस आधार पर वर्ण और अक्षर को एक ही वस्तु मानना अवैज्ञानिक और भ्रामक होगा। **एक ही स्वराघात में उच्चरित ध्वनि या ध्वनि-समूह को अक्षर कहते हैं।** हिन्दी में

अक्षर-निर्मातृ एक ध्वनि केवल स्वर की होती है, व्यंजन अपने-आप अक्षर-निर्माण करने में अशक्त हैं। उच्चारण की दृष्टि से कोई वर्ण अक्षर की कोटि में भले ही आ जाए, पर उससे अक्षर का स्वरूप निर्धारण नहीं किया जा सकता। वर्ण में स्वर अथवा व्यंजन + स्वर हो सकते हैं, जबकि अक्षर में इनसे भी अधिक ध्वनियाँ (व्यंजन + व्यंजन + स्वर + व्यंजन) हो सकती हैं। एक स्वराघात में उच्चरित अक्षर-निर्मातृ ध्वनि-समूह में एक है स्वर और एक से अधिक व्यंजनों का (आगे-पीछे) योग होता है। **यथा**– एक शब्द है 'क्लान्ति'। यह दो अक्षरों 'क्लान्' + 'ति' से निर्मित है। **इसके प्रथम** अक्षर (क्लान्) में व्यंजन + व्यंजन + स्वर + व्यंजन (क् + ल् + आ + न्) हैं और दूसरे अक्षर (ति) में व्यंजन + स्वर (त् + इ) हैं। हिन्दी के सभी स्वर, वर्ण और अक्षर दोनों कहे जा सकते हैं, पर स्वर रहित व्यंजन (क्, च्, प्, थ् आदि) अक्षर तो कहे जा सकते हैं, पर वर्ण नहीं। क, च, प, थ आदि व्यंजनों में स्वर 'अ' मिला हुआ है। 'अ' को निकाल दिये जाने पर उनके उच्चारण क्, च्, प्, थ् होंगे जो बोले नहीं जा सकेंगे, पर उच्चारण का अन्तिम टुकड़ा होने के कारण वे अक्षर अवश्य हैं। **वर्ण उच्चरित और कर्णगोचर होने वाला सबसे छोटा टुकड़ा है, पर अक्षर समझा जाने वाला सबसे छोटा टुकड़ा। वर्ण का सम्बन्ध लिपि से है, जबकि अक्षर का सम्बन्ध भाषा-संरचना से है। प्रत्येक वर्ण अक्षर की कोटि में आ सकता है, पर प्रत्येक अक्षर वर्ण की कोटि में नहीं आ सकते।** तात्पर्य यह कि वर्ण और अक्षर एक न होकर अलग-अलग हैं। यद्यपि सामान्यतः वर्ण को अक्षर कह दिया जाता है, तथापि वैज्ञानिक दृष्टि से दोनों में अन्तर है।

वर्ण-विचार

व्याकरण का वह भाग वर्ण-विचार कहा जाता है जिसमें वर्णों के उच्चारण, भेद, आकार तथा उनके मेल से शब्द-निर्माण के नियमों का निरूपण होता है। यथा–'प्रभात हुआ', एक वाक्य है। इस वाक्य में दो शब्द हैं–'प्रभात' और 'हुआ'। पहला शब्द है संज्ञा और दूसरा शब्द है क्रिया। 'प्रभात' शब्द में साधारणतया तीन ध्वनियाँ **प्र, भा** और **त** सुनाई पड़ती हैं। ये तीनों ध्वनियाँ खण्डनीय हैं–'प्र' के **प, र** और अ (तीन खण्ड); 'भा' के भ् और आ (दो खण्ड) और 'त' के त् और अ (दो खण्ड) होते हैं। इस प्रकार 'प्रभात' शब्द कुल सात ध्वनियों (प् + र् + अ + भ् + आ + त् + अ) के मेल से निर्मित है। क्रिया शब्द 'हुआ' पर भी इसी प्रकार विचार किया जा सकता है। वह कुल तीन ध्वनियों (ह् + उ + आ) के मेल से बना है।

वर्णमाला

वर्णों, उपवर्णों आदि के व्यवस्थित क्रम को वर्णमाला (या लिपि) कहते हैं। अर्थात्, वर्णमाला या लिपि वाक् की ध्वनियों का क्रमबद्ध रूप है। वाक् की ध्वनियाँ?[1] दो प्रकार की होती हैं—**स्वर** ध्वनि और **व्यंजन** ध्वनि। नागरी वर्णमाला (लिपि) में वर्णों की संख्या ५२ (स्वर ११ और व्यंजन ४१) है। वर्णों के अतिरिक्त अंकों एवं विभिन्न प्रकार के चिह्नों के मान्य रूप भी चलते हैं। इन सबको आगे प्रस्तुत किया जाता है।

स्वर —		अ आ इ ई उ ऊ ऋ ए ऐ ओ औ					
व्यंजन —	कवर्ग	:	क ख ग घ ङ				
	चवर्ग	:	च छ ज झ ञ				
	टवर्ग	:	ट ठ ड ढ ण				
	तवर्ग	:	त	थ	द	ध	न
	पवर्ग	:	प	फ	ब	भ	म
	अन्तःस्थ	:	य	र	ल	व	
	उष्म	:	श	ष	स	ह	
	द्विगुण व्यंजन	:	ड़	ढ़			
	संयुक्त व्यंजन	:	क्ष	त्र	ज्ञ	श्र	

अनुस्वार (.) और विसर्ग (:) [कुछ लोग इन्हें अं और अः लिखते हैं।] संस्कृत में ये उपवर्ण कहे जाते हैं। ये **'अयोगवाह'** कहे जाते हैं। इनका योग न तो स्वरों से होता है और न व्यंजनों से, फिर भी अर्थवहन करते हैं। इसीलिए ये 'अयोगवाह' कहे जाते हैं।

उपरि अंकित वर्णों में कई के **एक से अधिक रूप** भी चलते हैं। यथा—

अ—ॲ, ख—रव, छ—झ, झ—भ्ह, ण—रा, ल—ळ, त्र—त्र

उर्दू के लिप्यन्तरण में देवनागरी व्यवस्था को स्वीकार करना ही समीचीन है, पर इधर उससे भी ये ध्वनियाँ ग्रहण कर ली गयी हैं—क़्, ख़्, ग़्, ज़, फ़्। यथा—

1. कई आचार्यों के अनुसार, किसी प्रकार का आघात होने पर जो स्वर-लहरी उत्पन्न होकर वायु, जल आदि से होती हुई कानों तक पहुँचती है, वही ध्वनि है। इसके दो भेद हैं—अवर्णात्मक और वर्णात्मक। इनमें अवर्णात्मक आवज़ ही ध्वनि होती है एवं वर्णात्मक शब्दों से उत्पन्न होने वाले परिणाम को **'स्फोट'** कहते हैं। मानवेतर भाषा में ध्वनि आवाज़ बनी रहती है—उसके वर्ण अलग-अलग स्पष्ट नहीं हो पाते।

क़ — क़ायदा, क़ानून, इलाक़ा, बाक़ी, शौक़।

ख़ — ख़बर, ख़राब, अख़बार, आख़िर, सुर्ख़।

ग़ — बग़ल, दिमाग़, चिराग़, बाग़, मुर्ग़।

ज़ — ज़हर, ज़रूर, ज़ोर, काग़ज़, कमीज़।

फ़ — फ़ौरन, फ़ैसला, फ़ौज, बर्फ़, शरीफ़।

नागरी अंक—१ २ ३ ४ ५ ६ ७ ८ ९ ०

विरामादि चिह्न—ये दसाधिक प्रकार के हैं। इनका वर्णन आगे किया जायेगा।

वर्णों के उच्चारण के दो प्रमुख तत्त्व हैं—स्वर और व्यंजन। वर्णों के निर्माण और उच्चारण में इन दोनों का योग रहता है।

स्वर वर्ण

मुख से निर्बाध उच्चरित होने वाली ध्वनि को स्वर वर्ण कहते हैं। अर्थात् जिन ध्वनियों के उच्चारण में मुख से निश्वसित होने वाली वायु में कोई बाधा नहीं होती, जिनका उच्चारण स्वतन्त्रता से हो जाता है, जिनके उच्चारण में किसी दूसरे वर्ण की सहायता नहीं ली जाती ('स्वयं राजन्ते'), उन्हें स्वर वर्ण कहा जाता है। स्वर वर्ण व्यंजन वर्णों के उच्चारण में सहायक होते हैं। हिन्दी में ग्यारह स्वर वर्ण हैं—अ आ इ ई उ ऊ ऋ ए ऐ ओ औ। इनका वर्गीकरण तीन आधारों पर किया जाता है—(क) उच्चारण में लगने वाले काल (उत्पत्ति) के आधार पर, (ख) उच्चारण-स्थान के आधार पर और (ग) उच्चारण (नासिकता) के आधार पर।

(क) उच्चारण में लगने वाले कोमल या उत्पत्ति के अनुसार स्वर दो प्रकार के होते हैं—१. मूल स्वर या साधारण स्वर और २. सन्धि स्वर। सन्धि स्वर के ही दो प्रकार हो जाते हैं—दीर्घ स्वर और संयुक्त स्वर। इसे तालिका द्वारा स्पष्ट किया जाता है—

स्वर
- मूल स्वर (साधारण स्वर) या ह्रस्व स्वर
- सन्धि स्वर
  - दीर्घ स्वर
  - संयुक्त स्वर

इस तरह स्वरों के तीन प्रकार होते हैं। हिन्दी में इन्हीं तीनों की मान्यता है।

मूल स्वर : जिनकी उत्पत्ति बिना किसी दूसरे स्वर के संयोग से होती है, वे स्वर मूल स्वर कहे जाते हैं। ये चार हैं– अ इ उ ऋ।

दीर्घ स्वर : एक मूल स्वर में उसी के मेल से उत्पन्न स्वर, दीर्घ स्वर कहा जाता है। यथा–**आ** (अ + अ), **ई** (इ + इ) और **ऊ** (उ + उ)। वस्तुतः ये मूल स्वरों के ही दीर्घ उच्चारण के लिपि संकेत हैं। मूल स्वर 'ऋ' का दीर्घ रूप हिन्दी में नहीं चलता है। दीर्घ स्वर के उच्चारण में मूल स्वर के उच्चारण से दोगुणा समय लगता है।

संयुक्त स्वर : दो भिन्न स्वरों के मूल से उत्पन्न स्वर, संयुक्त स्वर कहे जाते हैं। यथा– **ए** (अ + इ; आ + इ; अ + ई; आ + ई), ऐ (आ + ए), **ओ** (अ + उ; आ + उ; अ + ऊ; आ + ऊ) और **औ** (आ + ओ)। तात्पर्य यह है कि उत्पत्ति के अनुसार हिन्दी के स्वरों का वर्गीकरण इस प्रकार होगा–

मूल स्वर	:	अ	इ	उ	ऋ
दीर्घ स्वर	:	आ	ई	ऊ	
संयुक्त स्वर	:	ए	ऐ	ओ	औ

मूल स्वर को साधारण स्वर और **ह्रस्व स्वर** कहा जाता है। मूल स्वर एक मात्रिक और दीर्घ एवं संयुक्त स्वर द्विमात्रिक होते हैं। संस्कृत व्याकरण में एक और स्वर 'प्लुत' भी मान्य है। 'प्लुत' का अर्थ है–उछला हुआ। **दीर्घ से दीर्घतर या दीर्घतम उच्चारण को प्लुत स्वर कहते हैं।** इसमें तीन या तीन से भी अधिक मात्राएँ होती हैं। हिन्दी में इसका उपयोग प्रायः नहीं होता। यह प्रायः दूर से पुकारने, बुलाने, रोने, गाने, चिल्लाने आदि में आता है। संगीत का आलाप प्लुत होता है। इसकी पहचान के लिए दीर्घ स्वर के पश्चात् तीन (३) का अंक लिखा जाता है। यथा–ओ३म, लड़के! ३, आदि।

यहाँ मात्रा और उसके भेद को समझ लेना आवश्यक है। **'मात्रा' शब्द के दो अर्थ हैं–१. व्यंजन के साथ स्वर का मेल होने पर स्वर का होने वाला रूप** और २. **मूल स्वर 'अ' के उच्चारण में लगने वाला कालमान।** मूल स्वर 'अ' का कोई मात्रा-चिह्न नहीं है। व्यंजन के साथ स्वर का मूल होने पर स्वरों के अग्रांकित रूप हो जाते हैं–

स्वर	:	अ	आ	इ	ई	उ	ऊ	ऋ	ए	ए	ओ	औ
मात्रा	:		ा	ि	ी	ु	ू	ृ	े	ै	ो	ौ
		क	का	कि	की	कु	कू	कृ	के	कै	को	कौ

मात्राएँ केवल स्वरों की होती हैं, व्यंजनों की नहीं। स्वरों की मात्राओं एवं

अनुस्वार और विसर्ग सहित एक व्यंजन वर्ण के बारह रूप हो जाते हैं जिन्हें परम्परा से **बारहखड़ी** कहते हैं। यथा 'क' की बारहखड़ी : क का कि की कु कू के कै को कौ कं कः।

छन्दशास्त्र में 'ह्रस्व' मात्रा को **लघु** और **'दीर्घ'** मात्रा को **गुरु** कहते हैं। इनके लिए चिह्न भी निश्चित हैं, यथा ह्रस्व या लघु मात्रा के लिए खड़ी पाई (।) और दीर्घ या गुरु मात्रा के लिए विकारी (ऽ)। 'प्लुत' के सम्बन्ध में पहले कहा जा चुका है कि उसकी पहचान के लिए दीर्घ स्वरों के पश्चात् तीन (३) का अंक लिखा जाता है।

(ख) उच्चारण-स्थान के आधार पर स्वरों के छह भेद होते हैं। यथा–

१. कण्ठ्य : अ, आ – ये कण्ठ से उच्चरित होते हैं।
२. तालव्य : इ, ई – ये तालु से उच्चरित होते हैं।
३. मूर्द्धन्य : ऋ – यह मूर्द्धा से उच्चरित होता है।
४. ओष्ठ्य : उ, ऊ – ये ओष्ठों से उच्चरित होते हैं।
५. कण्ठ-तालव्य : ए, ऐ – ये कण्ठ और तालु से उच्चरित होते हैं।
३. कण्ठोष्ठ्य : ओ, औ – ये कण्ठ और ओष्ठों से उच्चरित होते हैं।

'अ' का उच्चारण

'अ' कण्ठ्य ध्वनि है। व्यंजन से मिला रहने पर (यथा–क = क् + अ) बोलचाल में 'अ' का उच्चारण हल्का या लघु हो जाता है एवं उच्चारण शब्दों में प्रयुक्त स्थिति पर निर्भर करता है। वस्तुतः यह अपूर्णोच्चारित (अ) होता है। यथा–

१. शब्द के प्रथम अक्षर में, यथा– अब, कब, सवाल, जवाब।
२. अन्तिम संयुक्त व्यंजनों के पहले, यथा– तरल, परख, सड़क, तरह।
३. शब्दान्त में संयुक्त वर्ण रहने पर, यथा– सत्य, ब्रह्म, अन्न, युद्ध।
४. एकाक्षर शब्दों में, यथा– न, व।
५. 'य' अन्त्य शब्दों में जब 'य' के पहले 'आ', 'इ', 'ई', 'ऊ' स्वरों में से कोई रहे, यथा– राम, तिय, राजकीय, राजसूय।
६. चार अक्षरों वाली क्रिया के सामान्य रूप के दूसरे अक्षर में, यथा– समझना, निकलना, बदलना, सँभलना।
७. संयुक्त व्यंजनों के पूर्वाक्षर में, यथा– उमंग, भुलक्कड़, घुमक्कड़, मुअत्तिल।
८. द्विरुक्तियों से बने शब्दों में, यथा– छटपट, टकटकी, खटपटाना।

बोलचाल में बहुधा अग्रांकित स्थितियों में 'अ' का उच्चारण नहीं होता है–

१. शब्दान्त में असंयुक्त वर्णों के बाद, यथा– घर, रात, कमल, विमल।
२. तीन अक्षरों वाले शब्दों के दूसरे अक्षर में जब शब्दान्त में कोई दीर्घ स्वर रहे, यथा– कमरा, बकरा, लड़की, लकड़ी, सुनना।
३. चार अक्षरों वाले शब्दों के तीसरे अक्षर में जब शब्दान्त में कोई दीर्घ स्वर रहे, यथा– सुनहरा, कचहरी, निकलना, दीपावली।
४. चार अक्षरों वाले शब्दों में दूसरे और चौथे व्यंजन के पश्चात् जब शब्दान्त में असंयुक्त व्यंजन रहे, यथा–खटमल, पटसन, धड़कन, हलचल।
५. क्रिया के सामान्य रूपों के दूसरे अक्षरों में जब अन्तिम अक्षर से पूर्व अक्षर में 'आ' रहे, यथा– दिखलाना, बदलाना, समझाना, करवाना।

'ऐ' और 'औ' का उच्चारण

'ऐ' कण्ठ-तालव्य ध्वनि है और 'औ' कण्ठोष्ठ्य ध्वनि है। मानक हिन्दी में इनका उच्चारण 'अय्' और 'अव्' जैसा होता है, पर मगही में (संस्कृत की तरह ही) क्रमशः 'अइ' और 'अउ' की तरह होता है। यथा–

हिन्दी में	**मगही में**
ऐसा–अयसा (अय्)	ऐसा–अइसा (अइ)
मैल–मयल (अय्)	मैल–मइल (अइ)
कौन–कवन (अव्)	कौन–कउन (अउ)
चौथा–चवथा (अव्)	चौथा–चउथा (अउ)

(ग) उच्चारण (नासिकता) के आधार पर स्वरों के दो भेद होते हैं–**साधारण** और **अनुनासिक। केवल मुख से बोले जाने वाले स्वर साधारण स्वर कहे जाते हैं।** यथा–इधर, उधर, अगर आदि। इनमें इ, उ, अ साधारण स्वर हैं। चूँकि स्वरों का दूसरा रूप अनुनासिक होता है, इसी कारण उसके वजन पर इन्हें **निरनुनासिक** या अननुनासिक भी कहते हैं।

जिन स्वरों का उच्चारण मुख के साथ ही नाक से भी होता है (अर्थात् जब किसी स्वर के उच्चारण में कोमल तालु कुछ नीचे झुक कर वायु के कुछ अंश को नाक से जाने देता है तब), **उन्हें अनुनासिक कहते हैं।** अनुनासिकता के लिए स्वरों के ऊपर चन्द्रबिन्दु (ँ) लगाया जाता है, किन्तु जिन स्वरों के ऊपर मात्राएँ होती हैं उनके साथ चन्द्रबिन्दु के स्थान पर केवल बिन्दु अर्थात्

अनुस्वार (·) लगाने का चलन कर आलेखन की कठिनाई से मुक्ति पा ली गयी है। यथा–नींद, ऐंठना, चौंकना, पैंतीस। वस्तुतः अनुनासिकता एक प्रकार से स्वरों का संस्कार है।

स्वरों के ऊपर अनुस्वार (·) पंचमाक्षरों (ङ्, ञ्, ण्, न्, म्) में से किसी एक का प्रतिनिधित्व करता है एवं पूर्ववर्ती स्वर के पश्चात् उच्चरित होता है। पंचमाक्षर वस्तुतः अनुनासिक वर्ण ही हैं। यथा–अंक (अङ्क), चंचल (चञ्चल), खंड (खण्ड), संधि (सन्धि), अंब (अम्ब)।

अनुनासिक और अनुस्वार

अनुनासिक स्वरों से पृथक् ध्वनि नहीं है, पर अनुस्वार पृथक व्यंजन ध्वनि है। अनुनासिक स्वरों की रूपगत वस्तु है, पर अनुस्वार की सत्ता स्वर से सदा पृथक होती है। वह स्वरों के पश्चात् उच्चरित होने वाला व्यंजन है। अनुनासिक के उच्चारण में मुख से ही अधिक वायु निकलती है, नाक से बहुत कम। यथा–अँगूठा, आँख, काँख, गाँव आदि। इसके विपरीत अनुस्वार के उच्चारण में नाक से ही अधिक वायु (साँस) निकलती है, मुख से कम। यथा–अंक, संवाद, अहंकार आदि। संस्कृत की प्रकृति अनुस्वार प्रधान है, पर हिन्दी की प्रकृति अनुनासिक प्रधान। इसी कारण तत्सम शब्दों के तद्भव रूपों में चन्द्रबिन्दु लगते हैं। यथा–अंगुष्ठ–अँगूठा, दंत–दाँत, संभाल–सँभाल, आदि।

व्यंजन

स्वरों की सहायता से उच्चरित होने वाले वर्ण व्यंजन कहे जाते हैं। प्रत्येक व्यंजन के उच्चारण में 'अ' की ध्वनि छिपी रहती है। 'अ' के बिना व्यंजन का उच्चारण सम्भव नहीं होता। यथा–क = क् + अ, ख = ख् + अ। अर्थात् व्यंजनों के उच्चारण में मुख से वायु अबाध गति से नहीं निकल पाती। वह पूर्णतः, अंशतः या अल्पतः बाधित होकर निकलती है। व्यंजनों की कुल संख्या ४१ है। वे अग्रांकित हैं–

स्पर्श व्यंजन : कण्ठ, तालु, मूर्द्धा, दन्त और ओष्ठ के स्पर्श से उच्चरित होने वाले व्यंजन, स्पर्श व्यंजन कहे जाते हैं। 'क' से 'म' तक के पच्चीस व्यंजन उच्चारण स्थान की एकता लिए हुए वर्गों में विभक्त होने के कारण 'वर्गीय व्यंजन' भी कहे जाते हैं।

यथा– कवर्ग : क ख ग घ ङ
चवर्ग : च छ ज झ ञ

टवर्ग	:	ट	ठ	ड	ढ	ण
तवर्ग	:	त	थ	द	ध	न
पवर्ग	:	प	फ	ब	भ	म

अन्तःस्थ व्यंजन : स्पर्श और ऊष्म व्यंजनों के मध्य य र ल व अन्तःस्थ व्यंजन होते हैं। ये जीभ, तालु, दाँत और ओठों के परस्पर सटाने से उच्चरित होते हैं, पर स्पर्श कहीं भी पूर्ण नहीं होता। अर्थात् इनका उच्चारण व्यंजन और स्वरों का मध्यवर्ती-सा होता है। इसी कारण ये **अर्द्धस्वर** भी कहे जाते हैं।

ऊष्म व्यंजन : जिन व्यंजनों के उच्चारण में अधिक उष्मा (प्राण वायु) निकलती है, वे उष्म व्यंजन कहे जाते हैं। यथा—श ष स ह। इनके उच्चारण में वायु-प्रवाह न तो कहीं अवरुद्ध होता है और न पूर्णतः अबाध रूप में निकल पाता है। वाक्-इन्द्रिय के अवयव परस्पर समीपवर्ती होकर वायु-मार्ग को संकीर्ण कर देते हैं जिससे वायु-प्रवाह संघर्ष (रगड़) के साथ निकलता है। इसी कारण ये व्यंजन वर्ण संघर्षी भी कहे जाते हैं—इनकी ध्वनि संघर्षी होती है।

इनके अतिरिक्त दो द्विगुण व्यंजन (ड़, ढ़), चार संयुक्त व्यंजन (क्ष, त्र, ज्ञ, श्र) और अनुस्वार (·) एवं विसर्ग (:) भी व्यंजनों में परिगणित होते हैं।

उच्चारण-स्थान के अनुसार व्यंजनों के अग्रांकित भेद हैं—

१. कण्ठ्य	:	क, ख, ग, घ, ङ, ह।
२. तालव्य	:	च, छ, ज, झ, ञ, य, श।
३. मूर्द्धन्य	:	ट, ठ, ड, ढ, ण, र, ष।
४. दन्त्य	:	त, थ, द, ध, न, ल, स।
५. ओष्ठ्य	:	प, फ, ब, भ, म।
६. अनुनासिक	:	ङ, ञ, ण, न, म।
७. दन्त्योष्ठ	:	व
८. उत्क्षिप्त	:	ड़, ढ़ (द्विगुण व्यंजन)

संयुक्त व्यंजन : संयुक्त व्यंजन चार हैं—क्ष, त्र, ज्ञ और श्र। इनका खण्ड किया जा सकता है। यथाः—क् + ष = क्ष; त + र = त्र; ज् + ञ = ज्ञ; श् + र = श्र। अतः ये स्वतन्त्र वर्णों में परिगणित नहीं होते।

द्विगुण व्यंजन : 'ड़' और 'ढ़' वास्तव में वैदिक वर्णों **ळ** और **ळ्ह** के विकसित रूप हैं। ये हिन्दी में 'ड' और 'ढ' के नीचे बिन्दु लगाने से बने हैं। इनके उच्चारण में जिह्वा-नोक उलट कर झटके से ऊपर उठ कर वायु का उत्क्षेपण करती है।

अनुस्वार : अनुस्वार (·) स्वर के बाद आने वाला व्यंजन है। इस सम्बन्ध में पूर्व पृष्ठों में विचार किया जा चुका है।

विसर्ग : विसर्ग (:) भी अनुस्वार की तरह ही स्वर के बाद आने वाला व्यंजन है। इसका उच्चरित रूप 'ह' की तरह होता है। इसका प्रयोग सामान्यतः तत्सम शब्दों में होता है। यथा—अतः, स्वतः, मनःकामना आदि।

हल् : व्यंजनों के नीचे लगायी जाने वाली तिरछी रेखा (्) हल कही जाती है। स्वर वर्ण का अभाव सूचित करने के लिए व्यंजनों के नीचे 'हल्' का चिह्न लगाया जाता है। यथा—क्, ख्, ग् आदि।

अरबी-फारसी ध्वनियों के लिए पाँच ध्वनियाँ व्यंजनों के नीचे बिन्दु लगा कर अपनायी गयी हैं।—क़्, ख़्, ग़्, ज़्, फ़्। इनके अपनाये जाने के सम्बन्ध में **वैमत्य** है। काशी नागरी प्रचारिणी सभा, हिन्दी साहित्य सम्मेलन जैसी मानक संस्थाएँ एवं टण्डन जी (पुरुषोत्तम दास टण्डन), पराड़कर जी, पं० किशोरीदास बाजपेयी जी आदि विद्वान् इसे स्वीकार नहीं करते। असमी, बांग्ला, मराठी आदि भाषाओं में इनकी स्वीकृति नहीं है। वस्तुतः अरबी-फारसी से आगत शब्दों की ध्वनियों को बिना बिन्दु लगाये ही ग्रहण किया जाना उचित है। इससे हिन्दी की प्रकृति ठीक रहेगी।

उच्चारण में **वायु-प्रक्षेप की दृष्टि से व्यंजनों के दो भेद होते हैं**—अल्पप्राण और महाप्राण।

अल्पप्राण : प्राण का अर्थ है वायु और अल्प का अर्थ है थोड़ा। अर्थात्, **जिनके उच्चारण में मुख से वायु अल्प मात्रा में निकले और 'ह' की ध्वनि (हकार) सुनाई नहीं पड़े, उन्हें अल्पप्राण वर्ण कहते हैं।** स्पर्श व्यंजनों में प्रत्येक वर्ग का पहला, तीसरा और पाँचवाँ व्यंजन एवं अन्तःस्थ व्यंजन इसी वर्ग में आते हैं। यथा— क, ग, ङ; च, ज, ञ; ट, ड, ण; त, द, न; प, ब, म और य, र, ल, व। इनके अतिरिक्त सभी स्वर वर्ण भी अल्पप्राण होते हैं।

महाप्राण : जिनके उच्चारण में प्राणवायु का उपयोग अधिक श्रमपूर्वक हो एवं 'ह' की हल्की-सी ध्वनि सुनाई पड़े, उन्हें महाप्राण वर्ण कहते हैं। स्पर्श व्यंजनों के प्रत्येक वर्ग का दूसरा और चौथा वर्ण एवं सभी ऊष्म व्यंजन महाप्राण वर्ग में आते हैं। यथा—ख, घ, छ, झ; ठ, ढ; थ, ध; फ, भ; श, ष, ह। इनके अतिरिक्त द्विगुण व्यंजन (ड़, ढ़) और 'न्ह', 'म्ह', 'ल्ह', 'र्ह', 'स्ह' भी महाप्राण वर्ग में ही आते हैं।

उच्चारण में **नाद या श्वास की दृष्टि से वर्णों के दो भेद हैं**—घोष और अघोष।

घोष : नाद को ही घोष कहते हैं। **जिन व्यंजनों का उच्चारण करते समय नाद का उपयोग होता है अर्थात् स्वरतंत्रियाँ झंकृत होती हैं, वे घोष व्यंजन वर्ण कहे जाते हैं।** स्पर्श व्यंजनों में प्रत्येक वर्ग का तीसरा, चौथा और पाँचवाँ व्यंजन, अन्तःस्थ व्यंजन और ह, घोष होते हैं। यथा—ग, घ, ङ; ज, झ, ञ; ड, ढ, ण; द, ध, न; ब, भ, म; य, र, ल, व और ह। सभी स्वर वर्ण भी घोष होते हैं।

अघोष : जिनके उच्चारण में स्वरतंत्रियाँ झंकृत नहीं होतीं, वे वर्ण अघोष कहे जाते हैं। अर्थात् जिनके उच्चारण में नाद का नहीं, केवल श्वास का उपयोग होता है, वे व्यंजन अघोष होते हैं। स्पर्श व्यंजनों के प्रत्येक वर्ग का पहला और दूसरा वर्ण एवं ऊष्म व्यंजनों के प्रथम तीन वर्ण अघोष होते हैं। यथा—क, ख; च, छ; ट, ठ; त, थ; प, फ, और श, ष, स।

संयोग/संयोजन

स्वर-रहित व्यंजनों का पारस्परिक मेल संयोग या संयोजन कहा जाता है। यथा—'स्व', 'ब्ज' आदि। 'स्व' में 'स्' और 'व' के बीच एवं 'ब्ज' में 'ब्' और 'ज' के बीच कोई स्वर नहीं हैं। दोनों उदाहरणों में व्यंजन बाद वाले (व और ज में मिले हुए 'अ') स्वर के सहारे टिके हैं। बोलचाल में व्यंजनों का संयोग/संयोजन अनेक बार इस प्रकार उच्चरित किया जाता है जैसे उनमें कोई संयोग/संयोजन है ही नहीं। वैसे उच्चारणों में व्यंजनों के मध्य 'अ' आ जाता है। यथा—रत्न/रतन, कर्म-करम, बर्फ-बरफ, धर्म-धरम, बिल्कुल-बिलकुल जल्दी-जलदी।

द्वित्व व्यंजन

किसी व्यंजन का अपने ही रूप से मिलने को द्वित्व व्यंजन कहते हैं। द्वित्व व्यंजन शब्द के आरम्भ में प्रयुक्त नहीं होते। वे शब्द के मध्य या शब्दान्त में ही प्रयुक्त होते हैं। यथा—अन्न, पक्का, बल्लभ, रम्मन।

व्यंजनों के द्वित्व के कारण शब्द अपने से मिलते-जुलते शब्द से भिन्न स्वरूप और अर्थ वाले हो जाते हैं। यथा—पता-पत्ता; पट-पट्ट; लता-लत्ता आदि।

बलाघात/स्वराघात

उच्चारण या अर्थ की स्पष्टता के लिए शब्द को बोलते समय जब किसी अक्षर पर बल दिया जाता है, तब उस क्रिया को बलाघात कहते हैं। बल स्वर (अक्षरों से मिले स्वर) पर दिया जाता है, इस कारण वह क्रिया **स्वराघात** भी कही जाती है।

एक से अधिक अक्षर वाले प्रत्येक हिन्दी शब्द में बलाघात/स्वराघात होता है। बलाघात/स्वराघात का स्थायी रूप/स्थान नहीं होता। अनेकाक्षरी शब्दों में वह आरम्भ, मध्य या अन्त में किसी भी भाग पर हो सकता है। किसी प्रत्यय के आगम से बलाघात का स्थान बदल सकता है। यथा—बढ़ना-बढ़ाव। शब्द-विकार में बलाघात अपरिवर्तित ही रहता है। यथा—मेज, मेजें, मेजों। बलाघात वस्तुतः शब्दों अक्षरों की संख्या और उनकी स्थिति पर निर्भर करता है। उसके कुछ सामान्य नियम इस प्रकार हैं—

१. शब्दों में द्वित्व या संयुक्त व्यंजन होने पर बलाघात उक्त व्यंजनों के पूर्वाक्षर पर होते हैं। यथा—हिन्दी, दिल्ली, इन्द्र, विष्णु।

२. शब्द को मध्य या अन्त के 'अ' का उच्चारण नहीं होता, तब उक्त व्यंजनों के पूर्वाक्षर पर बलाघात होता है। यथा—करना, मरना, घर, पर।

३. विसर्ग वाले अक्षर पर बलाघात होता है। यथा—दुःख, निःसन्देह, अन्तःकरण।

४. दो, तीन या चार अक्षरों वाले शब्दों में दीर्घाक्षर पर बलाघात होता है। यथा—घड़ी, पटरी, पढ़ना, बना कर, उजागर।

५. शब्द में दो या दो से अधिक अक्षर होने पर अन्तिम से पूर्वाक्षर पर बलाघात होता है। यथा—किराया, आसानी, मिचलाना, फुसलाना।

६. चार या उससे अधिक अक्षरों वाले शब्दों में अन्तिम अक्षर के दीर्घ और उसके पूर्व ह्रस्व अक्षर होने पर बलाघात उस ह्रस्व अक्षर के पूर्वाक्षर पर होता है। यथा—सुनहरा, पहुँचना, समझना, कचहरी।

७. द्विरुक्तियों से बने शब्दों में बलाघात अन्तिम दीर्घाक्षार पर होता है—गुदगुदी, बुलबुला, सरसरी।

८. केवल ह्रस्व अक्षरों वाले शब्दों में बलाघात उपान्त्य अक्षर पर होता है। यथा—पटसन, अचकन, धड़कन, हसरत।

९. सार्वनानक क्रियाविशेषण और 'नहीं' निपात में बलाघात शब्द के दूसरे अच्छर पर होता है। यथा—यहाँ, वहाँ, कहीं, नहीं।

१०. इ, उ और ऋ वाले व्यंजनों के पूर्ववर्ती अक्षर पर बलाघात होता है। यथा—हरि, धातु, साधु, पितृ, मातृ।

११. समास वाले शब्दों में बलाघात या तो ठीक उन्हीं भागों पर होता है जिनमें असमस्त रूप में होता है अथवा उनमें अन्तिम दीर्घ अक्षर पर प्रबल और समास वाले अक्षर पर हल्का-सा बलाघात होता है। यथा—माँ-बाप, चाल-ढाल, नौकर-चाकर, कूड़ा-कचरा, राजगृह, राजपूत।

१२. प्रत्यय जुड़ कर बनने वाले शब्दों में यदि उन प्रत्ययों में अपने बलाघात हैं, तब वही बलाघात समग्र शब्द का होता है। ऐसे शब्दों में मूल शब्द का बलाघात गौण होता है। यथा—रिक्शावाला, लकड़हारा आदि।

सुरलहर या अनुतान

सुर का अर्थ है स्वर। शब्द के स्तर पर कार्य करने वाले सुर को **तान** कहते हैं और वाक्य के स्तर पर कार्य करने वाले को **सुरलहर या अनुतान**। प्रत्येक वाक्य में सुरलहर आदि से अन्त तक विद्यमान रहती है।

प्रायः देखा जाता है कि बोलते समय बोलने का सुर (लहजा) बदलता रहता है। वक्ता बोलते समय वाक्य के किसी अंश को कभी ऊँचे (आरोही) सुर से बोलता है और कभी नीचे (अवरोही) सुर से। **बोलते समय सुर का आरोह-अवरोह या चढ़ाव-उतार ही सुरलहर या अनुतान कहा जाता है**। सुरलहर या अनुतान के दो भेद होते हैं—शब्द सुरलहर और वाक्य सुरलहर। तान भाषाओं (यथा चीन की भाषा) में दोनों सुरलहरें होती हैं। हिन्दी, संस्कृत की तरह ही अतान भाषा है। इसमें केवल वाक्य के स्तर पर सुरलहरें होती हैं। सुरलहर के कारण वाक्य का अर्थ यद्यपि नहीं बदलता है, तथापि वक्ता की भंगिमाओं और वाक्य की अर्थच्छायाओं के कारण प्रेम, घृणा, दया, सहानुभूति, जिज्ञासा, क्रोध, विवशता, विस्मय, विषाद आदि का प्रगटीकरण अवश्य हो जाता है।

बलाघात (स्वराघात) का सम्बन्ध प्राणवायु के अधिक बलपूर्वक फेंकने से है, जबकि स्वरलहर या अनुतान का सम्बन्ध स्वरतंत्रियों के कम्पन से। प्रतिक्षण स्वरतंत्रियों की कम्पन संख्या अधिक होने पर स्तर आरोही होता है और कम होने पर अवरोही। अतान भाषाओं (हिन्दी आदि) में सुरलहर ही महत्त्वपूर्ण होता है, क्योंकि इनमें शब्द के सुर-परिवर्तन से शब्दार्थ नहीं बदलता। यथा—**'मोहन पटना गया'**। हिन्दी में सामान्य कथन के रूप में वाक्य का अन्तिम अंश शेष अंश की अपेक्षा अवरोही (निम्न) सुर में बोला जाता है। ऐसी स्थिति में उपरिवाक्य एक सामान्य कथन मात्र होगा अर्थात् वक्ता मोहन के पटना जाने की सूचना भर दे रहा है। इसके विपरीत 'पटना' आरोही और 'गया' अवरोही सुर में उच्चरित होने पर आश्चर्यसूचक हो जायेगा। और 'मोहन' को अधिक खींच कर (आरोही), 'पटना' पर सुर गिराते हुए 'गया' पर और गिरा दिया जाये (अवरोही), तो यही वाक्य विषाद, विवशता आदि का सूचक हो जाएगा। तात्पर्य यह कि विभिन्न सुरलहरों के प्रयोग से कई भाव प्रकट किये जा सकते हैं। सुर मुख्यतया केवल घोष ध्वनियों में रहता है। अघोष ध्वनियाँ सहगामी के तुल्य रहती हैं। हिन्दी में वाक्य सुरलहर, काकु या व्यंग्य आदि में सहज ही प्रयुक्त मिलते हैं।

बोलने के लहजे (सुर) के साथ ही वाक्य में प्रयुक्त शब्दों के क्रम में अन्तर होने पर भी अर्थच्छाया बदल जाती है। वह भी सुरलहर या अनुतान ही है। यथा–

१. कौन करेगा? २. करेगा कौन?

उपरि वाक्यों में प्रयुक्त शब्द समान हैं, पर उनके प्रयोग-क्रम में अन्तर है। पहला वाक्य सामान्य पृच्छा का सूचक है, पर दूसरा निषेध सूचक है।

संगम

बोलते समय वक्ता एक ध्वनि का उच्चारण समाप्त कर दूसरी ध्वनि का उच्चारण करता है। वह सभी ध्वनियों को एक साथ मिला कर नहीं बोलता। कभी वह एक ध्वनि से दूसरी ध्वनि पर बिना रुके अबाध गति से चला जाता है और कभी थोड़ा विराम लेकर अगली ध्वनि को उच्चारित करता है। **दो ध्वनियों के बीच का यह विराम या रुकना ही संगम कहा जाता है**। इसके कारण अर्थभेद घटित होता है। इसलिए इसे भी ध्वनिग्राम माना जाता है। संगम के स्पष्टीकरण हेतु उदाहरण रूप में शब्द लें–'सजलता', 'वरदे'। ये दो प्रकार से उच्चरित किये जा सकते हैं–

१. सज + लता १. वरदे

२. सजल + ता २. वर + दे

'सज' के बाद क्षणिक विराम ले 'लता' का उच्चारण करने पर अर्थ होगा–'हे लता! सज।' किन्तु, यदि क्षणिक विराम 'सजल' के बाद लेकर 'ता' का उच्चारण किया जाय तो अर्थ होगा–'जलयुक्त होना।' इसी प्रकार 'वरदे' का अर्थ होगा–वर देने वाली (स्त्रीलिंग सम्बोधन) और 'वर दे' का अर्थ होगा–'तू वरदान दे।' इन उदाहरणों में संगम आक्षरिक हैं पर संगम रूपग्रामीय भी होता है। दो रूपग्रामों के मध्य विराम लेने पर संगम रूपग्रामीय होता है। यथा–'तुम्हारे' (तुम्-हारे)।

संगम सदा शब्दों के मध्य आता है। यह वाक्य या वाक्यांश के अन्त में नहीं आता। ध्यातव्य है कि संगम सन्धि नहीं है। सन्धि शब्द परम्परा से भिन्न अर्थ में प्रचलित रहा है। संस्कृत और हिन्दी में श्लेष (अभंग श्लेष, सभंग श्लेष और सभंगाभंग श्लेष) के प्रसंग में संगम का रूप अधिक स्पष्ट होता है।

सन्धि

दो वर्णों के मेल से होने वाले विकार को 'सन्धि' कहते हैं। उच्चारण-सौकर्य के लिए अनेक बार पास-पास रहने वाले पदों या शब्दों में परस्पर मेल हो जाता

है। मेल पहले पद के अन्तिम वर्ण या अक्षर और दूसरे पद के पहले वर्ण या अक्षर में होता है। उनके मेल से जो विकार या रूपान्तरण होता है, वही सन्धि कही जाती है। सन्धि के कारण रूपान्तरण कहीं एक वर्ण में होता है और कहीं दोनों वर्णों में; कहीं-कहीं दोनों वर्णों के स्थान पर एक तीसरा वर्ण भी बन जाता है। यथा–गण + ईश = गणेश; धर्म + आत्मा = धर्मात्मा और सु + आगत = स्वागत। इस प्रकार सन्धि दो वर्णों या अक्षरों का विकार या रूपान्तरजन्य मेल है। उस मेल को समझ कर पद या शब्द को सन्धि-स्थान से अलग-अलग करना **'सन्धि-विच्छेद'** कहा जाता है।

हिन्दी, संस्कृत की अनेकविध ऋणी है। सन्धि-प्रकरण संस्कृत का विषय है। हिन्दी की प्रकृति सन्धियुक्त संयुक्त शब्द लिखने की सामान्यतः नहीं है, जबकि संस्कृत में सन्धि के बिना काम चलता ही नहीं। हिन्दी में संस्कृत के अनेक शब्द चलते हैं। फलतः उनकी बनावट के ज्ञान के लिए संस्कृत के सन्धि-नियमों को भी हिन्दी-व्याकरण में स्थान मिला है।[1] संस्कृत के सन्धि-नियम तद्रूप संस्कृत शब्दों में ही चलते हैं। हिन्दी में सौकर्य, सुबोधता और स्पष्टता की दृष्टि से संस्कृत की सभी सरल सन्धियाँ ही चलती हैं। 'बिम्बौष्ठ', 'अघरौष्ठ', 'पुनारचना', 'अन्ताराष्ट्रीय' जैसों को स्वीकार नहीं किया जाना इसी का साक्ष्य है। सन्धि-नियम में 'पितृण' समझाया भले ही जाए, पर लिखा जाता है 'पितृ ऋण' ही। वृद्धि सन्धि और विसर्ग सन्धि को हिन्दी में कम ही स्वीकार किया है। विसर्ग सन्धि तो मूलतः संस्कृत की ही विशिष्टता है। हिन्दी की अपनी सन्धियाँ जो हैं, वे किंचित् भिन्न प्रकृति की हैं। पं० किशोरीदास बाजपेयी ने उनकी चर्चा 'वर्ण-सन्धियाँ' शीर्षक के अन्तर्गत की है।

सन्धि के भेद : सन्धि तीन प्रकार की होती है–(क) **स्वर सन्धि,** (ख) **व्यंजन सधि** और (ग) **विसर्ग सन्धि।**

क. स्वर सन्धि : दो स्वरों के मेल से जो विकार या रूपान्तरण होता है उसे स्वर सन्धि कहते हैं। यह पाँच प्रकार की होती है–दीर्घ, गुण, वृद्धि, यण और अयादि।

दीर्घसन्धि : इसमें दो सवर्ण स्वर मिल कर दीर्घ हो जाते हैं। यथा–

१. अ + अ, अ + आ, आ + आ, आ + अ = आ; जैसे–

अ + अ – गीत + अंजलि = गीतांजलि

अ + आ – शिव + आलय = शिवालय

आ + आ – महा + आत्मा = महात्मा

आ + अ – विद्या + अर्थी = विद्यार्थी

---

१. हिन्दी में ऐसे भी व्याकरण ग्रन्थ लिखे गये हैं जिनमें सन्धि-प्रकरण को स्थान नहीं मिला है। यथा– ज. म. दीमशित्स कृत **'हिन्दी व्याकरण की रूप रेखा'** (राजकमल, दिल्ली)।

२. इ + इ, इ + ई, ई + इ, ई + ई = ई; जैसे–

इ + इ – रवि + इन्द्र = रवीन्द्र   ई + इ – मही + इन्द्र = महीन्द्र

इ + ई – कपि + ईश = कपीश

ई + ई – जानकी + ईश = जानकीश

३. उ + उ, उ + ऊ, ऊ + उ, ऊ + ऊ = ऊ; जैसे–

उ + उ – भानु + उदय = भानूदय

ऊ + उ – स्वयम्भू + उदय = स्वयम्भूदय

उ + ऊ – लघु + ऊर्मि = लघूर्मि   ऊ + ऊ – भू + ऊर्ध्व = भूर्ध्व

४. ऋ + ऋ = ॠ; जैसे–मातृ + ऋण = मातॄण, पितृ + ऋण = पितॄण।

हिन्दी 'मातॄण', 'पितॄण' के बदले 'मातृ ऋण' और 'पितृ ऋण' ही लिखना सरल है।

गुणसन्धि : गुण का अर्थ है–वृद्धि और परिवर्तन। 'दुगुन', 'चौगुन' आदि से अर्थ स्वयं स्पष्ट हो जाता है। इसी प्रकार, जब दो स्वरों के मिलने से उनकी शक्ति परिवर्तितन हो तीसरे स्वर को प्रकट करती है, तब 'अ', या 'आ' में 'इ' के मिलने से 'ए' और 'अ' या 'आ' में 'उ' के मिलने से 'ओ' हो जाता है। गुणसन्धि में स्वरों के परिवर्तन इस प्रकार होते हैं–

१. अ + इ, अ + ई, आ + इ, आ + ई = ए; जैसे –

अ + इ – राज + इन्द्र = राजेन्द्र

आ + ई – महा + ईश्वर = महेश्वर

अ + इ – देव + ईश = देवेश

आ + इ – महा + इन्द्र = महेन्द्र

२. अ + उ, अ + ऊ, आ + उ, आ + ऊ = ओ; जैसे–

सूर्य + उदय = सूर्योदय [अ + उ]

महा + उदय = महोदय [आ + उ]

जल + उर्मि = जलोर्मि [अ + ऊ]

गंगा + ऊर्मि = गंगोर्मि [आ + ऊ]

३. अ + ऋ, आ + ऋ = अर्; जैसे–

देव + ऋषि = देवर्षि [अ + ऋ]

ब्रह्म + ऋषि = ब्रह्मर्षि [अ + ऋ]

महा + ऋषि = महर्षि [आ +ऋ]

सप्त + ऋषि = सप्तर्षि [अ + ऋ]

वृद्धिसन्धि : वृद्धि का अर्थ है–बढ़ जाना, अर्थात् स्वर की मात्रा, संख्या या गुण का बढ़ जाना। इसलिए 'अ' के साथ 'ए' के मिलने पर 'ऐ' हो जाता है, किन्तु 'अ' के साथ 'ऐ' के मिलने पर 'ऐ' ही रह जाता है, क्योंकि 'ऐ' और

आगे बढ़ नहीं सकता। वृद्धिसन्धि में स्वरों के परिवर्तन इस प्रकार होते हैं–

१. अ + ए, अ + ऐ, आ + ए, आ + ऐ = ऐ; जैसे–

एक + एक = एकैक [अ + ए] सदा + एव = सदैव [आ + ए]

मत + ऐक्य = मतैक्य [अ + ऐ] महा + ऐश्वर्य = महैश्वर्य [आ + ऐ]

२. अ + ओ, अ + औ, आ + ओ, आ + औ = औ; जैसे–

परम + ओजस्वी = परमौजस्वी [अ + ओ]

गंगा + ओघ = गंगौघ [आ + ओ]

परम + औषधि = परमौषधि [अ + औ]

महा + औषधि = महौषधि [आ + औ]

यणूसन्धि : यदि 'इ', 'ई', 'उ', 'ऊ' और 'ऋ' के बाद कोई भिन्न (असमान) स्वर आये तो 'इ–ई' का 'यू', 'उ–ऊ' का 'वू' और 'ऋ' का 'र्' हो जाता है। पाणिनि ने य् र् ल् व् को 'यण्' कहा है। इस सन्धि में स्वरों का विकास 'यण्' में होने के कारण यह सन्धि यण् कही गयी है। इसमें स्वर-परिवर्तन इस प्रकार होता है–

१. इ + अ = य; इ + आ = या; इ + उ = यु; इ + ऊ = यू; इ + ए = ये; इ + ऐ = यै; इ + अं = यं; जैसे–

यदि + अपि = यद्यपि [इ + अ]

अति + आवश्यक = अत्यावश्यक [इ + आ]

देवी + अत्र = देव्यत्र [ई + अ]

देवी + आगमन = देव्यागमन [ई + आ]

प्रति + उपकार = प्रत्युपकार [इ + उ]

नि + ऊन = न्यून [इ + ऊ]

प्रति + एक = प्रत्येक [इ + ए]

अभि + अंतर = अभ्यंतर [इ + अं]

२. उ + अ = व; उ + आ = वा; उ + इ = वि; उ + ई = वी; उ + ए = वे; उ + ऐ = वै; उ + अं = वं; उ + आं = वां; अ + ओ = वो; उ + औ = वौ; जैसे–

अनु + अय = अन्वय [उ + अ]

सु + आगत = स्वागत [उ + आ]

अनु + एषण = अन्वेषण [उ + ए]

वधू + अत्र = वध्वत्र [ऊ + अ]

अनु + इत = अन्वित [उ + इ]

गुरु + ओदन = गुर्वोदन [उ + ओ]

गुरु + औदार्य = गुर्वौदार्य [उ + औ]

३. 'ऋ' के बाद भिन्न स्वर आने पर 'ऋ' का 'र' होता है। अर्थात् ऋ + अ = र; ऋ + आ = रा; ऋ + इ = रि; ऋ + ई = री; ऋ + उ = रु; ऋ + ऊ = रू आदि होता है; जैसे–

पितृ + अर्थ = पित्रर्थ [ऋ + अ]   पितृ + आज्ञा = पित्राज्ञा [ऋ + आ]

मातृ + इच्छा = मात्रिच्छा [ऋ + इ]

मातृ + एषण = मात्रेषण [ऋ + ए]

पितृ + ऐश्वर्य = पित्रैश्वर्य [ऋ + ऐ]

अयादिसन्धि : 'अयादि' का अर्थ है–अय् आदि, क्योंकि **इसमें स्वरों का परिवर्तन अय्, आय्, अव्, आव् के रूप में प्रकट होता है।** स्वरों का परिवर्तन इस प्रकार होता है।

१. ए + अ = अय; ऐ + अ = आय; ए + आ = अया; ऐ + इ = आयि; जैसे–

ने + अन = नयन [ए + अ]   नै + अक = नायक [ऐ + अ]

गै + अक = गायक [ऐ + अ]   नै + इका = नायिका [ऐ + इ]

२. ओ + अ = अव; ओ + आ = अवा; ओ + इ = अवि; औ + अ = आव; औ + इ = आवि; औ + उ = आवु; जैसे–

पो + अन = पवन [ओ + अ]   पौ + अन = पावन [औ + अ]

श्रो + अन = श्रवण [ओ + अ]   पौ + अक = पावक [औ + अ]

भौ + अक = भावुक [औ + उ]   श्रौ + अन = श्रावण [औ + अ]

पौ + इत्र = पवित्र [औ + इ]   नौ + इक = नाविक [औ + इ]

भो + इनी = भाविनी [ओ + इ]   चौ + उक = चावुक [औ + इ]

संस्कृत में स्वरसन्धि के दो और भेद–(क) **पूर्वरूप सन्धि** (यथा–ते + अपि = तेऽपि) और (ख) **पररूप सन्धि** (यथा–उप + ओष्यति = उपोष्यति) किये गये हैं। ये हिन्दी में नहीं चलते हैं।

व्यंजन सन्धि (हल् सन्धि)

व्यंजन से स्वर या व्यंजन का मेल होने पर उत्पन्न विकार को व्यंजन सन्धि कहते हैं। इसमें अक्षरों के परिवर्तन इस प्रकार होते हैं। यथा–

नियम १. वर्गीय व्यंजनों के पहले अक्षर (क्, च्, ट्, त्, प्) के बाद कोई स्वर अथवा अन्तःस्थ व्यंजन (य, र, ल, व) में से कोई एक आये, तो वह अक्षर अपने ही वर्ग के तीसरे अक्षर (ग्, ज्, ड्, ट्, ब) में क्रमशः बदल जाता है। जैसे–

दिक् + गज = दिग्गज [क् + ग = ग्ग]

तत् + रूप = तद्रूप [त् + ऊ = द]

अच् + अन्त = अजन्त [च् + अ = ज]

अप + इन्धन = अबिन्धन [प् + अ = ब]

षट् + दर्शन = षड्दर्शन [ट् + अ = ड]

उत् + अय = उदय [त् + अ = द]

नियम २. वर्गीय व्यंजनों के पहले अक्षर (क्, च्, ट्, त्, प्) के बाद उसी वर्ग का तीसरा चौथा अक्षर (ग, घ, ज, झ, ड, ढ, द, ध, ब, भ) आये तो पहला अक्षर तीसरे अक्षर में बदल जाता है।

दिक् + गज = दिग्गज [क् + ग = ग्ग]

सत् + गति = सद्गति [त् + ग = द्ग]

अप् + ज = अब्ज [प् + ज = ब्ज]

उत् + घाटन = उद्घाटन [त् + घ = द्घ]

नियम ३. वर्गीय व्यंजनों के पहले अक्षर (क्, च्, ट्, त्, प्) के बाद 'न' या 'म' आये, तो पहला अक्षर अपने वर्ग के पाँचवें अक्षर (ङ्, ञ्, ण्, न्, म्) में बदल जाता है। यथा–

वाक् + मय = वाङ्मय [क् + म = ङ्म]

षट् + मार्ग = षण्मार्ग [ट् + म = ण्]

तत् + मय = तन्मय [त् + म = न्म]

उत् + नति = उन्नति [त् + न = न्न]

नियम ४. 'म्' के बाद स्पर्श व्यंजन ('क' से 'म' तक) के आने पर 'म्' का अनुस्वार या वर्गीय पंचम वर्ण हो जाता है। यथा–

पम् + चम = पंचम या पञ्चम   संम् + गम = संगम या सङ्गम

किम् + चित् = किंचित् या किञ्चित्

अह्म + कार = अहंकार या अहङ्कार

नियम ५. 'म' के बाद अन्तःस्थ (य, र, ल, व) या ऊष्म (श, ष, स, ह) व्यंजन आये, तो 'म्' अनुस्वार में बदल जाता है। यथा–

सम् + वाद = संवाद [सम् + व = संव]

सम् + योग = संयोग [सम् + य = संय]

सम् + शय = संशय [सम् + श = संश]

सम् + हार = संहार [सम् + ह = संह]

नियम ६. ह्रस्व स्वर के बाद 'छ' होने पर 'छ' के पहले 'च्' जुड़ जाता है, किन्तु दीर्घ स्वर के बाद 'छ' होने पर 'च्' विकल्प से जुड़ता है। यथा–

वि + छेद = विच्छेद [इ + छे = इच्छे]

परि + छेद = परिच्छेद [इ + छे = इच्छे]

छत्र + छाया = छत्रच्छाया [अ + छा = अच्छा]

नियम ७. यदि 'त्' या 'द्' के बाद 'श' आये, तो 'त्' या 'द्' बदल जाता है 'च्' में और 'श' बदलता है 'छ' में; किन्तु यदि 'त्' या 'द्' के बाद 'ह' आये, तो 'त्' या 'द्' बदलता है 'द्' में और 'ह' बदलता है 'ध' में। यथा–

उत् + शिष्ट = उच्छिष्ट [त् + श = च्छ]

उत् + हार – उद्धार [त् । ह – द्ध]

उत् + श्वास = उच्छवास [त् + श = च्छ]

उत् + हरण = उद्धरण [त् + ह = द्ध]

नियम ८. यदि 'त्' या 'द्' के बाद 'च' या 'छ' आये, तो 'त्' या 'द्' का 'च्' हो जाता है। यथा–

उत् + छेद = उच्छेद [त् + छ = च्छ]

शरत् + चन्द्र = शरच्चन्द्र [त् + च = च्च]

नियम ९. यदि 'त्' या 'द्' के बाद 'ज' या 'झ' आये, तो 'त्' या 'द्' का 'ज्' होता है–

सत् + जन = सज्जन [त् + ज = ज्ज]

विपत् + जाल = विपज्जाल [त् + ज = ज्ज]

नियम १०. यदि 'त्' या 'द्' के बाद 'ट' या 'ठ' हो तो 'त्' या 'द्' का 'ट्' में, 'ड्' या 'ढ्' हो तो 'ड्' में और 'ल' हो तो 'ल्' में परिवर्तन हो जाता है। यथा–

उत् + डयन = उड्डयन [त् + ड = ड्ड्]

तत् + टीका = तट्टीका [त् + ट = ट्टी]

उत् + लेख = उल्लेख [त् + ले = ल्ले]

तत् + लीन = तल्लीन [त् + ली = ल्ली]

विसर्ग सन्धि

विसर्ग के साथ स्वर या व्यंजन के मेल से जो विकार होता है, उसे विसर्ग सन्धि कहते हैं। इसमें अक्षरों के परिवर्तन इस प्रकार होते हैं। यथा–

नियम १. यदि 'इ', 'उ' के बाद विसर्ग रहे और विसर्ग के बाद 'र' आये, तो विसर्ग का लोप हो जाता है और 'इ', 'उ' का 'ई, ऊ' (दीर्घ) हो जाता है। यथा–

निः + रस = नीरस [निः + र = नीर]

निः + रोग = नीरोग [निः + र = नीर]

दुः + राज = दूराज [दुः + र = दूर]

निः + रव = नीरव [निः + र = नीर]

नियम २. यदि विसर्ग के बाद 'च', 'छ' हो, तो विसर्ग का 'श', 'ट', 'ठ' हो तो 'ष्' और 'त', 'थ' हो तो 'स्' हो जाता है। यथा–

निः + चय = निश्चय [ः + च = श्च]

धनु + टंकार = धनुष्टंकार [ः + टं = ष्टं]

निः + छल = निश्छल [ः + छ = श्छ]

निः + ठुर = निष्ठुर [ः + ठु = ष्ठु]

निः + तार = निस्तार [ः + ता = स्ता]

दुः + तर = दुस्तर [ः + त = स्त]

दुः + थकार = दुस्थकार [ः + थ = स्थ]

नियम ३. यदि इकार या उकार के बाद विसर्ग आये और विसर्ग के बाद क, ख, प या फ रहे, तो विसर्ग का 'ष्' हो जाता है। यथा–

निः + काम = निष्काम [निः + का = निष्का]

दुः + कर = दुष्कर [दुः + क = दुष्क]

निः + पाप = निष्पाप [निः + पा = निष्पा]

दुः + फज = दुष्फल [दुः + फ = दुष्फ]

नियम ४. 'अ' के बाद विसर्ग हो और विसर्ग के बाद क, ख, प या फ रहे, तो विसर्ग ज्यों का त्यों रह जाता है। यथा–

अन्त : + करण = अन्तःकरण प्रातः + काल = प्रातःकाल

अन्तः + पुर = अन्तःपुर अधः + पतन = अधःपतन

नियम ५. 'अ' के बाद विसर्ग और विसर्ग के बाद वर्ण का तीसरा, चौथा या पाँचवाँ अक्षर आये अथवा य, र, ल, व या ह रहे तो विसर्ग का 'उ' हो जाता है एवं यह 'उ' पूर्ववर्ती 'अ' से मिलकर (गुणसन्धि द्धारा) 'ओ' में बदल जाता है। यथा–

यशः + गान = यशोगान [शः + ग = शो]

यशः + दा = यशोदा [शः + द = शो]

सरः + ज = सरोज [रः + ज = रो]

यशः + धरा = यशोधरा [शः + ध = शो]

मनः + भाव = मनोभाव [नः + भ = नो]

तेजः + मय = तेजोमय [जः + म = जो]

मनः + विकार = मनोविकार [नः + व = नो]

मनः + हर = मनोहर [नः + ह = नो]

मनः + योग = मनोयोग [नः + य = नो]

मनः + रथ = मनोरथ [नः + र = नो]

नियम ६. यदि विसर्ग के पहले 'अ' और 'आ' के अतिरिक्त कोई दूसरा स्वर रहे और विसर्ग के बाद कोई स्वर आये अथवा किसी वर्ग का तीसरा, चौथा या पाँचवाँ वर्ण आये अथवा य, र, ल, व, ह आये, तो विसर्ग के स्थान पर 'र्' हो जाता है। यथा–

दुः + आत्मा = दुरात्मा [दुः + आ = रा]

निः + आशा = निराशा [निः + आ = निरा]

निः + गुण = निर्गुण [निः + गु = निर्गु]

निः + झर = निर्झर [निः + झ = निर्झ]

निः + जन = निर्जन [निः + ज = निर्ज]

निः + दय = निर्दय [निः + द = निर्द]

निः + धन = निर्धन [निः + ध = निर्ध]

दुः + नीति = दुर्नीति [दुः + नी = दुर्नी]

निः + ईह = निरीह [निः + ई = निरी]

निः + उपाय = निरुपाय [निः + उ = निरु]

नियम ७. विसर्ग के आगे और पीछे 'अ' के रहने पर पहला 'अ' और विसर्ग मिल कर (गुणसन्धि द्वारा) 'ओ' हो जाता है और बाद वाले 'अ' का लोप होकर विकारी या लुप्ताकार (ऽ) का चिह्न लगता है। यथा–

यशः + अभिलाषी = यशो ऽ भिलाषी,

मनः + अभिलषित = मनो ऽ भिलषित

लेकिन, विसर्ग के बाद 'अ' के सिवा किसी दूसरे स्वर के आने पर यह नियम लागू नहीं होता, वहाँ केवल विसर्ग (:) का लोप होगा। यथा– अतः + एव = अतएव, देवः + ऋषि = देवऋषि, यशः + इच्छा = यशइच्छा।

सन्धि-कोश
(स्वर-सन्धि)

अन्याय = अ + नि + आय
अन्वेषण = अनु + एषण
अभीष्ट = अभि + इष्ट
अन्यान्य = अन्य + अन्य
अन्नाभाव = अन्न + अभाव
पवित्र = पो + इत्र
आद्यन्त = आदि + अन्त
उपेक्षा = उप + इच्छा
तथा + एव
देव + ईश
देव्यागम = देवी + आगम
नारीश्वर = नारी + ईश्वर
नद्यूर्मि = नदी + ऊर्मि
नाविक = नौ + इक
परमौषध = परम + औषध
पावक = पौ + अक
प्रत्येक = प्रति + एक
पित्रिच्छा = पितृ + इच्छा
प्रत्यय = प्रति + अय
पूर्वोक्ति = पूर्व + उक्ति
भानूदय = भानु + उदय
भावुक = भौ + उक
मतैक्य = मत + ऐक्य
महेश्वर = महा + ईश्वर
महोत्सव = महा + उत्सव
महेश = महा + ईश
रत्नाकर = रत्न + आकर
रमेश = रमा + ईश

वध्वैश्वर्य = वधू + ऐश्वर्य
व्यर्थ = वि + अर्थ
सुरेन्द्र = सुर + इन्द्र
सत्याग्रह = सत्य + आग्रह
सर्वोत्तम = सर्व + उत्तम
सर्वोदय = सर्व + उदय
शशांक = शश + अंक
अभ्युदय = अभि + उदय
अत्यधिक = अति + अधिक
अत्याचार = अति + आचार
अभ्यागत = अभि + आगत
अत्युत्तम = अति + उत्तम
श्रावण = श्रौ + अन
इत्यादि = इति + आदि
उपर्युक्त = उपरि + उक्त
तथापि = तथा + अपि
दावानल = दाव + अनल
नद्यम्बु = नदी + अम्बु
नदीश = नदी + ईश
नयन = ने + अन
परमौजस्वी = परम + ओजस्वी
परमार्थ = परम + अर्थ
पित्रादेश = पितृ + आदेश
प्रत्युत्तर = प्रति + उत्तर
पावन = पौ + अन
परीक्षा = परि + ईक्षा
पीताम्बर = पीत + अम्बर
भवन = भो + अन
महीन्द्र = मही + इन्द्र

महौज = महा + ओज
मन्वन्तर = मनु + अन्तर
महर्षि = महा + ऋषि
यथोचित = यथा + उचित
रामायण = राम + अयण
लोकोक्ति = लोक + उक्ति
व्यायाम = वि + आयाम
विद्यालय = विद्या + आलय
स्वागत = सु + आगत
स्वाधीन = स्व + अधीन
सावधान = स + अवधान
सूर्योदय = सूर्य + उदय
शुद्धोदन = शुद्ध + ओदन
अन्वय = अनु + अय
अधीश्वर = अधि + ईश्वर
अत्यन्त = अति + अन्त
आत्मोत्सर्ग = आत्म + उत्सर्ग
अत्यावश्यक = अति + आवश्यक
अन्वित = अनु + इत
ईश्वरेच्छा = ईश्वर + ईच्छा
एकैक = एक + एक
देवेन्द्र = देव + इन्द्र
देवर्षि = देव + ऋषि
नारायण = नार + अयण

न्यून = नि + ऊन
नायक = नै + अक
परमेश्वर = परम + ईश्वर
पवन = पो + अन
पुरुषोत्तम = पुरुष + उत्तम
पित्रनुमति = पितृ + अनुमति
प्रत्यक्ष = प्रति + अक्ष
प्राङ्गन = प्र + अङ्गन
पदोन्नति = पद + उन्नति
भोजनालय = भोजन + आलय
महोर्मि = महा + ऊर्मि
महाशय = महा + आशय
मध्वासन = मधु + आसन
मृगेन्द्र = मृग + इन्द्र
यथेष्ट = यथा + इष्ट
राजर्षि = राज + ऋषि
वधूत्सव = वधू + उत्सव
व्युत्पत्ति = वि + उत्पत्ति
व्याप्त = वि + आप्त
स्वार्थ = स्व + अर्थ
सीमान्त = सीमा + अन्त
सदैव = सदा + एव
शस्त्रास्त्र = शस्त्र + अस्त्र

(व्यंजनसन्धि)

अब्ज = अप् + ज
आकृष्ट = आकृष् + त
उल्लास = उत् + लास
उन्नति = उत् + नति
उद्गम = उत् + गम

उद्याम = उत् + याम
षड्दर्शन = षट् + दर्शन
उच्चारण = उत् + चारण
उन्मत्त = उत् + मत्त
उदाहरण = उत् + आहरण

उड्डयन = उत् + डयन
कृदन्त = कृत् + अन्त
तदाकार = तत् + आकार
तट्टीका = तत् + टीका
दिगम्बर = दिक् + अम्बर
पृष्ठ = पृष् + थ
युधिस्थिर = युधि + स्थिर
सदभावना = सत् + भावना
विपज्जाल = विपद् + जाल
संतोष = सम् + तोष
संसार = सम् + सार
संवत = सम् + वत
सन्निहित = सम् + निहित
सद्भाव = सत् + भाव
अजन्त = अच् + अन्त
आच्छादन = आ + छादन
उद्धार = उत् + हार
उन्नयन = उत् + नयन
किंचित् = किम् + चित्
सन्मन = सत् + मन
उच्छिन्न = उत् + छिन्न
उज्ज्वल = उत् + ज्वल
उद्योग = उत् + योग
उल्लेख = उत् + लेख
तल्लीन = तद् + लीन
तद्रूप = तत् + रूप
दिग्गज = दिक् + गज
पंचम = पम् + चम
प्रतिच्छाया = प्रति + छाया
सदानन्द = सत् + आनन्द

वाङ्मय = वाक् + मय
सज्जन = सत् + जन
संचय = सम् + चय
संवाद = सम् + वाद
संयम = सम् + यम
सच्चरित्र = सत् + चरित्र
समुच्चय = सम् + उत् + चय
अम्मय = अप् + मय
उच्छवास = उत् + श्वास
उन्नायक = उत् + नायक
उल्लंघन = उत् + लंघन
परिच्छेद = परि + छेद
षण्मुख = षट् + मुख
उदय = उत् + अय
उच्छिष्ट = उत् + शिष्ट
उद्भव = उत् + भव्
उन्माद = उत् + माद
तद्धित = तत् + हित
तृष्णा = तृष + ना
दिग्भ्रम = दिक् + भ्रम
प्राङ्मुख = प्राक् + मुख
परन्तु = परम् + तु
सदगुरु = सत् + गुरु
वागीश = वाक् + ईश
संकल्प = सम् + कल्प
संयोग = सम् + योग
सदाचार = सत् + आचार
संगठन = सम् + गठन
संभव = सम् + भव
सन्धि = सम् + धि

(विसर्ग सन्धि)

अन्तःपुर = अन्तः + पुर
अन्तर्निहित = अन्तः + निहित
आविष्कार = आविः + कार
तेजोमय = तेजः + मय
दुश्शासन = दुः + शासन
दुर्दिन = दुः + दिन
दुष्कर = दुः + कर
निश्छल = निः + छल
निराधार = निः + आधार
निष्पाप = निः + पाप
निरर्थक = निः + अर्थक
निर्झर = निः + झर
निर्मल = निः मल
निर्गुण = निः + गुण
निष्फल = निः + गुण
निष्फल = निः + फल
पुनर्जन्म = पुनः + जन्म
प्रातःकाल = प्रातः + काल
मनोगत = मनः + गत
मनोविकार = मनः + विकार
यशोधरा = यशः + धरा
श्रेयस्कर = श्रेयः + कर
अधोगति = अधः + गति
अहर्निश = अहः + निश
तेजोपुंज = तेजः + पुंज
दुर्नीति = दुः + नीति
दुस्तर = दुः + तर
दुर्जन = दुः + जन
निस्सन्देह = निः + सन्देह
निरीक्षण = निः + ईक्षण
निष्काम = निः + काम

निर्विवाद = निः + विवाद
निश्चय = निः + चय
निर्भय = निः + भय
निस्तार = निः + तार
निरुपाय = निः + उपाय
पुरष्कार = पुरः + कार
पयःपान = पयः + पान
मनोज = मनः + ज
मनोऽनुकूल = मनः + अनुकूल
यशोधन = यशः + धन
स्वर्ग = स्वः + ग
अतएव = अतः + एव
आशीर्वाद = आशीः + वाद
तपोभूमि = तपः + भूमि
तपोवन = तपः + वन
दुर्गति = दुः + गति
दुर्वह = दुः + वह
नमस्कार = नमः + कार
निरीह = निः + ईह
निस्सहाय = निः + सहाय
निरन्तर = निः + अन्तर
निष्प्राण = निः + प्राण
निर्विकार = निः + विकार
निर्जल = निः + जल
परिष्कार = परिः + कार
पयोद = पयः + द
मनोभाव = मनः + भाव
यशोदा = यशः + दा
वयोवृद्ध = वयः + वृद्ध
सरोवर = सरः + वर

अक्षरी और विरामादि चिह्न

हिन्दी बोलने और लिखने में भूल से बचने के लिए शुद्ध अक्षरी[1] (वर्तनी या हिज्जे) का ज्ञान आवश्यक है। अक्षरी का सीधा सम्बन्ध उच्चारण से होता है। शुद्ध अक्षरी के लिए शुद्ध उच्चारण और संयुक्ताक्षर का ज्ञान आवश्यक है। पूर्व पृष्ठों में उच्चारण-स्थान के आधार पर ध्वनियों के वर्गीकरण के अतिरिक्त 'अ' (अपूर्णोच्चारित या लघु 'अ'), ऐ, औ, अनुनासिक और अनुस्वार पर विचार किया जा चुका है। आगे हिन्दी अक्षरी के कुछ महत्त्वपूर्ण नियम (भारत सरकार के शिक्षा मंत्रालय द्वारा सन् १९६७ ई. में प्रकाशित 'हिन्दी वर्तनी का मानकीकरण' पुस्तिका के आधार पर) और संयुक्ताक्षर आदि पर विचार किया जाता है।

अक्षरी के महत्त्वपूर्ण नियम

१. विभक्ति-चिह्न, सर्वनामों को छोड़ कर, शब्दों से अलग लिखे जाएँ। यथा—राम ने, रमा को, रमेश से, उसने, मुझसे, आपको, किस पर आदि।

सर्वनामों में, दो चिह्न साथ-साथ आने पर, एक को सटा कर और दूसरे को हटा कर लिखना चाहिए। यथा—उनमें से, इसके लिए।

सर्वनाम और उसकी विभक्ति के मध्य अन्य शब्द, पदबन्ध या वाक्यांश आये, तो विभक्ति अलग लिखी जाए। यथा—आप ही के लिए, घर भर में, मुझ तक को, किसके साथ, यहाँ तक आदि।

विशेषण, संज्ञावत्, अन्ययों, क्रिया शब्दों के साथ प्रयुक्त होने पर भी इन्हें अलग लिखना चाहिए। यथा—बड़ों के यहाँ, छोटों पर प्यार, कहीं से, आने पर, घबराने से आदि।

२. संयुक्त क्रियाओं में सभी अंगभूत सहायक क्रियाओं को अलग-अलग लिखना चाहिए। यथा—वह यहाँ से होकर गया है; खाना खा के जाना; वह खाना खाता ही चला जा रहा है; तुम भी उसे पत्र लिखते सुने गये हो।

---

१. 'अक्षरी' शब्द नवनिर्मित नहीं है। 'संक्षिप्त हिन्दी शब्दसागर' में इसका अर्थ इस प्रकार दिया गया है—"(सं. अक्षर + ई) शब्द में आये हुए अक्षर। वर्तनी। हिज्जे।" और **'मानक हिन्दी कोश'** में "शब्द के अक्षरों का उनके ठीक क्रम के अनुसार उच्चारण करना अथवा लिखना" कहा गया है। 'संक्षिप्त हिन्दी शब्दसागर' में अक्षरी का अर्थ 'वर्तनी' दिया गया है, पर उक्त कोश में 'वर्तनी' का अर्थ नहीं दिया गया है। इससे पता चलता है कि उस समय तक अक्षरी शब्द ही चलता था और वर्तनी शब्द अप्रचलित या अल्पप्रचलित था या भिन्न अर्थ में चलता था। असमी और बांग्ला में 'बनान' (वर्ण के आधार पर) शब्द चलता है। अतः अक्षरी शब्द का प्रयोग वांछनीय है।

३. पूर्वकालिक प्रत्यय 'कर' क्रिया से मिला कर लिखा जाना चाहिए। यथा—मिलाकर, खाकर, सोकर, उठ कर आदि।

४. योजक चिह्न (हाइफन) का प्रयोग सारूप्यवाचकों के पूर्व (यथा—तुम-सा, मोहन-जैसा), द्वन्द्वसमास में दोनों पदों के मध्य (यथा—राम-सीता, शिव-पार्वती) और भ्रम की संभावना से बचने के लिए तत्पुरुष समास में (यथा—भू-तत्त्व) किया जाना चाहिए।

५. यौगिक तथा योगरूढ़ शब्दों को एक शिरोरेखा में ही लिखना चाहिए। यथा—एकाएक, तड़ातड़, इतिश्री, दूधवाली, रिक्शावाला, फटाफट आदि।

६. अँगरेजी के जिन शब्दों में अर्द्ध 'ओ' ध्वनि मिलती है, उनके शुद्ध रूप की दृष्टि से 'आ' की मात्रा पर अर्द्धचन्द्र (ॅ) का प्रयोग किया जाना चाहिए। यथा—डॉक्टर, कॉलेज, हॉस्पिटल, ऑफिस, जॉर्जेट, पॉकेट, पॉलिश, ऑर्डर आदि।

७. 'ये' और 'ए' का प्रयोग अव्यय, क्रिया तथा शब्दों के बहुवचन बनाने में होता है। इसके लेखन में द्वि अक्षरी प्रचलित हैं। यथा—आयी-आई; आये-आए; गयी-गई; गये-गए; हुए-हुवे आदि। इस निमित्त नियम इस प्रकार बनाया जा सकता हैः—क्रिया के भूतकालिक रूपों में 'ये' का और अव्ययों में 'ए' का प्रयोग किया जाना चाहिए। यथा—

गया - गयी - गये   इसलिए, चाहिए (अव्यय रूप)

आया - आयी - आये   के लिए (सम्प्रदान विभक्ति में)

हुआ - हुई - हुए नया - नयी - नये (विशेषण में अंतिम अक्षर के अनुसार)

'ल', 'दे', 'पी' और 'कर'— इन चार धातुओं को पहले ह्रस्व इकार कर पुनः दीर्घ कर 'इए' प्रत्यय लगाकर विधि क्रियाएँ बनानी चाहिए। यथा—

ले (लि) + ज् + इए = लीजिए   पी   + ज् + इए = पीजिए

दे (दि) + ज् + इए = दीजिए   कर (कि) + ज् + इए = कीजिए

भारत सरकार की शिक्षा-मंत्रालय सर्वत्र 'ए' के प्रयोग का समर्थन करता है, किन्तु वैसा करना इस कारण भी भ्रमोत्पादक होगा कि 'ये' और 'ए' में उच्चारण भेद है। वह भेद इस प्रकार हैः—

ये = य् + ए। श्रुतिरूप। तालव्य अर्द्धस्वर (अन्तःस्थ) + ए।

ए = अग्र अर्द्धसंवृत दीर्घ स्वर।

वैयाकरण कामता प्रसाद गुरु ने 'गये' और 'चाहिए' लिखा है। प्रसाद, प्रेमचन्द और दिनकर भी 'गये' लिखते रहे। नागरी प्रचारिणी सभा, काशी ने 'ए'

को ही स्वीकार किया था एवं श्यामसुन्दर दास, रामचन्द्र शुक्ल जैसे लोग 'ए' (गए) और 'ई' (गई) ही लिखते थे।

८. संस्कृत से आगत शब्दों की अक्षरी में संस्कृत वाला रूप ही रखा जाना चाहिए। कुछ विद्वानों का तर्क है कि संस्कृत के 'महान्,' 'विद्वान' आदि शब्दों को 'महान', 'विद्वान' (हल्-रहित) आदि जैसा ही लिखा जाये, पर वे भी सन्धि की स्थिति में 'हल्' के प्रयोग की अनिवार्यता स्वीकार करते हैं। यथा—जगत् + नाथ। मेरी दृष्टि में कदाचित्, अर्थात्, पश्चात्, सम्यक्, सम्राट्, जैसे सभी 'हल्-युक्त' शब्द अपने संस्कृत वाले रूप में लिखे जाने चाहिए। हल्-युक्त और हल्-रहित शब्दों में अर्थ-भेद भी होता है। यथा—

हल्—स्वरहीन व्यंजन	हल—खेत जोतने का उपकरण
जगत्—संसार	जगत—कुएँ के चारों ऊपर का चबूतरा
जित्—जीतने वाला	जित—जिधर
अन्तर्—अन्तर्गत (उपसर्ग)	अन्तर—भेद, दूरी

९. **संख्यावाचक शब्द :** हिन्दी के संख्यावाचक शब्दों का (अंकों में लेखन समान होते हुए भी) क्षेत्रीय प्रभावों के कारण उच्चरित रूप भिन्न है। उच्चारण-भेद का एक कारण कुछ सीमा तक अक्षरी-भेद भी है। गणनावाची संख्याओं की मानक अक्षरी इस प्रकार होनी चाहिए:—

एक दो तीन चार पाँच छह सात आठ नौ दस।

ग्यारह बारह तेरह चौदह पन्द्रह सोलह सत्रह अठारह उन्नीस बीस।

इक्कीस बाईस तेईस चौबीस पच्चीस छब्बीस सत्ताईस अट्ठाईस उन्तीस तीस।

इकत्तीस बत्तीस तेतीस चौतीस पैंतींस छत्तीस सैंतीस अड़तीस उन्तालीस चालीस।

इकतालीस बयालीस तेतालीस चौवालीस पैंतालीस छियालीस सैंतालीस अड़तालीस उनचास पचास।

इक्यावन बावन त्रेपन चौवन पचपन छप्पन सत्तावन अट्ठावन उनसठ साठ।

इकसठ बासठ त्रेसठ चौसठ पैंसठ छियासठ सड़सठ अड़सठ उनहत्तर सत्तर।

इकहत्तर बहत्तर तिहत्तर चौहत्तर पचहत्तर छिहत्तर सतहत्तर अठहत्तर उनासी अस्सी।

इक्यासी बयासी तिरासी चौरासी पिचासी छियासी सतासी अठासी नवासी नब्बे।

इक्यानवे बानवे तिरानवे चौरानवे पिचानवे छियानवे सत्तानवे अठानवे निन्यानवे सौ।

खण्डवाचक संख्याएँ एवं सम्बन्धित शब्द इस प्रकार हैं—

पाव, चौथाई; तिहाई; आधा, अद्धा; पौन, पौना; सवा; डेढ़; ढाई, अढ़ाई; साढ़े तीन, हुँठा, हूँठ।

पहला, दूसरा, तीसरा, चौथा, पाँचवाँ, छठा, सातवाँ...।

दुगना, तिगुना, चौगुना, पँचगुना, छहगुना, सतगुना, अठगुना...।

इकहरा, दुहरा, तिहरा, चौहरा, पँचहरा, छहरा, सतहरा...।

दोनों, तीनों, चारों, पाँचों, छहों, सातो...(बहुवचन एवं समष्टि सूचक)

इक्का, दुक्का, तिक्का, चौका, पंजा, छक्का, सत्ता, अट्ठा, नहला, दहला, अकेला, दुकेला।

दुकड़ी, तिकड़ी, चौकड़ी, छकड़ी, सैकड़ा।

१०. विसर्गयुक्त शब्द : संस्कृत से हिन्दी में आगत शब्दों में अनेक विसर्गयुक्त हैं। इनमें अधिकतर अव्यय पद हैं। विसर्ग-पूर्व 'त' वाले अनेक शब्द चलते हैं। यथा—अतः, वस्तुतः, अन्ततः, सर्वतः, रूपतः, नामतः अज्ञानतः आदि। इसी प्रकार और अन्य शब्द चलते हैं—

इतस्ततः, अधः, अन्तःकरण, प्रातःकाल, पुनः, पुरः, प्रायः नमः, शनैः, क्रमशः, अनेकशः आदि।

कुछ लोग 'छह' को 'छः' लिखते हैं। वैसा लिखना भूल है। संस्कृत में धातु है 'षष्' और 'षष्' का विकास हिन्दी में 'छह' है।

११. संयुक्ताक्षर : हिन्दी में दो अक्षरों के मिलने पर जो रूप होता है, उसे संयुक्ताक्षर कहते हैं। अक्षरी के प्रसंग में वे भी विचारणीय हैं।

नागरी वर्णमाला में व्यंजन का शुद्ध लिखित रूप हल् चिह्न के साथ होता है। जैसे—क् च् ट् त् प् आदि। क च ट त प आदि व्यंजनों के साथ 'अ' (अपूर्णोच्चारित या ह्रस्व) स्वर जुड़ने पर बने हुए रूप हैं। अक्षरों के संयोजनों में 'अ' स्वर नहीं होने पर लिपि द्वारा प्रकट करने के लिए संयुक्ताक्षर प्रयुक्त किये जाते हैं।

हिन्दी में संयुक्त व्यंजन केवल चार (क्ष त्र ज्ञ श्र) हैं। इनके अतिरिक्त सभी व्यंजन अक्षरों के संयोजन के लिए संयुक्त अक्षर प्रयुक्त होते हैं।

कुछ अक्षरों में खड़ी रेखाएँ होती हैं और कुछ में आड़ी रेखाएँ। आड़ी रेखा खण्डित भी होती है। यथा—झ थ भ ध। प्रत्येक अक्षर का अपना विशेष चिह्न होता है। विशेष चिह्न अक्षर का वह भाग होता है जो खड़ी (और आड़ी भी) रेखा के अभाव में भी बना रहता है। यथा:—'ग' का 'ग़'; 'च' का 'च़'; 'ज' का 'ज़'; 'प' का 'प़'; 'ष' का 'ष़'; 'श' का 'श़' आदि।

दो या दो से अधिक व्यंजनों या अक्षरों के बीच स्वर ('अ') के नहीं होने पर उनके मेल को संयुक्ताक्षर कहते हैं। यथाः–क् + त = क्त; क् + ल = क्ल; ग् + ध् + य = ग्ध्य (वैदग्ध्य); ष् + ट् + य = ष्टय (वैशिष्टय)।

जब एक व्यंजन अपने ही समान व्यंजन से मिलता है तब वह संयुक्ताक्षर **'द्वित्व व्यंजन'** कहा जाता है। यथाः–क् + क = क्क (पक्का); च् + च (बच्चा)।

हिन्दी में अधिकांश संयुक्ताक्षर दो अक्षरों के मेल से बनते हैं। तीन अक्षरों के संयोजन से बने संयुक्ताक्षर प्रयोग में अपेक्षया कम ही आते हैं।

१. खड़ी पाई (रेखा) वाले व्यंजनों का संयुक्त रूप खड़ी पाई को हटा कर बनाना चाहिए। यथा–ख् + य (ख्याति), ग् + न (लग्न), घ् + न (विघ्न), च् + च (बच्चा), ज् + ज (छज्जा), ण् + य (पुण्य), त् + त (कुत्ता), थ् + य (पथ्य), ध् + य (अध्ययन), न् + य (न्याय), प् + य (प्यास), ब् + ब (डिब्बा), भ् + य (सभ्य), म् + य (गम्य), व् + य (व्यास), श् + ल (श्लोक), ष् + ट (त्वष्टा), स् + व (स्वीकार), क्ष् + म (यक्ष्मा), त्र् + य (त्र्यम्बक)। व्यंजनों के नीचे जोड़कर पुरानी शैली में (यथाः–बच्चा, छज्जा, उल्लेख, कुत्ता आदि) संयुक्ताक्षर बनाना ठीक नहीं माना जाता।

२. 'क' और 'फ' के संयुक्ताक्षर बनाते समय उनके हुक (ॖ) को हटा कर 'पक्का', 'दफ्तर' आदि की तरह संयुक्त करना चाहिए, न कि पुरानी शैली में नीचे जोड़ कर (यथा–पक्का, दफ़्तर)।

३. ट, ठ, ड, ढ के संयुक्ताक्षर हल् चिह्न लगा कर बनाना चाहिए। यथा–लट्टू, बुड्ढा, डढ्ढ़ा (जला हुआ) आदि। पुरानी शैली में नीचे जोड़ कर (यथा–लट्टू, बुड्ढा आदि) बनाना नहीं चाहिए।

४. तत्सम शब्दों में संयुक्ताक्षर पुरानी शैली में नीचे जोड़ कर बनाये जा सकते हैं। यथा–संयुक्त, चिह्न, विद्या, विद्वान्, वृद्ध, ब्रह्मा, द्वितीय आदि।

५. संयुक्ताक्षरों में 'र' अक्षर काफी परिवर्तित आकृति में लिखा जाता है। यथा–

(क) 'श' के साथ 'र' का संयुक्त रूप इस प्रकार होता है–श्र

(ख) ङ्, छ्, ञ्, ट्, ठ्, ड्, ढ्, ण् व्यंजनों के अतिरिक्त अन्य व्यंजनों के साथ 'र' व्यंजन आधे रूप में आता है। ऐसी स्थिति में 'र' का रूप ऐसा (्र) हो जाता है और वह व्यंजन के नीचे वामपार्श्व में जुड़ता है। यथा–प्रवीण, ग्रहण, क्रम, ब्रज, वज्र, द्रव्य, घ्राण, ध्रुव, आम्र आदि।

(ग) छ, ट, ठ, ड, ढ व्यंजनों के साथ संयुक्त होने पर 'र' का रूप ऐसा (‸) होता है और वह इन व्यंजनों के निचले भाग से जोड़ कर लिखा जाता है। यथा—ट्रेन, ड्रम, ट्रेजरर, पौण्ड्र, ड्रेस, ड्रिल, ट्रिप, ट्रंक आदि।

(घ) परवर्त्ती अक्षर के साथ संयोजन में 'र' रेफ-चिह्न (ॅ) के रूप में अक्षर के ऊपर लिखा जाता है। यथाः—बर्फ, दर्द, कर्म आदि, किन्तु व्यंजन के साथ दीर्घमात्रा का चिह्न होने पर उस दीर्घमात्रा चिह्न के रूप के अनुसार रेफ चिह्न दीर्घमात्रा चिह्न के ऊपर या पश्चात् लिखा जाता है। यथाः—वर्षा, कर्ता, निर्माण, पूर्वी, अर्जी, दर्जी आदि।

६. व्यंजनों के साथ 'ऋ' का संयोजन होने पर इसका रूप ऐसा (ृ) होता है और वह व्यंजनों के नीचे जुड़ता है। यथा—कृषि, अमृत, हृषिकेश।

७. अनुनासिक व्यंजन (पंचमाक्षर) संयुक्त अक्षर के रूप में अपने वर्ग के व्यंजनों के साथ मिला कर लिखे जाते हैं। यथाः—अङ्क, चञ्चल, कण्ठ, हिन्दी, लम्बा आदि, किन्तु आजकल पाँचों अनुनासिक व्यंजनों के स्थान पर अनुस्वार लिखने का चलन हो चुका है। यथा—अंक, चंचल, कंठ, हिंदी, लंबा आदि। मेरी दृष्टि में शिरोरेखा के ऊपर कोई मात्रा चिह्न होने पर अनुस्वार (ं) के स्थान पर वर्गीय नासिक्य व्यंजन का प्रयोग ही मानक मानना चाहिए। यथाः—किञ्चित्, हिन्दी, निन्दनीय आदि। नहीं, मैं, हैं, में आदि में शिरोरेखा के ऊपर की मात्राओं के कारण लेखन की सुविधा हेतु चन्द्रबिन्दु (ँ) की जगह अनुस्वार (ं) लिखने का चलन है। ये इसी रूप में स्वीकार्य हैं। आगे बहुधा प्रयुक्त होने वाले संयुक्त अक्षरों की सूची प्रस्तुत की जाती है।

क् = क् + क (चक्का), क् + ख (मक्खी), क् + त (मुक्त), क् + थ (रिक्थ), क् + त्र (पक्त्र), क् + म (रुक्मिणी), क् + र (वक्र), क् + य (वाक्य), क् + ल (क्लान्ति), क् + व (क्वणन), क् + ष (वृक्ष), क् + ष् + म (लक्ष्मण), क् + ष् + ण (श्लक्ष्ण), क् + ष् + य (लक्ष्य), क् + स (बॉक्स)।

ख् = ख् + त (सख्त), ख् + य (ख्याति), ख् + र (फख्र), ख् + व (ख्वाब) ख् + त (दरख्त), ख् + श (सख्श)।

ग् = ग् + ज़ (मग्ज़), ग् + ध (मुग्ध), ग् + म (वाग्मी), ग् + र (उग्र), ग् + य (आरोग्य), ग् + ल (ग्लानि)।

घ् = घ् + न (कृतघ्न), घ् + य (श्लाघ्य), घ् + र (घ्राण)।

ङ् = ङ् + क (पंक), ङ् + ख (पंख), ङ् + क्ति (पंक्ति),

ङ् + ग (गंगा), ङ् + घ (संघ), ङ् + घ्र (अंघ्रि), ङ् + क्ष्व (ध्वाङ्क्ष्व)।

च् = च् + च (उच्च), च् + छ (स्वच्छ), च् + य (वाच्य), च् + छ् + व (उच्छ्वास)

छ् = छ् + र (उच्छ्र, कृच्छ्र)।

ज् = ज् + ज (लज्जा), ज् + झ (कुज्झटिका), ज् + ञ (ज्ञान), ज् + य (ज्येष्ठ), ज् + व (ज्वर), ज् + र (वज्र)।

ञ् = ञ् + च (चञ्चल/चंचल), ञ् + छ (उञ्छ), ञ् + ज (अञ्जन/अंजन)।

ट् = ट् + ट (टट्टू), ट् + ठ (अट्ठाईस), ट् + य (अकाट्य), ट् + र (ट्रेन)।

ठ् = ठ् + य (ओष्ठय), ठ् + र (ठ्र)।

ड् = ड् + ड (अड्डा), ड् + र (ड्रम)।

ढ् = ढ् + य (आढ्य), ढ् + र (ढ्र)।

ण् = ण् + ट (आवण्टन), ण् + ठ (कुण्ठा), ण् + ड (अण्डा), ण् + ण (विषण्ण), ण् + य (पुण्य), ण् + व (कण्व), ण् + ढ (ठण्ढा)।

त् = त् + क (उत्कंठा), त् + क्र (उत्क्रमण), त् + त (दत्त), त् + य (सत्य), त् + त् + व (सत्त्व), त् + थ (उत्थान), त् + न (रत्न), त् + प (उत्पल), त् + म (आत्मा), त् + म् + य (दौरात्म्य), त् + र (त्राण), त् + र + य (चारित्र्य), त् + व (वीरत्व)। त् + स (उत्स), त् + स् + न (कृत्स्न), त् + स् + य (मत्स्य), त् + ल (कत्ल)।

थ् = थ् + य (पथ्य)।

द् = द् + ग (उद्गार), द् + द (उद्देश्य), द् + ध (उद्धार), द् + घ (उद्घाटन), द् + ध् + व (उद्ध्वी), द् + भ (उद्भव), द् + म (पद्म), द् + र (निद्रा), द् + व (द्वार), द् + य (विद्या), द् + व (विद्वान), द् + र (आर्द्र)।

ध् = ध् + म (ध्म), ध् + य (ध्यान), ध् + र (ध्रुव), ध् + व (ध्वनि)।

न् = न् + त (दन्त), न् + थ (पन्थ), न + त् + य (दन्त्य), न् + त् + र (यंत्र), न् + द (नन्द), न् + द् + र (इन्द्र), न् + ध (अन्ध),न् + ध् + य (सन्ध्या), न् + ध् + र (आन्ध्र), न् + न (अन्न), न् + म (जन्म), न् + य (अन्य), न् + व (अन्वय), न् + स (अवतंस), न + ह (पूर्वाह्न)।

प् = प् + त (आप्त), प् + न (स्वप्न), प् + म (पाप्मन्), प् + य (रूप्य), प् + र (प्रति), प् + ल (विप्लव), प् + स (अप्सरा), प् + य (चुप्पी)।

फ़ = फ़ + त (कोफ़्ता), फ़ + र (कुफ़्र), फ़ + फ (मुज़फ़्फरपुर), फ़ + य (सफ्य)

ब् = ब् + ज (अब्ज), ब् + द (शब्द), ब् + ध (प्रारब्ध), ब् + र (ब्रह्म), ब् + ब (बिब्बोक)।

भ् = भ् + य (सभ्य), भ् + र (अभ्रक)।

म् = म् + न (आम्नाय), म् + प (कम्प), म् + प् + र (सम्प्रदाय), म् + ब (अम्ब), म् + भ (अम्भोज), म् + य (ग्राम्य), म् + र (आम्र), म् + ल (म्लान), म् + ह (तुम्हारा), म् + म (निकम्मा)।

य् = य् + य (आर्य्य)।

र् = र् + क आदि (अर्क, दर्द, मूर्ख, दुर्ग, तर्क्य, अर्घ्य, अर्द्ध)।

ल् = ल् + क (उल्का), ल् + प (अल्प), ल् + म (इल्म), ल् + य (मूल्य), ल् + ल (पल्ली), ल् + व (उल्व), ल् + द (जल्दी)।

व् = व् + य (व्यसन), व् + र (व्रत), व् + व (पूर्व्व)

श् = श् + क (इश्क), श् + च (पुनश्च), श् + न (प्रश्न), श् + य (श्याम), श् + र (श्रम), श् + ल (श्लेष), श् + व (श्वान)।

ष् = ष् + क (निष्कपट), ष् + ट (नष्ट), ष् + ट् + र (उष्ट्र), ष् + ट् + य(नष्ट्य), ष् + ण (विष्णु), ष् + ठ (ओष्ठ), ष् + प (वाष्प), ष् + प + र (निष्प्रयोजन), ष् + म (ग्रीष्म), ष् + य (मनुष्य)।

स् = स् + क (तस्कर), स् + ख (स्खलित), स् + ट (स्टार), स् + त (अस्त), स् + त् + र (अस्त्र), स् + थ (स्वस्थ), स् + त् + य (अगस्त्य), स् + व (स्वीकार), स् + थ् + य (स्वास्थ्य), स् + न (स्नान), स् + प (स्पर्श), स् + फ (स्फटिक), स् + म (स्मरण), स् + य (वयस्य), स् + व (स्वराज), स + र (स्रज), स + ऋ (सृजन), स् + स (निस्सन्देह)।

ह् = **ह्** + न (चिह्न), ह् + म (ब्रह्म), ह् + य (बाह्य), ह् + र (ह्रास), ह् + ल (आह्लाद), ह् + व (जिह्वाग्र)।

विशेष : हिन्दी के गिने-चुने कुछ शब्दों में पाँच व्यंजन तक संयुक्त मिलते हैं। यथा—कात्स्नर्य। ऐसे उदाहरण विरल हैं।

विरामादि चिह्न

विराम का अर्थ है– ठहराव। वाचिक अभिव्यक्ति को लिखित रूप देते समय **मानसिक दशा के अनुरूप भावों या विचारों को स्पष्टता प्रदान करने के लिए प्रयुक्त किये जाने वाले चिह्न विरामचिह्न कहे जाते हैं।** लिखते समय लेखक विभिन्न मानसिक अवस्थाओं से गुजरता है। निर्दोष वाक्य-रचना के लिए और मानसिक दशा के अनुरूप वह कहीं थोड़ी देर रुकता है और कहीं पूरा विराम लेता है। उस निमित्त विराम-चिह्नों का प्रयोग करना आवश्यक हो जाता है। विराम-चिह्नों के प्रयोग के बिना वाक्य परस्पर उलझ जा सकते हैं। वैसी स्थिति में पाठक को निर्बाध भाव-बोध नहीं हो सकेगा। अस्तु, विरामचिह्नों के प्रयोग जहाँ लेखक की मनोदशा के अनुरूप उसके ठहराव या मौन के संकेत स्थान हैं, वहीं पाठक के भाव-बोध को सहज और सुबोध बनाने के आवश्यक उपादान भी हैं। हिन्दी-लेखन में अग्रांकित विरामादि चिह्न बहुधा प्रयुक्त होते हैं–

१. अल्पविराम	९. लाघव चिह्न
२. अर्द्धविराम	१०. लोप चिह्न
३. पूर्णविराम	११. त्रुटि चिह्न
४. प्रश्नविराम	१२. तुल्यता चिह्न
५. विस्मयादिबोधक	१३. अर्द्ध 'ओ' चिह्न
६. योजक चिह्न	१४. तारक चिह्न
७. निर्देशक चिह्न	१५. कोष्ठक चिह्न
८. उद्धरण चिह्न	१६. समाप्ति चिह्न

१. अल्पविराम (,) : यह क्षणिक ठहराव या मौन का सूचक है। हिन्दी में विरामचिह्नों में सबसे अधिक प्रयुक्त होने वाला यही चिह्न है। इसके प्रयोग की स्थितियाँ अग्रांकित हो सकती हैं:–

१. कई शब्द, पदबन्ध या उपवाक्य को जोड़ने के लिए अन्तिम शब्द, पदबन्ध या उपवाक्य को छोड़ कर शेष की दाईं ओर, यथा–

शब्दों में– क. राम, मोहन, श्याम और सुरेश घर गये।

ख. छोटी, हल्की, गोल और किनारीदार थाली लाओ।

वाक्यों में–वह रोज आता है, पढ़ता है और लौट जाता है।

२. अर्थ में होने वाले व्याघात को दूर करने के लिए, यथा–

वस्तु स्वदेशी हो या विदेशी, नागरिकों के लिए उसका उपयोगी होना आवश्यक है।

३. सम्बोधित शब्द की दाईं ओर, यथा–

क. सुनो बच्चो, उधर मत जाओ।

ख. देवियो और सज्जनो, ध्यान दीजिए, यह काम अवश्यक किया जाना चाहिए ।

४. परस्पर अन्वित पदबन्धों के मध्य आने वाले पदबन्ध या उपवाक्य के पहले और बाद में, यथा–

क. मेरा पुत्र, जो इंजीनियर है, घर पर नहीं रहता है।

ख. उस दिन, जब मैं पटना गया था, सुना है, आप यहाँ आये थे।

५. नित्य सम्बन्धियों में से एक का लोप होने पर, यथा–

क. तुम जहाँ भी जाते हो, बैठ जाते हो। (इसमें 'वहाँ' लुप्त है।)

ख. जब करना ही है, कर डालो। (इसमें 'तब' लुप्त है।)

ग. कब रामू आयेगा, कहा नहीं जा सकता। (इसमें 'यह' लुप्त हैं।)

६. किसी के कथन से पूर्व, यथा–

वह बोला, "मैं आज नहीं जाऊँगा"।

७. वरन्, पर, परन्तु, किन्तु, लेकिन, क्योंकि, इसलिए, तो भी, कारण, बस, हाँ, नहीं, सचमुच, अतः, वस्तुतः, अच्छा–जैसे शब्दों से आरम्भ होने वाले वाक्यों, उपवाक्यों के पहले, यथा–

क. छात्रों को झमेले में न डालिए, वरन् उन्हें शुद्ध रूप बता दीजिए।

ख. मैं जाता, पर तुम आ नहीं सके।

ग. नहीं, वह ऐसा नहीं कर सकता।

घ. हाँ, आप ऐसा कर सकते हैं।

ङ. बस, हो गया, रहने दीजिए।

च. वस्तुतः, वह पागल है।

छ. सचमुच, वह बड़ा नादान है।

८. जहाँ भी उच्चरित भाषा में अल्प मौन हो। यथा–

क. अ, आ, इ, ई आदि।

ख. २६ जनवरी, १९५० ई.,

ग. वाणी प्रकाशन, नई सड़क, दिल्ली।

हिन्दी में 'अथवा', 'या' आदि के पहले अल्पविराम नहीं लगाया जाता है, जबकि अँगरेजी में अल्पविराम लगाने का चलन है। यथा–

Rajgriha, or Girivraj was the Capital of Magadh.

अँगरेजी में 'और' (and) के पहले भी अल्पविराम का प्रयोग, एक विशेष स्थिति में होता है।

२. **अर्द्धविराम** (;) : यह अल्पविराम से कुछ अधिक समय के मौन या ठहराव का सूचक चिह्न है। इसके प्रयोग इस प्रकार होते हैं–

क. अल्पविराम से कुछ अधिक समय तक मौन के लिए–

किताब नहीं है; कागज नहीं है; निकट में स्कूल नहीं है; छात्रों में निराशा ही निराशा है।

ख. पदबन्धों या उपवाक्यों में दूर का सम्बन्ध होने पर, यथा–

रामचरितमानस; पृष्ठसंख्या २५०; मझोला आकार; उत्तम छपाई; पक्की जिल्द; मूल्य केवल पचास रुपए।

३. **अपूर्णविराम** (:) : अपूर्णविराम, अर्द्धविराम से कुछ अधिक समय के लिए मौन या ठहराव का सूचक होता है। विसर्ग से भ्रम न हो, इसलिए इसके साथ एक पड़ी लकीर (–) लगाने का चलन है, यथाः–। प्रयोग-नियम इस प्रकार हैं–

क. निर्देश के लिए, यथा–इन वाक्यों को पढ़िएः–

ख. सम्बन्धित विवरण के मध्य, यथा–समयः तीन घण्टे; पूर्णांकः १००

४. **पूर्णविराम** (।) : यह अपूर्णविराम से कुछ अधिक समय के लिए मौन या ठहराव का सूचक है। पूर्णविराम का अर्थ है पूरी तरह रुकना या मौन हो जाना। जहाँ वाक्य पूरी तरह समाप्त हो जाये, वाक्य अन्तिम रूप ले ले, वहाँ पूर्णविराम होता है। यथा–

क. यह किताब है। ख. तुम जा रहे हो।

कविता में एक छन्द की समाप्ति पर दुहरा पूर्णविराम लगाया जाता है। उसे **छन्दविराम** भी करते हैं। यथा–

जनम कोटि लगि रगर हमारी।
बरऊँ संभु न त रहउँ कुआँरी॥

५. **प्रश्नविराम (प्रश्नसूचक)** (?) : पूर्णविराम के लगभग मौन या ठहराव का सूचक चिह्न। इसके प्रयोग के नियम इस प्रकार हैं–

क. प्रश्न सूचक वाक्य की समाप्ति पर, यथा– आप कहाँ जा रहे हैं?

ख. अनिश्चय की स्थिति में, यथा–शायद आप पटना के निवासी हैं?

ग. व्यंग्योक्तियों में, यथा–भ्रष्टाचार आज के युग का बड़ा शिष्टाचार है, है न?

घ. शब्द/पदबन्ध/वाक्य के शुद्ध रूप के प्रति शंका होने पर, यथा–सौन्दर्यता? वह आठवीं (?) कक्षा में पढ़ता है?

६. विस्मयादि बोधक (!) : पूर्णविराम के लगभग मौन का सूचक चिह्न। इसके प्रयोग के नियम इस प्रकार हैं—

क. विस्मय, शोक, करुणा, हर्ष, विषाद, घृणा, आश्चर्य, भय आदि सूचक शब्द/पदबन्ध/वाक्य आदि के अन्त में, यथा—हाय! ऐसा तमाशा! ओ हो! हुर्रे-हुर्रे!

ख. अनपेक्षी उत्तरवाले प्रश्न सूचक वाक्य के अन्त में, यथा—यदि आपने पहले विचार कर लिया होता तो आज ऐसा क्यों होता!

ग. अपने से बड़ों को सादर सम्बोधन करने में, यथा—हे ईश्वर! सबका भला हो!

घ. छोटों के प्रति शुभकामना प्रकट करने में, यथा—यशस्वी बनो! प्रिय अच्युत, स्नेहाशीर्वाद! अटल जी का बेटा चिरंजीवी हो!

विस्मयादि सूचक चिह्न में प्रश्नकर्त्ता उत्तर की अपेक्षा नहीं करता।

७. योजक चिह्न (-) : इसे छोटी पड़ी पाई भी कहते हैं। हिन्दी में अल्पविराम के बाद सर्वाधिक प्रयुक्त होने वाला योजक चिह्न (-) ही है। इसके प्रयोग के नियम अग्रांकित हैं।

क. पंक्ति के अन्त में पूरा शब्द नहीं आने पर उसके पूर्वांश के बाद, यथा—

कमजोर व्यक्ति को उठने में भी कठि- नाई होती है।

ख. जिन पदों के दोनों खण्ड प्रधान हों और जिनमें 'और' लुप्त या अनुक्त हो, यथा—सीता-राम = सीता और राम, माता-पिता = माता और पिता, देश-विदेश = देश और विदेश, हाट-बाजार = हाट और बाजार, भूखा-प्यासा = भूखा और प्यासा आदि।

ग. शब्दों की द्विरुक्ति में, यथा—कण-कण, घर-घर, रोम-रोम, कोना-कोना आदि।

घ. जब दो शुद्ध संयुक्त क्रियाएँ एक साथ प्रयुक्त हों और क्रिया की मूल धातु के साथ आने वाली प्रेरणार्थक क्रियाओं के मध्य, यथा—पढ़ना-लिखना, मरना-जीना, कहना-सुनना, चलना-चलाना, पीना-पिलाना, सीखना-सिखाना आदि।

ङ. सदृश के अर्थ (गुणवाचक विशेषण) में 'सा/से/सी', 'जैसा/जैसे/जैसी' के पूर्व, यथा— आप-जैसे लोग; ठिगना-सा आदमी; बड़े-से-बड़े लोग आदि।

च. अर्थ-भ्रम के निवारणार्थ, यथा— कु-शासन; भू-तत्त्व; उप-माता आदि।

छ. परिमाणवाचक और रीतिवाचक क्रियाविशेषण में प्रयुक्त दो अव्ययों

एवं 'ही' 'से', 'न' आदि होने पर, यथा– थोड़ा-थोड़ा, यहाँ-वहाँ, आप-ही-आप, ज्यों-का-त्यों, कुछ-न-कुछ, किसी-न-किसी आदि।

ज. निश्चित संख्यावाचक विशेषण में जब दो पद एक साथ हों, यथा–दो-चार, एक-दो, दस-बारह, दस-बीस, पहला-दूसरा आदि।

झ. जब दो शब्दों के मध्य सम्बन्ध विभक्ति (का, के, की) लुप्त या अनुक्त हों, यथा–शब्द-सागर, शब्द-भेद, मानव-जीवन, लेखन-कला आदि।

८. **निर्देशक चिह्न** (–) : इसे बड़ी पड़ी पाई भी कहते हैं। प्रयोग के नियम–

क. अधूरे कथन के बाद, यथा–शेष फिर कभी–

ख. कथन में भंग होने पर, यथा– कई बार तुम्हें समझाया गया है–अब कभी वैसा नहीं करेगा।

ग. गोपनीय या अकथनीय सूचना हेतु रिक्तता दिखाने के लिए, यथा–जब परीक्षा में निरीक्षक ने राम को–नकल करते पकड़ा था तो–।

घ. उच्चरित भाषा में ठिठक के स्थल पर, यथा–किसी को विश्वास–नहीं होता कि नेता जी सुभाष–अब इस संसार में– नहीं हैं।

९. **उद्धरण-चिह्न** (" ") : इसे अवतरण चिह्न भी कहते हैं। यह चिह्न दुहरा या इकहरा होता है। इसके प्रयोग के नियम–

क. किसी पुस्तक से कोई वाक्य या अवतरण ज्यों-का-त्यों उधृत किये जाने पर, यथा– "सूरसागर' वास्तव में रससागर है।" – सूरसागरसार

ख. पुस्तक, समाचारपत्र, लेखक की उपाधि, लेख का शीर्षक, किसी भी उक्ति के मध्य किसी अन्य की उक्ति आदि के लिए इकहरा (' ' उद्धरण चिह्न लगता है। यथा– 'रामायण' वाल्मीकि की अमर कृति है। 'हिन्दुस्तान' दैनिक समाचारपत्र है। रामधारी सिंह 'दिनकर' की 'रश्मिरथी' मैंने पढ़ी है। गोस्वामी तुलसीदास ने लिखा है कि "श्रीराम ने गुरु को प्रणाम किया। उन्होंने 'दीर्घजीवी हो' कह कर श्रीराम को आशीर्वाद दिया।"

ग. कथन के जिस अंश पर विशेष बल देना अभीष्ट होता है, यथा– "ने और को के प्रयोग-नियम" अच्छी तरह समझ लीजिए।

१०. **लाघव-चिह्न या पार्श्व शून्य** (॰) : इसे पार्श्व बिन्दु भी कहते हैं। प्रयोग-नियम इस प्रकार हैं–

क. बहु प्रचलित शब्द के प्रथमांश के बाद लाघव चिह्न प्रयुक्त होता है। यथा– दि॰; ता॰; नं॰; सं॰; पं॰; वि॰ आदि जो क्रमशः दिनांक; तारीख; नम्बर; संवत्; विक्रमी के सूचक हैं।

ख. नाटक आदि में पात्रों के नामों के प्रथमांश के बाद, यथा– राम, सीता, लक्ष्मण, दुष्यन्त, शकुन्तला के लिए क्रमशः रा॰; सी॰; ल॰; दु॰; श॰ के प्रयोग।

११. लोप-चिह्न (–/..../×××) : इन्हें वर्जन-चिह्न भी कहा जाता है। प्रयोग के नियम–

क. किसी कथन के पूर्वांश और उत्तरांश के मध्य, यथा–"सोभित कर नवनीत....दधि लेप किये" "आगे चले ××× परबत नियराई।"

ख. गोपनीय या अकथनीय विषय के स्थान पर, यथा– उसने मुझे ××× कह कर गाली दी।

१२. त्रुटि-चिह्न (^) : इस **हंसपद** या **छूट पूर्ति-चिह्न** भी कहा जाता है। अनेक बार लिखते समय कोई शब्द छूट जाता है। छूटे हुए शब्द या अंश को लिखने के उपयुक्त स्थल पर इस चिह्न का प्रयोग कर छूटा हुआ शब्द या अंश ऊपर लिख दिया जाता है।

बाजार में चावल, दाल, सब्जी, आटा, तेल और चीनी ले आओ।

१३. तुल्यता चिह्न (=) : इसे बराबर का चिह्‌न भी कहा जाता है। इसके प्रयोग-नियम इस प्रकार हैं– शब्द और उसके अर्थ के मध्य, यथा–

पंकज = कमल; दिनकर = सूर्य; गिरिधर = कृष्ण।

१४. अर्द्ध ओ (ॅ) : कतिपय अँगरेजी शब्दों में शिरोरेखा के ऊपर, यथा–ऑर्डर, डॉक्टर, स्टॉल, हॉस्पीटल।

१५. तारक चिह्न (*/†/‡/§/⊙) : ये टिप्पणी चिह्न भी कहे जाते हैं। इनके प्रयोग-नियम इस प्रकार हैं–

क. किसी कथन के अन्य कथनों से भिन्न दिखाने के लिए, यथा–

* परस्पर सम्बद्ध एकाधिक वाक्यों का भाग या खण्ड अनुच्छेद कहा जाता है।

ख. किसी शब्द, पद, पदबन्ध या वाक्य के बारे में कुछ अन्य संकेत करने पर, यथा–यहाँ संयुक्ताक्षर * के बारे में नहीं, विरामादि चिह्नों के बारे में ही लिखा जा रहा है।

* संयुक्ताक्षर के बारे में इसके पहले लिखा जा चुका है।

यदि एक ही पृष्ठ में कई तारक चिह्न प्रयुक्त करना होता है, तो चिह्न भिन्न-भिन्न प्रकार के होते हैं अथवा उनके लिए १, २, ३ आदि संख्याएँ प्रयुक्त की जाती हैं।

१६. कोष्ठक ( ){ }[ ] चिह्न : इन्हें क्रमशः लघु कोष्ठक, मध्य कोष्ठक और दीर्घ कोष्ठक (अथवा छोटा, मँझला, बड़ा कोष्ठक) कहते हैं। इनमें लघु कोष्ठक का प्रयोग अपेक्षया अधिक होता है। इनके प्रयोग-नियम–

क. 'या' अथवा 'अर्थात्', 'यथा' की सूचना के लिए, यथा–

वहाँ वृक्षों का क्रम (या सिलसिला) अविरल (अर्थात् लगातार) था।

ख. किसी तथ्य का विवरण प्रस्तुत करने वाले शब्द को कोष्ठक में रखा जाता है, यथा– नेता जी की मृत्यु का समाचार 'दैनिक जागरण' (पटना) में छपा है।

ग. कई शब्दों, पदबन्धों, वाक्यों को घेरने के लिए, यथा–

[वर्ण-विचार
शब्द-साधन]

{संज्ञा
सर्वनाम
विशेषण
क्रिया} = विकारी शब्द

घ. शब्दकोश, लेख आदि में जिस बात पर विशेष प्रकाश डालना हो;

शिंशपा–स्त्री.[सं. शिंश [√पा (रक्षा करना). क-ट्राप, शीशम का पेड़।

२७. **समाप्ति चिह्न** (–o–): प्रयोग-नियम–

किसी लेख, अध्याय या कथन आदि की समाप्ति पर, यथा–

–o– या –×–

उपरि उल्लिखित चिह्नों के अतिरिक्त भी कुछ चिह्न यदा-कदा प्रयुक्त होते हैं। यथा– प्रतिशत के लिए %; मूलधातु √; किसी शब्द, पदबन्ध, कथन आदि को शुद्ध बताने के लिए √; अशुद्ध बताने के लिए ×; एवं अनेक गणितीय चिह्न (+, –, ×, ÷ आदि) भी प्रयुक्त होते हैं।

–o–

शब्द-विचार

व्याकरण के जिस भाग में शब्द, शब्दों के भेद, प्रयोग, रूपान्तर और व्युत्पत्ति पर विचार किया जाता है, उसे शब्द-विचार कहा जाता है।

प्रत्येक कर्णगोचर ध्वनि शब्द है। पहले कहा जा चुका है कि ध्वनि दो प्रकार की होती है– अवर्णात्मक या निरर्थक ध्वनि और वर्णात्मक या सार्थक ध्वनि। अवर्णात्मक ध्वनि नाद या आवाज़ तक सीमित होती है, अर्थात् निरर्थक शब्द 'नाद' कहे जाते हैं। भाषा में महत्त्व सार्थक शब्दों का होता है। **अतः, व्याकरण में, एक या अधिक ध्वनियों के मेल से बने स्वतंत्र और सार्थक वर्ण या अक्षरसमूह को शब्द कहते हैं।** शब्द् सार्थक वर्ण समुदाय या अक्षर समुदाय होता है। यथा– घर, मोहन, किया, चौथा आदि।

शब्द जब वाक्य में पिरो दिये जाते हैं, तब **पद** बन जाते हैं। अर्थात् पद होते हैं अर्थ-वाचक शब्द ही, पर वाक्य में पिरो दिये जाने पर। शब्द सार्थक और निरर्थक दोनों होते हैं, पर पद सदा सार्थक होता है। इस निमित्त शब्दों में विभक्तियाँ लगायी जाती हैं। विभक्तियों के लग जाने से शब्द अर्थवान होते हैं।

शब्दों को वर्गीकरण

शब्दों का वर्गीकरण कई आधारों पर किया जाता है। यथा–

क. व्याकरणिक जाति की दृष्टि से–संज्ञा, सर्वनाम, क्रिया आदि।

ख. अर्थ-प्रकाशन की दृष्टि से–वाचक, लक्षक और व्यंजक।

ग. रचना/बनावट की दृष्टि से–रूढ़ और यौगिक। यौगिक का ही एक रूप योगरूढ़ भी होता है। अतः, ये तीन प्रकार के हो जाते हैं– रूढ़, यौगिक और योगरूढ़।

घ. वाक्य में प्रयोग की दृष्टि से–संज्ञा, क्रिया, विशेषण, क्रियाविशेषण, सर्वनाम, सम्बन्धसूचक, समुच्चयबोधक और विस्मयादिबोधक, कुल आठ प्रकार के। यथा– 'अरे! सूरज निकल आया और आप अभी इस मोहन के पास बैठे

हैं।' इस वाक्य में 'अरे' विस्मयादिबोधक है। आगे दो वाक्य हैं जो समुच्चयबोधक 'और' शब्द से जुड़े हैं। पहले वाक्य में सूरज संज्ञा है और 'निकल आया' क्रिया। दूसरे वाक्य में 'आप' है सर्वनाम, 'अभी' है क्रियाविशेषण, 'इस' है विशेषण, 'मोहन' है संज्ञा, 'पास' है सम्बन्धसूचक और 'बैठे हैं', क्रिया है।

ङ. **उत्पत्ति की दृष्टि से** शब्द चार प्रकार के होते हैं–तत्सम, तद्भव, देशज और विदेशी।

च. **रूपान्तर की दृष्टि से** शब्द दो प्रकार के हाते हैं–**विकारी और अविकारी।**

वाक्य में प्रयुक्त किये जाने पर जिन शब्दों (पदों) के रूप प्रसंगों के अनुरूप बदलते रहते हैं, वे **विकारी** कहे जाते हैं। अर्थात् जिन शब्दों के रूप लिंग, वचन, पुरुष और कारक चिह्नों के अनुरूप बदलते रहते हैं, वे विकारी कहे जाते हैं। यथा–

बच्चा – बच्चे, बच्चों, बच्ची, बच्चियों।

देख – देखा, देखना, देखने, देखें, देखूँ, देख कर।

विकारी वर्ग में संज्ञा, सर्वनाम, विशेषण और क्रिया शब्द आते हैं। जिन शब्दों के रूप में विकार या बदलाव नहीं होता, उन्हें **अविकारी** या अव्यय कहते हैं। इस वर्ग के अन्तर्गत क्रियाविशेषण, सम्बन्धसूचक, समुच्चयबोधक और विस्मयादिबोधक शब्द आते हैं। आगे इन सब पर क्रमशः विचार किया जाता है।

संज्ञा

जिससे किसी विशेष वस्तु के नाम का बोध हो उस विकारी शब्द को संज्ञा कहते हैं। 'संज्ञा' का अर्थ है नाम, और नाम सदा किसी वस्तु का होता है। यहाँ, 'वस्तु' शब्द व्यापक अर्थ में प्रयुक्त है। वस्तु के अन्तर्गत प्राणी, पदार्थ और धर्म–सब परिगणित होते हैं। संसार में हजारों तरह की वस्तुएँ हैं। उन सब की पहचान के लिए उनके कुछ-न-कुछ नाम होते हैं। वस्तुओं के नाम, पदार्थ और प्राणी वाचक ही नहीं, उनके धर्मों के भी वाचक होते हैं। राम, मोहन, घोड़ा, चींटी, किसी प्राणी के नाम हैं; आटा, चावल, कुर्सी, गिलास आदि पदार्थों के नाम हैं। ये सभी दृश्य और मूर्त्त हैं। इनके विपरीत अनेक वस्तुएँ अदृश्य और अमूर्त होती हैं। अत्याचार, क्रूरता, मोह आदि गुणों के नाम; हर्ष, विस्मय, भय आदि भावों के नाम; नौकरी, जाँच-पड़ताल, देखरेख आदि कामों के नाम; सर्दी-गर्मी, सच-झूठ, भलाई-बुराई आदि मात्र अनुभव में आने वाली वस्तुओं के नाम आदि पूर्णतः अमूर्त्त हैं। व्याकरण में मूर्त्त और अमूर्त्त सभी वस्तुओं के नाम संज्ञा कहे जाते हैं।

संज्ञा के भेद

संज्ञा का वर्गीकरण वस्तु और धर्म– दो दृष्टियों से किया जाता है। यथा–

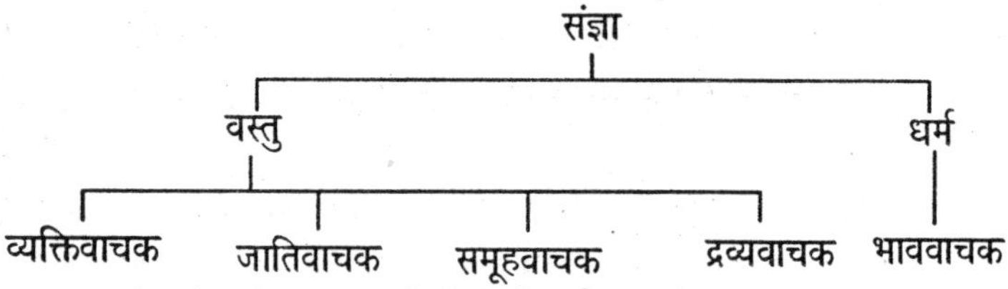

वस्तु की दृष्टि से संज्ञा मूर्त्त होती है, और धर्म की दृष्टि से अमूर्त्त। कुछ विद्वान् अमूर्त्त संज्ञाओं में भाववाचक के अतिरिक्त क्रियावाचक और गुणवाचक को स्वतंत्र स्थान प्रदान करते हैं। पं० कामताप्रसाद गुरु के अनुसार 'समूहवाचक' संज्ञाएँ व्यक्तिवाचक और जातिवाचक में और 'द्रव्यवाचक' संज्ञाएँ जातिवाचक संज्ञाओं में समाविष्ट हो जाती हैं। अधिकांश विद्वानों को संज्ञा के उपरिनिर्दिष्ट पाँच भेद मान्य हैं।

१. व्यक्तिवाचक संज्ञा

किसी एक वस्तु या व्यक्ति का बोधक शब्द व्यक्तिवाचक संज्ञा कहा जाता है। यथा–राम, गंगा, पटना आदि। यहाँ राम शब्द एक व्यक्ति का, गंगा एक नदी का और पटना एक नगर का नाम है। राम शब्द प्राणीवाचक है, और गंगा एवं पटना अप्राणिवाचक हैं। दीमशित्स ने व्यक्तिवाचक संज्ञा के अन्तर्गत अग्रांकित को स्थान दिया है। यथा–

१. व्यक्ति-नाम–राम, मोहन, नरेश आदि।
२. दिशा-नाम–उत्तर, दक्षिण, पूर्व, पश्चिम आदि।
३. देश-नाम–भारत, चीन, कोरिया, अमेरिका आदि।
४. राष्ट्रीयजाति-नाम–भारतीय, चीनी, रूसी, अमेरिकी आदि।
५. समुद्र-नाम–काला सागर, हिन्द महासागर, लाल सागर आदि।
६. नदी-नाम–गंगा, यमुना, ब्रह्मपुत्र, कावेरी आदि।
७. पर्वत-नाम–हिमालय, विन्ध्याचल, धौलगिरि, सह्याद्रि आदि।
८. नगरों, चौकों और सड़कों के नाम–पटना, गया; चाँदनी चौक, अम्बेदकर चौक; अशोक राजपथ, जनपथ आदि।
९. पुस्तकों और समाचार पत्रों के नाम–रामचरितमानस, कामायनी; दैनिक जागरण, हिन्दुस्तान आदि।

१०. ऐतिहासिक युद्धों और घटनाओं के नाम–प्रथम विश्वयुद्ध, प्रथम स्वातंत्र्य समर, अक्तूबर-क्रान्ति आदि।

११. दिनों, महीनों के नाम–रविवार, सोमवार; मई, जून आदि।

१२. उत्सवों-त्यौहारों के नाम–होली, दीपावली, रक्षाबन्धन, विजयादशमी आदि।

२. जातिवाचक संज्ञा

एक ही प्रकार के व्यक्तियों या वस्तुओं के बोधक शब्द जातिवाचक संज्ञा कहे जाते हैं। यथा–मनुष्य, नदी, पहाड़, गाय आदि।

जातिवाचक संज्ञाएँ अग्रांकित स्थितियों में होती हैं। यथा–

(क) सम्बन्धियों, व्यवसयों, पदों और कार्यों के नाम में–बहन, भाई; जुलाहा, ठग; जिलाधीश, प्रोफेसर आदि।

(ख) पशु-पक्षियों के नाम–गाय, घोड़ा; तोता, मैना आदि।

(ग) वस्तुओं के नाम–मेज, कुर्सी, कलम, किताब, घड़ी, मकान आदि।

(घ) प्राकृतिक तत्त्वों के नाम–वर्षा, भूकम्प, बिजली, तूफान आदि।

वासुदेवनन्दन प्रसाद ने भी इन्हीं स्थितियों को स्वीकार किया है।

३. समूहवाचक संज्ञा

व्यक्ति या वस्तु के समूह का बोध कराने वाला शब्द् समूहवाचक संज्ञा कहा जाता है। यथा–

क. व्यक्तियों के समूह का बोधक शब्द – सेना, संघ, भीड़, गिरोह, दल आदि।

ख. वस्तुओं के समूह का बोधक शब्द – गुच्छा, मण्डल, घौद, झब्बा आदि।

४. द्रव्यवाचक संज्ञा

नाप-तौल वाली किसी वस्तु (द्रव्य) के नाम को द्रव्यवाचक संज्ञा कहते हैं। यथा–चाँदी, सोना, लोहा; दूध, घी, तेल आदि। सामान्यतः द्रव्यवाचक संज्ञा का बहुवचन नहीं होता है।

५. भाववाचक संज्ञा

जिस संज्ञा शब्द से व्यक्ति या वस्तु के धर्म या गुण, दशा या व्यापार का बोध होता है, उसे भाववाचक संज्ञा कहते हैं। यथा– चतुराई, नम्रता, बुढ़ापा आदि। इनका भी सामान्यतः बहुवचन नहीं होता है।

भाववाचक संज्ञा का निर्माण

भाववाचक संज्ञाएँ, जातिवाचक संज्ञा, क्रिया, विशेषण, अव्यय और सर्वनाम में प्रत्यय (ई, ता, पा, त्व, पन, वट, हट आदि) लगाकर बनायी जाती हैं। यथा—

क. जातिवाचक संज्ञा से—लड़का-लड़कपन; मित्र-मित्रता; शत्रु-शत्रुता; पण्डित-पण्डिताई; पुरोहित-पौरोहित्य, पुरोहिताई; वीर-वीरत्व, वीरता; नेता-नेतृत्व, नेतागिरि; बच्चा-बचपन; पागल-पागलपन; गँवार-गँवारपन।

ख. क्रिया से—देना-देन; करना-करनी; चलना-चलन, चलावा; काटना-कटाई; नाचना-नाच; हारना-हार; भूलना-भूल; मारना-मार; समझना-समझ; पूजना-पूज; लगना-लगन, लगाव, लाग; रोना-रुलाई।

ग. विशेषण से—चालाक-चालाकी; दुष्ट-दुष्टता; लाल-लालिमा, ललाई, लाली; काला-कालिमा; भीत-भीति; नेक-नेकी।

घ. सर्वनाम से—अपना-अपनापन, अपनत्व; मम-ममत्व, ममता; निज-निजत्व, निजता; पराया-परायापन; एक-एकत्व।

ङ. अव्यय से—दूर-दूरी; परस्पर-पारस्पर्य; समीप-सामीप्य; निकट-नैकट्य; शाबाश-शाबाशी; वाहवाह-वाहवाही।

प्रयोग में संज्ञाओं के उलट-फेर

प्रयोग में संज्ञाएँ सामान्यतः अपने वर्ग में ही बनी रहती हैं, पर अनेक बार उनमें उलट-फेर भी हो जाता है। यथा—

क. व्यक्तिवाचक संज्ञा का प्रयोग कभी-कभी जातिवाचक संज्ञा के अर्थ में होता है। यथा—अब हरिश्चन्द्र कौन है? इस वाक्य में हरिश्चन्द्र (व्यक्तिवाचक संज्ञा) का प्रयोग सत्यवादी के निवेष अर्थ में हुआ है। अतः वह जातिवाचक संज्ञा के रूप में प्रयुक्त है। ऐसे प्रयोग व्यक्ति के असाधारण गुण या धर्म को दिखाने के लिए किये जाते हैं। फलतः व्यक्तिवाचक संज्ञा जातिवाचक संज्ञा में बदल जाती है।

ख. जातिवाचक संज्ञा का प्रयोग कभी-कभी व्यक्तिवाचक संज्ञा के अर्थ में भी होता है। यथा—पुरी, देवी, गोस्वामी आदि जातिवाचक संज्ञाएँ हैं पर ये जगन्नाथपुरी, दुर्गा, तुलसीदास के बोधक हैं। जातिवाचक संज्ञा व्यक्ति या वस्तु की सम्पूर्ण जाति का बोधक होती है, पर वह उस जाति के प्रत्येक व्यक्ति या वस्तु पर भी लागू होती है—

यथा— १. गाय अच्छा पशु है। — सम्पूर्ण जातिबोधक।

२. यह मेरी गाय है। — एक गाय का बोधक।

इसी प्रकार, अधिकांश योगरूढ़ संज्ञाएँ मूलतः जातिवाचक होने के बावजूद व्यक्तिवाचक संज्ञा के रूप में प्रयुक्त होती हैं। यथा—गोपाल, गणेश, हिमालय आदि।

ग. कभी-कभी भाववाचक संज्ञा का प्रयोग जातिवाचक संज्ञा के रूप में भी होता है। यथा— ये सब कितने अच्छे पहरावे हैं। 'पहरावा' शब्द मूलतः जातिवाचक संज्ञा नहीं, भाववाचक संज्ञा है, किन्तु उपरि वाक्य में वह जातिवाचक संज्ञा (पहनने के वस्त्र) के अर्थ का बोधक है।

संज्ञा के रूपान्तर

संज्ञा की परिभाषा में उसे विकारी शब्द कहा गया है। विकारी से तात्पर्य है कि प्रयोग के अनुरूप उनके मूल रूप में बदलाव या अन्तर होता है। संज्ञा में रूपान्तरण के कारक हैं— लिंग, वचन और कारक-चिह्न। यथा—

क. लिंग के अनुसार रूपान्तर

लड़का आता है — लड़की आती है।

बच्चा खेलता है — बच्ची खेलती है।

ख. वचन के अनुसार रूपान्तर

लड़का आता है — लड़के आते हैं।

लड़की आती है — लड़कियाँ आती हैं।

एक लड़का आ रहा है — पाँच लड़के आ रहे हैं।

ग. कारक-चिह्न के अनुसार रूपान्तर

लड़का खाना खाता है — लड़के ने खाना खाया।

लड़की खाना खाती है — लड़कियों ने खाना खाया।

ऊपर 'लड़के ने खाना खाया' में 'लड़के' एकवचन है, पर विभक्ति रहित प्रयोग 'लड़के खाना खाते हैं' में 'लड़के' बहुवचन होगा। तात्पर्य यह कि संज्ञा कारक चिह्न के साथ और बिना कारक चिह्न के भी प्रयुक्त होती है।

इस प्रकार, संज्ञा का रूपान्तर लिंग, वचन और कारक के कारण होता है।

संज्ञा शब्द की पुनरुक्ति

पुनरुक्ति का अर्थ है— दोहराना, पुनः कथन, आवृत्ति। **संज्ञा शब्द की पुनरुक्ति से तात्पर्य है पहले कथित शब्द का पुनः कथन किया जाना।** बोलते और लिखते समय अनेक बार शब्द पुनः कथित होते हैं जिसके कारण शब्द पर

बल पड़ता है। वह शब्दों पर बल दिये जाने का साधन है। उससे कथन अधिक प्रभावी और स्पष्ट हो जाता है। शब्दों की पुनरुक्तियाँ प्रसंगानुसार कथन को पूर्णता, सशक्तता और अखण्डता तो प्रदान करती ही हैं, वे बहुवचन, विभाजन आदि का निर्देश भी करती हैं। संज्ञाओं की पुनरुक्तियाँ तीन प्रकार की होती हैं। यथा— पूर्ण, अपूर्ण और समानार्थक।

क. पूर्ण पुनरुक्ति : एक संज्ञा शब्द का पुनः कथन किये जाने पर पूर्ण पुनरुक्ति होती है। अनेक बार पुनरुक्त संज्ञा शब्दों के मध्य 'ब', 'दर' (उपसर्ग) 'ही', 'सा' (अव्यय) और 'का' (के, की), 'पर' (विभक्ति चिह्न) का आगम भी हो जाता है। 'पर' विभक्ति चिह्न संज्ञाओं के मध्य या संज्ञाओं के पुनर्कथन के पश्चात् प्रयुक्त होता है। यथा—

१. दीदी, दीदी! मैं भी तुम्हारे साथ चलूँगी।
२. रामू, रामू! इधर आओ।
३. समय-समय, देश-देश, बार-बार, रोज-रोज, जगह-जगह आदि।
४. रोज-ब-रोज, साल-दर-साल, बात-ही-बात, पानी-ही-पानी, घर-सा-घर, मित्र-सा-मित्र, दूध-का-दूध, पानी-का-पानी, बात-की-बात, महीने-के-महीने आदि।
५. दिन-पर-दिन, दिन-दिन पर, समय-समय पर, बात-बात पर।

ख. अपूर्ण पुनरुक्ति : अपूर्ण पुनरुक्तियाँ तीन रूपों में प्राप्त होती हैं—

१. जिससे पूर्व या अन्तर भाग की आवृत्ति नहीं होती, पर उत्तर भाग से समान वजन वाला शब्द जुड़ कर पूर्व या उत्तर भाग को सशक्त बनाता है, यथा—अदला-बदला, अड़ोस-पड़ोस आदि,
२. जिसमें उत्तर भाग स्वतंत्र और पृथक नहीं होता, यथा—पूछ-ताछ, धूमधाम, घूमघाम, रोना-धोना, आनाकानी, मरते धरते और
३. जिसके उत्तर भाग में पूर्वभाग के प्रथम व्यंजनों के स्थान पर 'स', 'व' या 'म' प्रयुक्त होते हैं। यथा—मिठाई-सिठाई, बुखार-सुखार, खाना-वाना, रोटी-वोटी, झूठ-मूठ, सेंत-मेत आदि।

ग. समानार्थक पुनरुक्ति : जिसके दोनों भागों में प्रयुक्त संज्ञा शब्द् समानार्थक होते हैं, वह समानार्थक पुनरुक्ति कही जाती है। वे शब्द पुनरुक्ति के बिना स्वतंत्र रूप से भी प्रयुक्त होते हैं। इस प्रकार की पुनरुक्तियाँ या तो अपने भागों के अर्थों को सशक्त बनाती हैं या समूह का भाव व्यक्त करती हैं। यथा—बाल-बच्चे, धन-दौलत, किस्सा-कहानी, सैर-सपाटा, चीर-फाड़, मार-पीट, सोच-विचार, साज-सामान, सुध-बुध, ओढ़ना-बिछौना, धन-दौलत, आचार-विचार, रीति-रिवाज, रुपया-पैसा, नहाया-धोया, कपड़ा-लत्ता, लाठा-लाठी, मुक्का-मुक्की, घर-द्वार आदि।

लिंग

संज्ञा के जिस रूप से वस्तु की पुरुष या स्त्री जाति का बोध होता है, उसे लिंग कहते हैं।

हिन्दी में 'लिंग' शब्द संस्कृत से आया है जिसका अर्थ है–चिह्न। सृष्टि की जातियाँ मुख्यतः तीन रूपों में चिह्नित की गयी हैं– पुरुष, स्त्री और जड़। इनके आधार पर ही अनेक भाषाओं की संज्ञाएँ तीन जातियों में रखी गयी हैं–पुंलिंग, स्त्रीलिंग और नपुंसक लिंग। संस्कृत और उसकी ऋणी मराठी, गुजराती आदि भाषाओं एवं अँगरेजी भाषा में भी तीन लिंग ही स्वीकृत हैं। हिन्दी में केवल दो–पुंलिंग और स्त्रीलिंग, ही स्वीकृत हैं। नपुंसक लिंग को यहाँ स्थान नहीं मिला है। अस्तु, हिन्दी की सभी संज्ञाएँ, चाहे वे चेतन हों या जड़, केवल दो जातियों में रखी गयी हैं। अर्थात्, हिन्दी में लिंग दो प्रकार के होते हैं–पुंलिंग और स्त्रीलिंग।

पुंलिंग : जिस संज्ञा (यथार्थ या कल्पित) से पुरुषत्व को बोध होता है, उसे पुंलिंग कहते हैं। यथा–नर, पुरुष, युवक, हाथी, घोड़ा, बादल, ग्रन्थ, अमृत, अंधड़, छन्द, झंझा आदि।

स्त्रीलिंग : जिस संज्ञा (यथार्थ या कल्पित) से स्त्रीत्व का बोध होता है, उसे स्त्रीलिंग कहते हैं। यथा–नारी, स्त्री, युवती, हथिनी, घोड़ी, बदली, पुस्तक, अदालत, पंचायत, नदी, घटा आदि।

उभयलिंगी शब्द

(क) हिन्दी में यद्यपि उभयलिंग नहीं होता, तथापि कई ऐसे अप्राणीवाची अनेकार्थी शब्द चलते हैं, जो एक अर्थ में पुंलिंग और दूसरे अर्थ में स्त्रीलिंग होते हैं। ऐसे शब्द उभयलिंगी कहे जाते हैं। यथा–कल, कोटि, टीका, ताक, धूप, पीठ, बाल, यति, विधि, शान, शाल, हार आदि। ऐसे शब्दों का लिंग-निर्णय वाक्य-प्रयोग द्वारा होता है। इसे अर्थ के अनुसार लिंग-निर्णय कहा जायेगा। यथा–

कल – तुम्हारा कल कब आयेगा? – पुं०, आगामी दिन।
– रोगी को अभी कल पड़ी है। – स्त्री०, चैन, आराम।
कोटि – इसमें एक कोटि लग चुका है।– पुं०, करोड़।
– जानवरों की कई कोटियाँ हैं। – स्त्री०, श्रेणी।
टीका – यह 'कामायनी' की टीका है। – स्त्री०, श्रेणी।
– कल चेचक का टीका लगेगा – पुं०, सुई लगाना।

ताक – यह ताक बहुत छोटा है। – पुं०, ताखा।
– मैं आपकी ताक में बैठा रहा। – स्त्री०, टोह।

धूप – धूप खरीदा गया। – पु०, सुगन्धित लकड़ी।
– आज की धूप तीखी है। – स्त्री०, सूर्य का प्रकाश।

पीठ – यह विद्या का पीठ है। – पुं०, स्थान, पीढ़ा।
– उसकी पीठ में दर्द है। – स्त्री०, पृष्ठभाग।

यति – इस आश्रम में पाँच यति हैं। – पु०, संन्यासी।
– तेरह मात्राओं के बाद यति होगी।
– स्त्री०, विराम।

विधि – विधि अवश्य न्याय करेगा। – पु०, ब्रह्मा।
– काम करने की विधि अच्छी होनी चाहिए।
– स्त्री०, ढंग।

शान – मैंने आपके शान का उपयोग किया था।
– पुं०, औजार तेज करने का पत्थर।
– तुम्हारी शान के क्या कहने! – स्त्री०, प्रभुत्व, ठाठ-बाट।

शाल – वह शाल बहुत पुराना है। – पुं०, वृक्ष विशेष।
– मेरी शाल कीमती है। – स्त्री० दुशाला।

बाट – मोहन साव का बाट जाली है। – पुं०, बटखरा।
– वह आपकी बाट देख रहा है। – स्त्री०, रास्ता।

(ख) व्यवसाय अथवा पद का बोध कराने वाले कई ऐसे शब्द हैं जिनका प्रयोग पुरुष और स्त्री दोनों के लिए होता है। यथा– मंत्री, प्रधानमंत्री, राष्ट्रपति, सेनापति, कुलपति, प्रोफेसर, रीडर, लेक्चरर, व्याख्याता, जज, वकील, बैरिस्टर, ऐडवोकेट, सेक्रेटरी, सचिव, मित्र, दोस्त आदि। ऐसे शब्दों का स्त्रीलिंग रूप बनाना अच्छा नहीं। यदि स्त्री लिंग का बोध कराना हो तो इस प्रकार की संज्ञाओं के पहले 'महिला'/'स्त्री' अथवा सम्बन्ध विभक्ति का प्रयोग किया जाना चाहिए। यथा–महिला प्रोफेसर, महिला डॉक्टर आदि। ये वाक्य देखे जा सकते हैं–

१. बिहार की मुख्यमंत्री श्रीमती राबड़ी देवी हैं।
२. भूतपूर्व महिला डॉक्टर ने इस रोग की पहचान की थी।
३. 'बालिका मेरी मनोरम मित्र थी।' – सुमित्रानन्दन पंत
४. श्यामली मेरी अच्छी दोस्त हैं।

इस प्रकार के कई शब्दों के कुछ स्त्रीलिंग प्रयोग में हैं। यथा–

शिक्षक–शिक्षिका	लेखक–लेखिका	कवि–कवयित्री
अध्यापक–अध्यापिका	प्राचार्य–प्राचार्या	छात्र–छात्रा
भिखारी–भिखारिन	गरीब–गरीबिन	चमार–चमारिन

किन्तु इसी आधार पर और नये स्त्रीलिंग शब्दों को गढ़ना अच्छा नहीं होगा।

(ग) हिन्दी के कई शब्दों के प्रयोग पुंलिंग और स्त्रीलिंग दोनों में किये जाते हैं। यथा– सहाय, विनय, पवन, आत्मा, चलन, चाल-चलन आदि।

वाक्य प्रयोग द्वारा लिंग-निर्देश

अप्राणीवाची संज्ञा शब्दों के स्पष्ट लिंग-निर्देश करने की सहज पद्धति उनका वाक्य में प्रयोग करना है। संज्ञा विकारी शब्द है। वाक्य में प्रयुक्त किये जाने पर संज्ञा-शब्दरूप में परिवर्तन होता है। कर्त्ता या कर्म की तरह प्रयुक्त किये जाने पर संज्ञा के रूप लिंग, सर्वनाम, विशेषण, क्रिया और विभक्तियों को प्रभावित करते हैं जिससे उनमें विकार उत्पन्न होता है। इस कारण लिंग की पहचान सहज हो जाती है। यथा–

क. सर्वनाम में विकार

१. यह मेरा घर है। – 'घर' पुंलिंग के कारण।
२. यह उसका कोट है। – 'कोट' पुंलिंग के अनुसार।
३. यह आपकी किताब है। – 'किताब' स्त्रीलिंग के अनुसार।
४. तेरी कलम खो गयी। – 'कलम' स्त्रीलिंग के अनुसार।

ख. विशेषण में विकार

१. यह छोटा मैदान है। – 'मैदान' पुंलिंग के अनुसार।
२. यह बड़ी कोठरी है। – 'कोठरी' स्त्रीलिंग के अनुसार।

विशेषण का लिंगभेद अग्रांकित नियमों से स्पष्ट हो जाता है। यथा–

१. **आकारान्त** विशेषण स्त्रीलिंग में **ईकारान्त** हो जाता है, यथा–

अच्छा–अच्छी	काला–काली	भला–भली
बड़ा–बड़ी	पीला–पीली	नीला–नीली
मोटा–मोटी	धुँधला–धुँधली	चौड़ा–चौड़ी

२. **अकारान्त** विशेषण का रूप दोनों लिंगों में समान रहता है। यथा– गोल, चौकोर, सुडौल, गोल, सफेद, सुन्दर, उजाड़, भूत, वर्तमान, नवीन आदि।

ग. क्रिया में विकार

१. पक्षी उड़ता है। — 'पक्षी' पुंलिंग के अनुसार।
२. आग जलती है। — 'आग' स्त्रीलिंग के अनुसार।

घ. विभक्ति में विकार

१. फूल का रंग उजला है। — 'रंग' पुंलिग के अनुसार (संबंध)।
२. मोहन की नाक कट गयी। — 'नाक' स्त्रीलिंग के अनुसार (संबंध)।
३. अयि देवि! कहाँ जा रही हैं? — 'देवि' स्त्रीलिंग के अनुसार (संबोधन)।

ऊपर सर्वनाम के विकार में भी विभक्तियाँ (रा, री, का, की) ही हैं। 'का, की, के' और 'रा, री, रे' सम्बन्ध विभक्तियाँ हैं।

लिंग-निर्णय

हिन्दी के प्रसिद्ध वैयाकरण पं. कामता प्रसाद गुरु का स्पष्ट मत है कि "हिन्दी में लिंग का पूर्ण निर्णय करना कठिन है। इसके लिए व्यापक और पूरे नियम नहीं बन सकते, क्योंकि इनके लिए भाषा के निश्चित व्यवहार का आधार नहीं है।" (**हिन्दी व्याकरण**, अनुच्छेद २५७)। इसका एक महत्वपूर्ण कारण यह भी है कि हिन्दी का शब्द-भण्डार तत्सम, तद्‌भव, देशज और विदेशज शब्दों से समृद्ध है। भिन्न-भिन्न स्रोतों से आये शब्दों के लिंग-निर्णय के नियम भी अलग-अलग हैं। अस्तु, सभी शब्दों के लिंग-निर्देश हेतु समान नियम बनाये जाने में पर्याप्त असुविधा होती है। स्वयं पं. गुरुजी ने भी हिन्दी शब्दों, संस्कृत से आगत तत्सम शब्दों और विदेशी शब्दों के लिंग-निर्णय हेतु चालीस से भी अधिक नियम बनाये, पर तब भी अपवादों की संख्या चुकी नहीं। अन्य विद्वान् लेखकों द्वारा भी किसी-न-किसी रूप में वे नियम ही स्वीकार किये गये हैं और यही करणीय भी है।

हिन्दी शब्दों के दो मोटे वर्ग हैं—प्राणीवाची और अप्राणीवाची। इनमें प्राणीवाची शब्दों का अर्थ के अनुसार और अप्राणीवाची शब्दों का रूप और व्यवहार के अनुसार लिंग-निर्देश किया जा सकता है। इसके लिए यद्यपि "व्याकरण से पूर्ण सहायता नहीं मिल सकती," तथापि मेरी दृष्टि में यह अधिक व्यावहारिक है। चाहें तो विदेशज शब्दों के लिंग-निर्देश के लिए अलग नियम स्वीकार किये जा सकते हैं। अतः लिंग-निर्णय हेतु हिन्दी में प्रचलित शब्दों के अग्रांकित तीन वर्ग किये जा सकते हैं—प्राणीवाची, अप्राणीवाची और विदेशज।

प्राणीवाची शब्दों का लिंग-निर्णय,

नियम १. पुरुष बोधक प्राणीवाची संज्ञाएँ पुंलिंग और स्त्रीवाची संज्ञाएँ स्त्रीलिंग होती हैं। यथा—

पुलिंग : पुरुष, पिता, बेटा, लड़का, नाना, मामा, नायक, राजा, कहार, मेहतर, पण्डित, सोनार, धोबी, हाथी, बन्दर, भैंसा, सिंह, घोड़ा, बाघ आदि।

स्त्रीलिंग : महिला, माता, बेटी, लड़की, नानी, नायिका, रानी, कहारिन, मेहतरानी, पण्डिताइन/पण्डितानी, सोनारिन, धोबिन, हथिनी, बन्दरिया, भैंस, सिंहनी, घोड़ी, बाघिन आदि।

नियम २. मनुष्येतर प्राणीवाची अनेक संज्ञाएँ उभय (पुरुष, स्त्री) जातियों की बोधक होती हैं, पर व्यवहार में वे नित्य पुंलिंग या नित्य स्त्रीलिंग होती हैं। लिंग की स्पष्टता के लिए वैसी नित्य पुंलिंग संज्ञाओं के पूर्व 'मादा' और नित्य स्त्रीलिंग संज्ञाओं के पूर्व 'नर' शब्द जोड़ना चाहिए। यथा–

पुंलिंग शब्द : पक्षी, उल्लू, कौआ, भेड़िया, चीता, तेन्दुओं आदि। इन शब्दों के पूर्व 'मादा' शब्द लगा कर स्त्रीलिंग का बोध कराना चाहिए। जैसे–मादा पक्षी, मादा उल्लू, मादा भेड़िया, मादा चीता आदि। इसी प्रकार नित्य स्त्रीलिंग बोधक–चील, कोयल, बटेर, मैना, गिलहरी आदि, के पुंलिंग 'नर' जोड़ कर बनाना चाहिए। यथा– नर चील, नर कोयल, नर बटेर, नर मैना, नर गिलहरी आदि।

नियम ३. प्राणियों के समुदाय-सूचक नाम भी व्यवहार के अनुसार पुंलिंग या स्त्रीलिंग होते हैं। यथा–

पुंलिंग : समूह, झुण्ड, कुटुम्ब, संघ, दल, मण्डल आदि।

स्त्रीलिंग : भीड़, फौज, सभा, प्रजा, टोली, मण्डली, सरकार आदि।

नियम ४. द्वन्द्वसमास वाली प्राणीवाची संज्ञाएँ पुंलिंग होती है एवं तत्पुरुष समास वाली संज्ञाओं का लिंग अन्तिम संज्ञा के अनुसार होता है। यथा–

द्वन्द्व समास (पुंलिंग) : नर-नारी, भाई-बहन, राजा-रानी, माता-पिता आदि।

तत्पुरूष समास (पुंलिंग) : राजकुमार, सेनापति, राजभवन आदि,
(स्त्रीलिंग) : राजमाता, राजकुमारी, वीरकन्या आदि।

अप्राणीवाची शब्दों का लिंग-निर्णय

अप्राणीवाची संज्ञाओं का लिंग-निर्णय उनके रूप (एकवचन, बहुवचन) के आधार पर किया जाना अधिक व्यावहारिक लगता है। यथा–

पुंलिंग संज्ञाएँ

नियम १. बहुवचन बनाने पर जिन अप्राणीवाची संज्ञाओं के अन्त का **'अ'** अपरिवर्तित रहता है, **'आ'** का **'ए'** और **'आँ'** का **'एँ'** हो जाता है, वे पुंलिंग होती हैं। यथा– अपरिवर्तित **'अ'** वाली संज्ञाएँ–

कल, तेल, भात, जल, पवन, वचन, कान, भवन, खेल, गात, नाच, खेत, दाँत, बाँस, मकान, अनुभव, बोल, समान, क्रोध, बाजार, अनाज, बाल, गाल, प्राण, कीट, प्रेम, होश, ग्रन्थ, नमक, अक्षत, अंक, अंधड़, उल्लास, कहन, कथन आदि।

'आ' का **'ए'** हो जाने वाली संज्ञाएँ—

मेला, केला, करेला, खीरा, खोआ, गँड़ासा, गाँजा, चढ़ावा, जूड़ा, टकुआ, ठीकरा, घाघरा, दौरा, पपीहा, पन्ना, बेला, भौंरा, छज्जा, छींटा, छोआ, जाँता, डब्बा, लोहा, छाता आदि।

'आँ' का **'एँ'** हो जानी वाली संज्ञाएँ—

रोआँ, कुआँ, धुआँ आदि।

नियम २. बहुवचन बनाने पर जिन अप्राणीवाची संज्ञाओं के अन्त का **'इ'** या **'ई'** अपरिवर्तित रहता है, वे संज्ञाएँ पुंलिंग होती है। अर्थात्, इकारान्त और ईकारान्त अप्राणीवाची संज्ञाएँ पुंलिंग होती हैं। यथा—दही, मही (छाँछ), मोती, पानी, वारि, घी, जलधि, गिरि, वह्नि, जी आदि।

नियम ३. उकारान्त और ऊकारान्त संज्ञाएँ पुंलिंग होती हैं। यथा—गेहूँ, अश्रु, त्रिशंकु, मेरु, प्रसू, भ्रू, तालु, जनेऊ, चुल्लू, घुँघरू, आँसू आदि।

नियम ४. क्रियार्थक संज्ञाएँ (इनके अन्त में 'ना' लगा होता है) पुंलिंग होती है। यथा— पढ़ना, लिखना, खेलना, पीना, सोना, जानना, सोचना, बहना, जागना, रोना, मारना, पीटना, उलझना, उपजना, चढ़ना, उड़ना, सूजना आदि।

नियम ५. जिन अप्राणीवाची अकारान्त संज्ञाओं का रूप दोनों वचनों में समान ही रहता है, अर्थात जिनका बहुवचन नहीं होता, वे पुंलिंग होती हैं। यथा— कल, जल, भवन, पवन, प्राण, प्रेम; उपाय, सहाय, अध्याय, समुदाय; उतार, समाहार, अन्धकार, अँधार, उपहार, उपकार; समास, निरास, उल्लास, हास; कबाब, जुलाब, जवाब, गुलाब; बहाव, चढ़ाव, फैलाव, बहकाव; अक्षत, अन्त, गीत, मत, स्वागत, पर्वत, गणित, महत्त्व, नारीत्व, निजत्व, स्वत्व, सतीत्व; धैर्य, कार्य, माधुर्य; वृक्ष, वक्ष, प्लक्ष; चरित्र, पवित्र, नेत्र, पात्र; अनाज, काज, साज, खाज; लेख, दुःख, सुख, शंख, पंख; वचन, शकुन, पवन; गुण, अवगुण, कंकण, पोषण, भूषण, हरण; समाजवाद, पूँजीवाद, छायावाद, हालावाद; लड़कपन, बचपन, बड़प्पन, अपनापन; अनय, विनय, अनुनय, परिणय, भय आदि।

नियम ६. द्वन्द्वसमास वाली अप्राणीवाची संज्ञाओं का लिंग अन्तिम संज्ञा के अनुसार होता है। यथा—

पुंलिंग : अन्न-जल, कपड़ा-लत्ता, घर-द्वार, नाक-कान आदि।

स्त्रीलिंग : चमक-दमक, चाल-चलन, दाल-रोटी, दूध-दही आदि।

स्त्रीलिंग संज्ञाएँ–

नियम १. वैसी अप्राणीवाची आकारान्त संज्ञाएँ जिनका बहुवचन नहीं होता अर्थात् जिनके अंत का **'आ'** दोनों वचनों में अपरिवर्तित रहता है, वे स्त्रीलिंग होती हैं। यथा– दया, माया, क्षमा, गरिमा, कृपा, छाया, लज्जा, शोभा, महिमा, कालिमा, आशा, अहिंसा, भिक्षा, एकता, जनता, शत्रुता, दासता, मूर्खता, प्रभा, ममता, निराशा, घृणा, प्रतिज्ञा, परीक्षा, प्रतीक्षा, लालिमा आदि।

नियम २. बहुवचन बनाने पर जिन अप्राणीवाची संज्ञाओं के अन्त का **'अ'** और **'आ'** क्रमशः **'एँ'** और **'आएँ'** में बदल जाये, वे स्त्रीलिंग होती हैं। यथा–

एक व. स्त्रीलिंग	बहु व. स्त्रीलिंग	एक व. स्त्रीलिंग	बहु व. स्त्रीलिंग
बाँह	बाँहें	दवा	दवाएँ
नस	नसें	शिक्षा	शिक्षाएँ
पुस्तक	पुस्तकें	घटना	घटनाएँ
लात	लातें	संख्या	संख्याएँ
कीमत	कीमतें	भाषा	भाषाएँ
साँस	साँसें	विशेषता	विशेषताएँ
आँख	आँखें	आत्मा	आत्माएँ
मेज	मेजें	रचना	रचनाएँ
डाल	डालें	कविता	कविताएँ
बन्दूक	बन्दूकें	क्रिया	क्रियाएँ

नियम ३. बहुवचन बनाने पर जिन अप्राणीवाची संज्ञाओं के अन्तिम **'इ'** या **'ई'** का **'इयाँ'** और **'या'** का **'यों'** हो जाता है, वे स्त्रीलिंग होती हैं। यथा–

एक व. स्त्री.	बहु व. स्त्री.	एक व. स्त्री.	बहु व. स्त्री.	एक व. स्त्री.	बहु व. स्त्री.
पंक्ति	पंक्तियाँ	गाड़ी	गाड़ियाँ	चिड़िया	चिड़ियों
तिथि	तिथियाँ	पूड़ी	पूड़ियाँ	कुटिया	कुटियों
उपाधि	उपाधियाँ	नारंगी	नारंगियाँ	डिबिया	डिबियों
क्रान्ति	क्रान्तियाँ	चिट्ठी	चिट्ठियाँ	पुड़िया	पुड़ियों
औषधि	औषधियाँ	अँगुली	अँगुलियाँ	टिबिया	टिबियों
जाति	जातियाँ	टोपी	टोपियाँ	ठिलिया	ठिलियों
नीति	नीतियाँ	गाली	गालियाँ	गुड़िया	गुड़ियों

नियम ४. क्रियार्थक संज्ञाओं से (अन्त का 'ना' लोप कर) बनायी जाने वाली भाववाची संज्ञाएँ स्त्रीलिंग होती हैं। यथा—

क्रि.सं.	**भाववा. सं.**	**क्रि.सं.**	**भाववा. सं.**	**क्रि.सं.**	**भाववा. सं.**
चमकना	चमक	दौड़ना	दौड़	छापना	छाप
धड़कना	धड़क	पुकारना	पुकार	समझना	समझ
लूटना	लूट	टूटना	टूट	मारना	मार
रगड़ना	रगड़	जलना	जलन	चलना	चलन
सूजना	सूजन	बढ़ना	बाढ़	हारना	हार
भूलना	भूल	खोजना	खोज	देना	देन
उपजना	उपज	रहना	रहन	टेरना	टेर
पहुँचना	पहुँच	खपना	खपत	मुस्कराना	मुस्कान
जीतना	जीत	जाँचना	जाँच	खपना	खपत

नियम ५. संज्ञा/विशेषण/धातु में **क/त/ता/ती/इमा/ई/आई/आस/आवट/आहट**/लगा कर बनायी जाने वाली अप्राणीवाची (भाववाची) संज्ञाएँ स्त्रीलिंग होती हैं। यथा—

उठाना—उठक, बैठना—बैठक; रँगना—रंगत, बचना—बचत, खपना—खपत; मित्र—मित्रता, शत्रु—शत्रुता, नम्र—नम्रता; महान्—महिमा, काला—कालिमा, लघु—लघिमा; ऊँचा—ऊँचाई, अच्छा—अच्छाई, मीठा—मिठाई, रँगना—रँगाई, सीना—सिलाई, सींचना—सिंचाई, लड़ना—लड़ाई; बोलना—बोली, करना—करनी, कहना—कथनी, बीमार—बीमारी, गर्म—गर्मी, दोस्त—दोस्ती; पीना—प्यास, खट्टा—खटास, मीठा—मिठास; थकना—थकावट, लिखना—लिखावट, सजाना—सजावट; घबराना—घबराहट, चिल्लाना—चिल्लाहट आदि।

विदेशी शब्दों का लिंग-निर्णय

हिन्दी सप्राण, सशक्त और संग्राहक भाषा है। तभी हिन्दी में प्रयुक्त होने वाले विदेशी शब्दों में उर्दू से होते हुए अरबी-फारसी के और अँगरेजी से होते हुए यूनानी, लैटिन, फ्रांसीसी, पुर्तगाली, तुर्की, जापानी, चीनी आदि से सैंकड़ों शब्द प्रचलन के खराद, और व्यवहार के परिमार्जन तथा संस्कार से टकसाली-से बन चुके हैं। फलतः उनका बेगानापन और अटपटापन तो समाप्त हो ही चुका है, उनकी कर्कशता, कठोरता एवं अपरिचितता भी मिटी है। वे जिस मूल से आये हैं, वहाँ उनके लिंग-निर्देश के अपने नियम हैं। हिन्दी में वे बहुत हद तक यद्यपि उपरिवर्णित लिंग-निर्णय के नियमों में प्रायः सिमट जाते हैं, तथापि बहुतों में अन्तर रह जाता है जिनके लिए अलग निगय का होना लाजमी है।

नियम १. उर्दू से आगत जिन शब्दों के अन्त में **'आब'**, **'आन'**, **'आर'**

और (विसर्गात्मक हकारान्त वाले) 'आ' हों, वे पुंलिंग होते हैं। यथा–

आब – गुलाब, जुलाब, हिसाब, कबाब, जनाब आदि।

आन – अहसान, मकान, सामान, इम्तहान, चालान, फरमान आदि।

आर – बाजार, इकरार, इनकार, इजहार, करार, तार, खुमार आदि।

आ – परदा (परदः), तमगा (तमगः), रास्ता, गुस्सा, किस्सा आदि।

इनके अनेक **अपवाद** भी हैं। यथा

शराब, किताब, ताब, मिहराब, किमखाब; दूकान; सरकार; तकरार आदि।

नियम २. उर्दू से आगत **आकारान्त, ईकारान्त, तकारान्त, शकारान्त, इकारान्त**, और **'तफ़ईल'** के वजन वाली संज्ञाएँ स्त्रीलिंग होती हैं। यथा–

हवा, दवा, सजा, दुनिया, दगा; गरीबी, गरमी, सरदी, बीमारी, तैयारी, चालाकी; दौलत, कसरत, अदालत, इजाजत, कीमत, मुलाकात; मालिश, कोशिश, लाश, तलाश, वारिश, नालिश; सुबह, तरह, राह, आह, सुलह, सलाह; तसवीर, तामील, जागीर, तहसील आदि।

अपवाद– ताश, होश, शरबत, दस्तखत, वक्त, तख्त, दरख्त आदि।

नियम ३. अँगरेजी से आगत 'अकारान्त', 'आकारान्त' और 'ओकारान्त' शब्द पुंलिंग होते हैं, एवं 'ईकारान्त' शब्द स्त्रीलिंग। यथा– पुंलिंग शब्दः–

ऑयल, इंजिन, इंजीनियर, एडमिशन, एक्सरे, कोट, कोर्ट, कॉलेज, गैस, गजट, चेन, चॉकलेट, टॉर्च, टायर, टेलिफोन, डान्स, ड्राइंग-रूम, नम्बर, नेकलेस, प्लेग, प्लेट, प्लेटफार्म, फुलपैण्ट, फसाद, बैडमिण्टन, बुशशर्ट, बॉक्स, बोनस, मैच, मेल, मीटर, मनिऑर्डर, रोड, रॉकेट, रबर, स्कूल, स्टोव, स्टेशन, सैलून, हैंगर, हॉस्पिटल, लेक्चर, लेटर; फाइलेरिया, कोटा, ड्रामा, कॉलरा, मलेरिया, कारवाँ, सिनेमा; रेडिओ, स्टूडिओ, फोटो, वीटो, मोटो इत्यादि।

स्त्रीलिंग : एसेम्बली, केतली, कम्पनी, कापी, गैलरी, डायरी, डिग्री, टाई, ट्रेजेडी, ट्रेजरी, युनिवर्सिटी, बार्ली, पार्टी आदि।

पुंलिंग से स्त्रीलिंग बनाने के नियम

हिन्दी में स्वतंत्र रूप से स्त्री-पुरुष के कुछ जोड़े होते हैं। वे स्वतंत्र रूप से स्त्रीलिंग और पुंलिंग होते हैं, यथा–

स्त्री–पुरुष,	औरत–मर्द,	पुत्री/कन्या–पुत्र,	बहन–भाई
गाय–बैल,	वधू–वर,	बेटी–दामाद,	मेम–साहब
माता–पिता	पुतोहू–बेटा,	ऊँटनी–ऊँट,	हथिनी–हाथी

शेष पुंलिंग शब्दों को स्त्रीलिंग बनाने के लिए उनमें स्त्री-प्रत्यय लगाये जाते हैं। इस निमित्त हिन्दी के प्रत्यय (आ, ई, इन, आइन, इया, नी, आनी, इका) तो हैं ही, संस्कृत और उर्दू से आगत प्रत्यय भी प्रयुक्त किये जाते हैं। यथा–

नियम १. अकारान्त और आकारान्त पुंलिंग शब्द को ईकारान्त कर—

देव—देवी, हिरन—हिरनी, साला—साली, नाना—नानी
नर—नारी, गोप—गोपी, काला—काली, मोटा—मोटी
पुत्र—पुत्री, टोप—टोपी, लड़का—लड़की, गूँगा—गूँगी
राजा—रानी, फेरा—फेरी, घट—घटी, अधेला—अधेली
चोट्टा—चोट्टी चमड़ा—चमड़ी, एकहरा—एकहरी चमोटा—चमोटी।

नियम २. जाति, व्यवसाय और उपनाम सूचक शब्दों के अन्तिम स्वर का लोप कर उनमें 'इन' अथवा 'आइन' प्रत्यय लगा कर, यथा—

माली—मालिन, धोबी—धोबिन, तेली—तेलिन, साँप—साँपिन
बाघ—बाघिन, पण्डा—पण्डाइन, लठैत—लठैतिन, तैराक—तैराकिन
सोनार—सोनारिन, हत्यारा—हत्यारिन, सँपेरा—सँपेरिन, लोहार—लोहारिन
चौबे—चौबाइन पण्डित—पण्डिताइन बनिया—बनियाइन, मिसिर—मिसराइन
धुनिया—धुनियाइन, बुझक्कड़—बुझक्कड़ाइन, कुँजड़ा—कुँजड़िन/कुँजड़ाइन

नियम ३. कुछ उपनामवाची शब्दों में 'आनी' प्रत्यय लगा कर, यथा—

जेठ—जेठानी, देवर—देवरानी, सेठ—सेठानी, खत्री—खत्रानी
पण्डित—पण्डितानी/पण्डिताइन, मेहतर—मेहतरानी/मेहतराइन
ठाकुर—ठाकुरानी/ठाकुराइन

नियम ४. संस्कृत के 'वान्' और 'मान्' प्रत्यान्त विशेषणों में 'वान्' को **वती** और 'मान्' को **मती** कर देने पर, यथा—

पुत्रवान्—पुत्रवती बुद्धिमान्—बुद्धिमती
भगवान—भगवती आयुष्मान्—आयुष्मती
धनवान्—धनवती बलवान्—बलवती
भाग्यवान्—भाग्यवती श्रीमान्—श्रीमती

नियम ५. संस्कृत से आगत अकारान्त विशेषणों के अन्त में **'आ'** लगाने अर्थात् अकारान्त को आकारान्त कर देने से, यथा—

अनुज—अनुजा, तनुज—तनुजा, प्रिय—प्रिया, कान्त—कान्ता
पण्डिता—पण्डिता, सुत—सुता, पूज्य—पूज्या, श्याम—श्यामा
तनय—तनया, चंचल—चंचला, अबल—अबला, पालित—पालिता

नियम ६. जिन पुंलिंग शब्दों के अन्त में 'अक' होता है, उनमें 'अक' की जगह **'इका'** कर देने से, यथा—

सेवक—सेविका, लेखक—लेखिका, बालक—बालिका नायक—नायिका
पालक—पालिका, पाठक—पाठिका, रक्षक—रक्षिका, भक्षक—भक्षिका

नियम ७. संस्कृत के ऋकारान्त शब्दों को आकारान्त करने पर पुंलिंग और ईकारान्त करने पर स्त्रीलिंग बना दिया जाता है। यथा–

शब्दान्त 'ऋ'	**पुंलिंग 'आ'**	**स्त्रीलिंग 'ई'**
नेतृ	नेता	नेत्री
दातृ	दाता	दात्री
कर्तृ	कर्ता	कर्त्री
धातृ	धाता	धात्री

नियम ८. उर्दू से आगत कुछ शब्दों में 'इयत' प्रत्यय लगाने से, यथा–

आदमियत, इन्सानियत, कैफियत, साहबियत, हैसियत, तबियत, कबिलियत आदि।

लिंग-कोश

पुंलिंग शब्द (वर्णानुसार)

अ. – अकाल, अखरोट, अचार, अदरख, अनाज, अनुसार, अनुसरण, अनुवाद, अनुराग, अनुपात, अनुभव, अनुदान, अनुमोदन, अनुसंधान, अणु, अनार, अपराध, अपहरण, अपयश, अधिवेशन, अबरख, अबीर, अक्षत, अक्षर, अस्त्र, अमृत।

आ. – आईना, आकाश, आक्रमण, आँचल, आचार, आचरण, आभार, आम, आटा, आवेश, आश्रम, आश्वासन, आसन, आषाढ़, आहार, आशीर्वाद, आयोग, आँसू, आरोप, आयात, आयोजन, आविष्कार, आसव, आमंत्रण, आवागमन, आखेट, आलोक, आर्त्तनाद, आरोपन, आस्वादन।

अं, अँ – अंगूर, अंक, अंग, अंकुश, अंगार, अंश, अंजन, अंचल, अंकन, अंकगणित, अंगुल, अंबुज, अंतर्धान, अंतस्थल, अंतःपुर, अंतःकरण, अंबर, अंसु, अँधेरा।

ओ, औ – ओठ, ओल, ओज, ओला, औजार, औसत।

इ, ई – इजलास, इकतारा, इलाका, इजहार, इनाम, इलाज, इंजन, इस्तीफा, इस्पात, इस्तेमाल, इन्तजाम, इल्जाम, इत्र, ईन्धन।

उ, ऊ – उतार, उद्धार, उफान, उबटन, उबाल, उपकरण, उत्पादन, उत्कर्ष, उत्तर, उत्साह, उत्सर्ग, उदय, उद्गार, उद्घाटन, उद्दीपन, उद्धरण, उदाहरण, उद्यम, उन्माद, उपहार, उपकार,

उपग्रह, उपचार, उपनयन, उपसर्ग, उपहास, उल्लंघन, उल्लास, उल्कापात, उत्तरदायित्व, उल्लू, उल्लेख, उपवास, उत्तरीय, उत्ताप, उत्पीड़न, उद्वेग, उपाख्यान, उपालम्भ, ऊख, ऊन, ऊखल, ऊधम।

क – कच्छा, कछुआ, कछार, कटोरा, कड़ाह, कटिबन्ध, कत्था, कदम्ब, कनस्तर, कदम, कगार, कटहल, कटाव, कण्ठ, कन्धा, कपूर, कर्म, कम्बल, कलंक, कफन, कर, कक्ष, कक्षा, कलह, कमाल, कचनार, कशीदा, कपड़ा, कपट, कफ, कबाब, कब्ज, करैला, करौंदा, कलबल, कल्याण, कल्लोल, कवच, क्षण, क्षय, कवित्त, करतल, कर्णफूल, करार, कलाप, कलेवर, कल्प, कचालू।

का – काग, काजल, कागज, कान, काठ, कास, काढ़ा, काँच, कानून, कालर, कार्त्तिक, कानन, कार्य।

कि, की – किला, किन्नर, किमाम, किसलय, कीर्त्तन, कीचड़।

कु, कू – कुआँ, कुतूहल, कुठार, कुमुद, कुहासा, कुशल, कुरान, कुहरा, कुल, कुष्ट, कूड़ा।

के, को, कौ – केवड़ा, केंकड़ा, केराव, केशर, केश; कोठर, कोल्हू, कोढ़, कोदो, कोश (ष), कोष्ट, कोहनूर, कोट, कोयला; कौतूहल, कौर, कौआ, कौशल।

ख – खत, खँडहर, खजूर, खतरा, खटमल, खपड़ा, खरगोश, खरबूजा, खराद, खर्राटा, खलिहान, खद्योत; खाँचा, खाक, खान (पठान), खान-पान, खार, खिंचाव, खीरमोहन, खीरा, खुमार, खुदरा, खुर, खुलासा, खूँट (छोर) खूँटा, खेमा, खेलवाड़/खिलवाड़, खौंचा, खोआ, खोल।

ग – गंजा, गँड़ासा, गंधक, गमन, गरुड़, गज, गजट, गजब, गठबन्धन, गढ़, गदर, गद्य, गदर, गदका, गबन, गर्जन, गर्व, गर्भाशय, गलसुआ, गलियारा, गलीचा, गाँजा, र्गाहस्थ्य, गिरजा, गिरगिट, गड्ढा, गुणगान, गोदाम, गुनाह, गुंजार, गुलाब, गुलाम, गिलास, गूदा, गोंद, गेंद, गोत्र, गोधन, गोलोक, गौरव, ग्रह, ग्रहण, ग्रास, गिलाफ, गिद्ध, गुणगान, गूदा, गौरव।

घ – घट, घटाव, घड़ा, घन, घराना, घड़ियाल, घटाटोप, घपला, घर्षण, घाघ, घाट, घाघरा, घाटा, घात, घाव, घी, घुँघरू, घुटना, घुन, घुमाव, घूँघट, घूँट, घेर, घेराव, घृत, घोंघा, घोल, घोटाला।

च – चंगुल, चकमा, चकला, चकवा, चकोर, चक्कर, चक्र, चक्रव्यूह, चण्डमुण्ड, चंदन, चन्द्रमा, चन्द्रबिन्दु, चन्दोवा, चन्द्रहार, चन्द्रोदय, चटावन, चढ़ावन, चढ़ाव, चढ़ावा, चप्पल, चमगादड़, चमत्कार, चँवर, चमर, चम्मच, चम्पक, चयन, चरखा, चलन, चावल, चरागाह, चर्स, चलचित्र, चषक, चालाक, चाँटा, चाँद, चाक, चातक, चातुर्य, चाप, चाबुक, चाम, चरण, चाकू, चाव, चिक, चिन्तन, चित्रकूट, चित्रपट, चिरकुट, चिराग, चीता, चीत्कार, चीर, चीलर, चीवर, चुम्बक, चुम्बन, चुनाव, चुल्लू, चैन, चोकर, चुटकुला, चसका, चश्मा, चौक, चौपाल, चौतर, चूल्हा।

छ – छन्द, छछुन्दर, छज्जा, छटपट, छत्ता, छत्र, छप्पर, छलावा, छलछन्द, छाता, छापा, छार, छिद्र, छिपाव, छींटा, छेद, छोआ, छोर, छुहारा।

ज – जख्म, जमघट, जहाज, जंजाल, जन्तु, जड़ाव, जत्था, जनपद, जनवासा, जमाव, जप, जलधर, जलपथ, जलपान, जाँता, जाकड़, जाम, जाप, जासूस, जिक्र, जिगर, जिन, जिहाद, जी, जीरा, जीव, ज्वारभाटा, जुआ, जुकाम, जुर्म, जुलाब, जुलूस, जौ, जूड़ा, जेठ, जेल, जैतून, जोश, ज्वर, जुगनू।

झ – झंडा, झंझावत, झकझोर, झकोर, झाड़, झंखाड़, झाल, झींगुर, झुण्ड, झुकाव, झुरमुट, झूमर, झगड़ा, झगर।

ट – टण्टा, टमटम, टकुआ, टाट, टापू, टिकट, टिकाव, टिफिन, टीन, टैक्स, टमाटर, टेलिफोन, टेलिविजन।

ठ – ठप्पा, ठर्रा, ठहराव, ठाटबाट, ठीकरा, ठूँठ, ठौर।

ढ – ढंग, ढब, ढोल, ढेर, ढोंग।

त – तन्तु, तन्तुवाय, तंत्र, तम्बाकू, तम्बूरा, तकिया, तट, तत्त्व, तन, तनाव, तप, तपाक, तबला, तमंचा, तम, तरकश, तरबूज, तरस, तराजू, तर्ज, तर्पण, तल, तसर, ताम्बूल, ताण्डव, ताक, ताज, ताड़, तात, तानपूरा, ताप, तार, ताल, ताला, तालाब, ताश, तिनका, त्रिफला, तिल, तिलक, तिलकुट, तीतर, तीर, तीर्थ, तूत, तेजाब, तेज, तेल, तेवर, तोड़-जोड़, तोड़-फोड़, तौक, तौर, तौल, तौलिया, त्राण, त्रिशंकु, त्रास।

थ — थन, थपेड़ा, थप्पड़, थल, थाक, थान, थूक, थोक।

द — दंगल, दंगा, दण्ड, दंभ, दंश, दबाव, दम, दमन, दर्जा, दर्प, दर्पण, दल, दलन, दफ्तर, दलबल, दलाल, दरबार, दस्त, दस्तखत, दस्यु, दहेज, दाँत, दालान, दाग, दाद, दानपत्र, दानव, दाम, दामन, दाय, दही, दास, दाह, दिखावा, दिन, दिवाला, दिमाग, दियारा, दिल, दीप, दीपक, दीया, दुकूल, दुःख, दुराव, दुर्ग, दुलार, दुशाला, दूतावास, दून (घाटी), दूध, दृग, दृश्य, देशाटन, देहात, देश, दैत्य, दोष, दौर, दौरा, दौरान, द्वन्द्व, द्वार, द्वीप, द्वेष।

ध — धान, धक्का, धन्धा, धड़, धन, धनुष, धर्म, धाम, धैर्य, ध्यान, धनिया, धन्यवाद, धुआँ।

न — नकद, नक्षत्र, नख, नग, नजराना, ननिहाल, नभ, नगर, नमक, नसीब, नरक, नरम, नरमेध, नल, निकास, नाखून, निचोड़, निबाह, नियम, निर्झर, निर्वाण, निगम, निवास, निशान, निवेदन, निष्कर्ष, नींबू, नीर, नैवेद्य, नीड़, नीलम, नीलाम, नून, नीर, नूपुर, नृत्य, नेत्र, नेम, नैहर, न्यास, न्याय, नेपथ्य, निकुंज, निखार, निदाघ।

प — पंख, पंच, पंचनद, पंचरत्न, पंथ, पंछी, पकवान, पक्ष, पक्षपात, पक्षी, पगहा, पग, पट, पड़ाव, पटसन, पड़ोस, पतंग, पनघट, पतन, पतलून, पत्थर, पत्र, पथ, पथ्य, पद, पदार्थ, पदार्पण, पनीर, पन्ना, पजीहा, पयोधि, पर्दा, पराग, परमाणु, परलोक, परिचय, परिवहन, परिणाम, परिधान, परिवर्तन, परिवर्धन, परिवार, परिहास, पर्यटन, पर्द, पलड़ा, पलास, पल्लव, पहर, पल्लू, पहिया, पाक, पाखण्ड, पाचन, पाट, पाताल, पादप, पापड़, पाला, पिल्लू, पित्त, पीताम्बर, पीपल, पीहर, पुखराज, पुआल, पुर, पुराण, पुरस्कार, पुल, पुलक, पुलिन्दा, पुलाव, पुस्तकालय, पूजन, पूर्व, पोत, पोल, पोषण, पौरुष, पजामा, प्याज, प्रकोप, प्रयोग, प्रणय, प्रतिबद्ध, प्रतिद्वन्द्व, प्रतिफल, प्रतिबन्ध, प्रतिबिम्ब, प्रतिशोध, प्रतिवाद, प्रतीक, प्रत्यय, प्रदेश, प्रपंच, प्रभाव, प्रसाद, प्रलाप, प्रलय, प्रसव, प्रसार, प्रस्ताव, प्रातः, प्रारम्भ, प्रारब्ध, पेट, प्याज, पंजा, पाटल, प्रतीक।

फ — फण, फरेब, फर्क, फर्ज, फर्श, फल, फसाद, फाग, फाटक, फानूस, फूल, फेंटा, फेन, फेफड़ा, फेर, फेरा, फोंक।

ब — बण्डल, बन्दर, बन्दरगाह, बखान, बबूल, बखिया, बचपन, बचाव, बड़प्पन, बरतन, बरताव, बल, बलात्कार, बहलाव, बहाव, बहिष्कार, बटेर, बाँध, बाँस, बाग, बाज, बाजा, बाट, बाजार, बादाम, बाल, बाहुल्य, बिछावन, बिल, बीज, बुखार, बूँट, बेंत, बेलन, बेला, बेसन, बोझ, ब्यौरा, बुढ़ापा, बेल, बेदाना, बाजरा, बहुमत, बेसर।

भ — भण्डाफोड, भँवर, भजन, भवन, भत्ता, भरण, भरम, भाग्य, भार, भाल, भाव, भात, भाषण, भिनसार, भुजंग, भुजपाश, भुट्टा, भूचाल, भुलावा, भूकम्प, भूषण, भेदभाव, भेड़िया, भोज, भौंरा, भ्रमर, भ्रमण।

म — मंच, मंचन, मंजन, मंत्रिमण्डल, मकबरा, मजा, मटर, मठ, मतलब, मद, मघ, मच्छर, मनसूबा, मनोयोग, मनोवेग, मरहम, मवेशी, मलय, मलाल, मवाद, महसूल, महुआ, माघ, माजरा, मातम, मिजाज, मील, मुकदमा, मुकुट, मुरब्बा, मूँगा, मृग, मेष, मेड़, मेवा, मेह (वर्षा), मोक्ष, मोड़, मोती, मोम, मोर, मोह, मौन, म्यान, मौसम।

य — यंत्र, यत्र, यम, यश, यातायात, युद्ध, यकीन, यक्ष, यक्ष्मा, यात्री, यान, यौवन, युग।

र — रक्त, रत्न, रबर, रमण, रहस, रहस्य, राग, रासो, रूपा, रेंड़, रेत (वीर्य), रोब, रोग, रोष, रोमांच, राँगा, रिवाज, रज, रूमाल।

ल — लंगर, लक्ष्य, लगान, लगाव, लटकन, लट्टू, लालच, लिहाज, लिबास, लेख, लेप, लोच, लोप, लोभ, लश्कर, लेन-देन, लम्ब, लाघव, लौंग।

व — वजन, वज्र, वन, वनवास, वर, वरन, वरण, वर्जन, वसन्त, वहिरंग, वह्नि, वाचन, वात, वाङ्मय, वार, वाष्प, विकल्प, विक्रय, विघटन, वित्त, विमर्श, विलम्ब, विलास, विष, विवाद, विसर्जन, विस्फोट, विहार, वीतराग, वृतान्त, वृत्त, वेग, वेदान्त, वेश, वैभव, वैमनस्य, वैराग्य, वैष्णव, व्यंग्य, व्यंजन, व्यय, व्यवधान, व्याख्यान, व्याघात, व्याज, व्यास, व्यूह, वेद, विलास, वादा।

श — शंख, शक्र, शर, शरबत, शव, शहद, शाप, शिखर, शिविर, शील, शुक्र, शून्य, शूल, शैशव, शोक, शोध, श्रम, श्वास, शतदल, शनि, शब्दकोश, शब्दवेध, शम, शयन, शल्य, शौच, शौर्य।

ष — षड्यंत्र, षडानन, षट्कर्म, षष्ठी, षोडश, षाण्मासिक।

स — संकट, संकलन, संकेत, संकोच, संखिया, संगठन, संगम, संगीन, संघटन, संचय, संचार, संयोग, संतुलन, संदूक, संदेह, संन्यास, सम्पर्क, सम्बन्ध, सम्बल, संयम, संवर्द्धन, संविधान, संस्थान, संहार, सत्तू, सत्र, सत्त्व, सदन, सफर, सदावर्त, समीर, सर, सर्कस, सरसिज, सरोवर, सलाम, सवैया, सहन, सारा, सहयोग, सहारा, साक्ष्य, साग, साधन, साया, सार, सारस, सिंगार, सियार, सिंदूर, सिर, सिरका, सिल्क, सींग, सीप, सुधांशु, सुमन, सुर, सुराग, सुअर, सूचीपत्र, सूत, सूत्र, सूना, सोहर, सौख्य सौजन्य, सौभाग्य, सौरभ, सौष्ठव, सौहार्द, सोरठा, सोम, सोफा, सोना, सोन, सोच, सूद, सूप, सेतु, सेब, सेवन, स्तर, स्तम्भन, स्थल, स्पर्श, स्पन्दन, स्फोट, स्मारक, स्यापा, स्वत्व, स्वयंवर, स्वरूप, स्वर्ग, स्वर्ण, स्वांग, स्वाद।

ह — हण्टर, हंस, हक, हठ, हज, हनन, हरण, हल, हवन, हठधर्म, हठयोग, हड़कम्प, हमला, हवाला, हार (माला), हाल, हाट, हाशिया, हास्य, हित, हिम, हिसाब, हिमकर, हिल्लोल, हीरा, हीला, हुक्म, हुल्लड़, हुलास, हेतु, हेर-फेर, हेल-मेल, हैजा, होंठ, होटल, होश, ह्रास।

स्त्रीलिंग शब्द

अ — अँगड़ाई, अँतड़ी, अंत्येष्टि, अकड़, अक्ल, अड़चन, अचकन, अदालत, अदावत, अनबन, अप्सरा, अफवाह, अपेक्षा, अपील, अफीम, अभिधा, अभीप्सा, अवज्ञा, अहिंसा, अरहर, अवस्था, अदा।

आ — आँच, आँत, आग, आज्ञा, आड़, आत्मा, आन, आजीविका, आत्मजा, आत्महत्या, आदत, आपदा, आफत, आमद, आबहवा, आय, आयु, आराधना, आवाज, आशंका, आस्तीन, आह, आहट, आशिष, आँख।

इ, ई इंच, इन्द्रिय, इच्छा, इजाजत, इज्जत, इमारत, इला, इत्तिला, इलायची, ईख, ईंट, ईद, ईर्ष्या।

उ, ऊ — उड़ान, उत्कण्ठा, उथल-पुथल, उधेड़बुन, उपनिषद्, उपासना, उपेक्षा, उमंग, उम्र, उर्दू (भाषा), उलझन, उल्का, उषा, उलट-पुलट, उमस, ऊब, ऊहा।

ए, ऐ, ओ, औ, ऋ – एकता, ऐंठ, ऐंठन, ऐनक, ओट, ओस, औलाद, ऋतु।

क – कक्षा, कटार, कटुता, कड़क, कतरन, कतार, कथा, कृपा, कृषि, कराह, कद, कसम, कनात, कब्र, कमर, कमाई, कमान, कमिटि, कमीज, कहानी, कयामत, कहावत, करवट, करुणा, कला, कसक, कसरत, कशमकश, कसौटी, कस्तूरी, काया, कायापलट, कालिख, काँग्रेस, कौंसिल, करतूत, किताब, किलक, किस्मत, किशमिश, किश्त, किरण, कीमत, कील, कुंजी, कुटिया, कुटी, कुशल, कुल्हाड़ी, कूक, कृपा, कैद, कोख, कोयल, कौम, क्रिया, क्रीड़ा, कोशिश, कली, कलम, कल्पना, क्षमा, क्षमता।

ख – खटपट, खटास, खटिया, खड़क, खड़ाऊँ, खनक, खपत, खबर, खरीद, खींच, खरोंच, खाँड, खाई, खाज, खाट, खातिर, खाद, खाल, खान, खिजाँ, खिदमत, खोच, खीझ, खीर, खील, खुदाई, खुरमा, खुशामद, खैरात, खोट, खोज, खोइ।

ग – गंगा, गन्ध, गन्धक, गजल, गठिया, गणना, गति, गदा, गनीमत, गरज, गफलत, गरिमा, गर्द, गर्दिश, गाँठ, गाजर, गाथा, गाद, गिरह, गिलहरी, गीता, गुंजाइश, गुड़िया, गुड्डी, गुफा, गेंद, गुलेल, गैस, गोंद, गरीबी, गटपट, गड़बड़, गर्दन, गौरैया, गाज (बिजली), गागर, गिटपिट, गिरफ्त, गीतिका, गुरुता, गेरु, गूँज, गोद, गौ, गोपिका।

घ – घटा, घटना, घास, घात, घिचपिच, घिन, घुड़दौड़, घुड़साल, घूस, घृणा, घोषणा।

च – चमेली, चटक, चट्टान, चपत, चपला, चम्पा, चर्चा, चमक, चहक, चहल-पहल, चाँदी, चाँप, चाप, चादर, चाट, चाल, चारपाई, चाह, चाय, चाहत, चितवन, चाल-चलन, चिट, चाल-ढाल, चिकित्सा, चिमनी, चिल्लाहट, चिढ़, चिता, चिन्ता, चिड़िया, चित्रकला, चिनगारी, चिलम, चील, चीज, चीख, चींटी, चीनी, चुड़ैल, चुनरी, चुसकी, चूक, चूड़ा (चोटी), चें-चें, चेचक, चेतना, चेन, चेष्टा, चोंच, चोट, चौपड़, चौखट।

छ – छटा, छल, छत, छमछम, छलाँग, छवि, छाँह, छाजन, छाछ, छानबीन, छाप, छाया, छाल, छींक, छींट, छीछालेदर, छूआछूत, छछुन्दर, छूट, छूत।

ज – जंग, जंघा, जंजीर, जँभाई, जख्म, जगह, जटा, जड़, जनता, जमात, जलवायु, जमानत, जमावट, जमीन, जलन, जय, जयमाला, जरूरत, जाँघ, जागीर, जान, जायदाद, जिज्ञासा, जिच, जिद, जिरह, जाति, जिल्द, जीत, जीभ, जुल्फ, जूँ, जिल्लत, जिह्वा, जुगुप्सा, जूठन, जेब, जेवनार, जोंक, जोत, ज्वाला।

झ – झंकार, झंझट, झाड़फूँक, झष, झख, झिझक, झड़प, झनकार, झपट, झपक, झपास, झरझर, झकझक, झलमल, झाड़, झाँझ, झाँझर, झाँप, झाड़न, झाल, झालर, झिड़क, झील, झूम, झोंक।

ट – टक्कर, टकसाल, टपक, टहल, टाँक, टाँग, टाप, टाँय-टाँय, टाल-मटोल, टिकिया, टिप-टिप, टिप्पणी, टीक, टीप-टाप, टीमटाम, टीस, टूट, टेंट, टें-टें, टेक, टेर, टोह, टोक, ट्रेन, टोपी, ट्राम, टमटम।

ठ – ठक-ठक, ठण्डक, ठनक, ठमक, ठिठक, ठिलिया, ठूँठ, ठेक, ठोकर, ठेस।

ड – डग, डगर, डपट, डाक, डाट, डाँक, डाल, डींग, डीठ, डोर, डिबिया।

ढ – ढाल, ढील, ढोलकी, ढोलक।

त – तकदीर, तकरार, तकरीर, तन्द्रा, तड़क-भड़क, तड़प, तबीयत, तमन्ना, तरंग, तरकीब, तरफ, तरह, तरावट, तराश, तलब, तलवार, तलाश, तशरीफ, तह, तहजीब, तहसील, तान, ताक-झाँक, ताकत, तादाद, ताकीद, तातील, तारीफ, तालीम, तासीर, तिजारत, तीज, तुक, तुला, तोंद, तोबा, तौबा, तोप तोल, तोशक, त्योरी, त्रिया।

थ – थकान, थकावट, थरथर, थलिया, थाप, थाह, थाती।

द – दक्षिणा, दया, दगा, दतवन, दरखास्त, दरगाह, दरार, दलदल, दलील, दस्तक, दहाड़, दारू, दहशत, दावत, दिनचर्या, दिव्या, दीक्षा, दीठ, दीद, दीमक, दीवार, दुआ, दुकान, दुविधा, दुत्कार, दुम, दूरबीन, दुनिया, दुर्दशा, दूर, दूब, दून, देह, देखभाल, देखरेख, दुहाई, दावात, दमकल, दौलत, दौड़।

ध – धड़क, धरन, धड़कन, धरपकड़, धमक, धरा, धरोहर, धाक, धातु, धाय, धार, धारणा, धुंध, धुन, धूम, धूप, धूप-छाँह, धूमधाम, धौंस, ध्वजा।

न – नकल, नस, नकाब, नकेल, नजर, नहर, नजाकत, निद्रा, निराशा, नजात, नफरत, नफासत, नसीहत, नब्ज, नमाज, नींद, नाँद, नाक, निगाह, निशा, निराशा, निद्रा, निष्ठा, नीयत, नींव, नुमाइश, नोक, नोकझोंक, नौबत, नालिश, नोटिश, नौबत।

प – पंचायत, पकड़, पकड़-धकड़, पछाड़, पतवार, पतझर, पताका, पत्तल, परख, पसन्द, परवाह, परत, परात, परिक्रमा, परिषद्, परीक्षा, पलक, पलटन, पहचान, पहुँच, पायल, पाँत, पाठशाला, पिस्तौल, पुलिस, पुड़िया, पुकार, पूछताछ, पूछ, पेंसिल, पेंशन, पीर, पीठ, पौ, पेचिश, पोशाक, पैदावार, प्रतिज्ञा, प्रतीक्षा, प्रतिभा, प्रभा, प्यास, प्रक्रिया, पटपट, पनाह, पौध, पुश्त।

फ – फजीहत, फटकार, फटकन, फतह, फरियाद, फसल, फाँक, फाँस, फिक्र, फुहार, फुरसत, फुलिया, फूँक, फूट, फीस, फौज।

ब – बन्दूक, बकवास, बयार, बगल, बख्शीश, बचत, बदबू, बदौलत, बधाई, बनावट, बरात, बर्दाश्त, बर्फ, बला, बहार, बाँह, बातचीत, बागडोर, बाबत, बरसात, बारिश, बारूद, बाला, बाढ़, बालिका, बिछलन, बुँदिया, बुनावट, बुलबुल, बुलाहट, बूँद, बूझ, बेर (बार), बैठक, बोतल, बोलचाल, बौखलाहट, बौछार।

भ – भगदड़, भड़क, भटक, भभक, भरमार, भभूत, भर्त्सना, भाँग, भाप, भार्या, भिक्षा, भीख, भीड़, भुजा, भूख, भेंट, भैंस, भौंह।

म – मंजिल, मति, मंजूषा, मँझधार, मंशा, मचान, मखमल, मजाल, मणि, मसनद, ममता, मरम्मत, मर्यादा, मसूर, मलमल, मशाल, मशीन, मस्जिद, महक, महफिल, महिमा, माँग, माँद, मात, मात्रा, माया, मार, मारकाट, माप, माला, मालिश, मिसाल, मिठास, मिर्च, मिलावट, मीनार, मुद्रा, मुद्रिका, मुराद, मुलाकात, मुठभेड़, मुस्कान, मुसीबत, मुस्कराहट, मुहब्बत, मुद्दत, मुहर, मूँग, मूँछ, मूर्खता, मेखला, मेहनत, मैना, मैल, मौज, मौत, मृत्यु, मोटर।

य – यंत्रणा, यमुना, यति (छन्द में ठहराव), याचना, यातना, याद, यादगार, यात्रा, यामा, योजना, योग्यता, योनि।

र – रकम, रक्षा, रगड़, रचना, रफ्तार, रंग, रंगत, रज्जु, रसद, रसना, रसा (धरती), रस्म, राख, रामायण, राय, रास, राह, राहत, राका, राल, रियासत, रियायत, रिपोर्ट, रिश्वत, रिमझिम, रीझ, रीढ़, रुकावट, रूह, रुई, रुनझुन, रेखा, रेंड़ी, रेणु, रेत (बालू), रेल, रोक, रोर, रोकड़, रौनक।

ल – लंका, लकीर, लगन, लगाम, लटक, लचक, लज्जा, लट, लड़ाई, लत, लता, लपक, लपट, ललकार, लहर, लात, लाग, लार, लाज, लालमिर्च, लागत, लानत, लालटेन, लावी, लालसा, लाश, लाह, लीग, लीक, लीद, लीख, लीला, लू, लूट, लोच, लोकसभा, लिप्सा लियाकत, लौ।

व – वकालत, वसीयत, वांछा, वायु, विजय, विचारणा, विडम्बना, विदाई, वाद्य, विधवा, विनय, वीप्सा, वेश्या, व्यथा, व्याख्या, विदुषी।

श – शंका, शपथ, शक्कर, शरण, शक्ल, शर्म, शर्त, शतरंज, शराफत, शबनम, शराब, शरारत, शक्ति, शह, शहादत, शाखा, शान, शाम, शामत, शिखा, शिकायत, श्रद्धा, शलाका, शमशीर, शिरा, शौकत, शृंखला।

स – सन्तान, सम्पदा, सम्पत्ति, संसद, सँभाल, संवेदना, संस्कृत (भाषा), संस्था, सजा, सजधज, सजावट, सटक, सड़क, सत्ता, सनक, सनद, सभ्यता, समझ, समस्या, सरसों, सरकार, सराय, सलामत, सल्तनत, ससुराल, साँझ, साध, सुधा, सुरंग, सुलह, सुविधा, सुबह, सूजन, सूझ, सूरत, सेज, सेंध, सेना, सेवा, सेहत, सौगन्ध, सौगात, सौंफ, स्थापना।

ह – हकीकत, हजामत, हड़प, हड़ताल, हड़बड़, हत्या, हद, हरकत, हवा, हलचल, हाँक, हाजत, हाय, हाट, हालत, हार, हाल (चक्के पर लोहे की परत), हाला, हिंसा, हिकमत, हिचक, हिदायत, हिफाजत, हिमायत, हिम्मत, हींग, हूक, हूर, हूल, हेला, हैसियत, होड़।

टिप्पणी : कतिपय विद्वान् विजय, पराजय, दिग्विजय, तरंग, सामर्थ्य, देह, आत्मा, अन्तरात्मा, बगल, वायु, झंकार, झंझट, को पुंलिंग में भी प्रयुक्त करते हैं।

वचन

वचन का अर्थ है—संख्यावचन। संख्यावचन का संक्षिप्त रूप वचन है। **विकारी शब्दों (संज्ञा, सर्वनाम, विशेषण और क्रिया) के संख्याबोधक (एक या अनेक) रूप को वचन कहते हैं।** वचन के दो प्रकार होते हैं—एकवचन और बहुवचन।

एकवचन : एक वस्तु का बोधक विकारी शब्दरूप एकवचन कहा जाता है। यथा— लड़का जाता है। गाय चरती है। नदी बहती है।

बहुवचन : एक से अधिक वस्तुओं का बोधक विकारी शब्दरूप बहुवचन कहा जाता है। यथा— लड़के आये। गायें चरती हैं। नदियाँ बहती हैं।

वचन के कारण संज्ञा के रूप में दो प्रकार से परिवर्तन होते हैं—सविभक्तिक और निर्विभक्तिक।

सविभक्तिक संज्ञाओं के बहुवचन बनाने के नियम

नियम १. संज्ञाओं के अन्त में 'अ', 'आ' (तत्सम के अतिरिक्त) और 'ए' होने पर उनकी जगह 'ओं' कर बहुवचन बनाया जाता है। यथा—

एक व.	बहु व.	सविभक्तिक प्रयोग
घर	घरों	वहाँ घरों में लोग नहीं रहते।
चोर	चोरों	चोरों ने सब कुछ लूट लिया।
लड़का	लड़कों	लड़कों को पढ़ाओ।
मेवा	मेवों	मेवों से बाजार पटा है।

नियम २. संज्ञाओं के अन्त में 'औ', 'उ' और 'ऊ' होने पर उनके अन्त में 'ओं' जोड़ कर ('ऊ' को 'उ' कर 'ओं' जोड़ते हैं।) बहुवचन बनाया जाता है। यथा—

एक व	बहु व.	सविभक्तिक प्रयोग
जौ	जौओं	खेत से जौओं को काट लाओ।
साधु	साधुओं	वहाँ साधुओं का जमघट है।
बहू	बहुओं	घर में बहुओं से पूछ लो।

नियम ३. संज्ञाओं के अन्त में 'इ' और 'ई' होने पर उनके अन्त में 'यों' जोड़ कर ('ई' को 'इ' कर 'यों' जोड़ते हैं) बहुवचन बनाया जाता है। यथा—

एक व.	बहु व.	सविभक्तिक प्रयोग
मुनि	मुनियों	मुनियों की उपस्थिति सराहनीय थी।
तिथि	तिथियों	अगली तिथियों को उपस्थिति अनिवार्य है।

नदी	नदियों	नदियों में प्रवाह अधिक था।
धोती	धोतियों	धोतियों के दाम बाकी रह गये।

निर्विभक्तिक संज्ञाओं के बहुवचन बनाने के नियम

नियम १. आकारान्त पुंलिंग संज्ञाओं को एकारान्त बना कर बहुवचन बनाया जाता है। यथा–

बच्चा–बच्चे, खेमा–खेमे, चकवा–चकवे
चर्खा–चर्खे, ताला–ताले, भौंरा–भौंरे
बेटा–बेटे, मेला–मेले, कारखाना–कारखाने

किन्तु सम्बन्धसूचक आकारान्त शब्द एवं संस्कृत, अरबी और फारसी से आगत आकारान्त शब्द इस नियम के **अपवाद** हैं। उनके रूप दोनों वचनों में एक-से रहते हैं। इस प्रकार के शब्दों में मामा, नाना, बाबा, दादा, कर्त्ता दाता, पिता, योद्धा, युवा, आत्मा, देवता, जामाता, खुदा, आका, नेता, दरिया, राजा आदि उदाहृत किये जायेंगे। इन संज्ञाओं का वचन प्रसंगानुसार पता चलता है।

नियम २. अकारान्त और आकारान्त के अतिरिक्त सब प्रकार की पुंलिंग संज्ञाओं का रूप दोनों वचनों में एक-सा रहता है। यथा–

घर–घर, बाप–बाप, भाई–भाई
पति–पति, भालू–भालू, हाथी–हाथी
साधु–साधु उल्लू–उल्लू, दयालु–दयालु

नियम ३. आकरान्त स्त्रीलिंग संज्ञाओं के अन्त में 'एँ' जोड़ कर बहुवचन बनाया जाता है। यथा–

शाखा–शाखाएँ कामना–कामनाएँ, कविता–कविताएँ
कथा–कथाएँ, सेना–सेनाएँ, माता–माताएँ,

नियम 4. अकारान्त स्त्रीलिंग शब्दों के अन्तिम 'अ' को 'एँ' कर देने से बहुवचन बन जाता है। यथा–

गाय–गायें, रात–रातें, आदत–आदतें
बहन–बहनें, सड़क–सड़कें, बात–बातें

नियम 5. आँकारान्त पुंलिंग संज्ञाओं में अंतिम 'आँ' को 'एँ' कर देने से वे बहुवचन बन जाती हैं। यथा–

एक व.	**बहु व.**	**एक व.**	**बहु व.**	**एक व.**	**बहु व.**
कुआँ	कुएँ	धुआँ	धुएँ	रोआँ	रोएँ

नियम ६. जिन स्त्रीलिंग संज्ञाओं के अन्त में 'इया' होता है उनका अन्तिम 'आ' अनुनासिक (आँ) कर देने पर बहुवचन हो जाता है। यथा–

एक व.	**बहु व.**	**एक व.**	**बहु व.**	**एक व.**	**बहु व.**
चिड़िया	चिड़ियाँ	डिबिया	डिबियाँ	बुढ़िया	बुढ़ियाँ
गुड़िया	गुड़ियाँ	पुड़िया	पुड़ियाँ	पिड़िया	पिड़ियाँ

नियम ७. जिन स्त्रीलिंग संज्ञाओं के अन्त में 'इ' या 'ई' होती है उनके साथ 'याँ' जोड़ कर बहुवचन बनाया जाता है। 'याँ' जुड़ते समय 'ई' लघु (इ) हो जाती है। यथा–

एक व.	**बहु व.**	**एक व.**	**बहु व.**	**एक व.**	**बहु व.**
रीति	रीतियाँ	तिथि	तिथियाँ	पंक्ति	पंक्तियाँ
बेटी	बेटियाँ	नदी	नदियाँ	खिड़की	खिड़कियाँ

नियम ८. जिन स्त्रीलिंग संज्ञाओं के अन्त में 'इया', 'इ', एवं 'ई' आते हैं, उन्हें छोड़ कर सभी संज्ञाओं में 'एँ' (या 'यें') लगा कर बहुवचन बनाया जाता है। बहुवचन बनाते समय 'ऊ' लघु ('उ') हो जाता है। यथा–

एक व.	**बहु व.**	**एक व.**	**बहु व.**	**एक व.**	**बहु व.**
माता	माताएँ	यात्रा	यात्राएँ	पुस्तक	पुस्तकें
वस्तु	वस्तुएँ	बहू	बहुएँ	जोरू	जोरूएँ

वस्तुतः संज्ञाएँ अपने लिंग और प्रत्ययान्तों के अनुरूप कारकों में अपने रूप बदलती हैं।

वचन विषयक विशिष्ट निर्देश

१. अधिकांश भाव वाचक और द्रव्य वाचक संज्ञाएँ एकवचन में ही प्रयुक्त की जाती हैं। यथा–लम्बाई, चौड़ाई, मिठास, खटास, पढ़ाई, जवानी; चाँदी, सोना, लोहा, चावल, आटा, दूध, घी आदि।

२. अधिकांश व्यक्तिवाचक संज्ञाएँ एकवचन में ही प्रयुक्त होती हैं। यथा–राम, मोहन, पटना, दिल्ली, लालकिला, ताजमहल आदि।

३. 'प्रत्येक' और 'हरएक' का प्रयोग सदा एकवचन में ही होता है।

४. प्राण, दर्शन, होश, लोग, आँसू, ओठ, दाम, अक्षत आदि कई शब्द सदा बहुवचन में ही प्रयुक्त होते हैं। (यद्यपि अर्थानुसार इनके प्रयोग एकवचन में होने चाहिए)।

५. समूह का बोध कराने के लिए संज्ञाओं में 'लोग', 'जन', 'वृन्द', 'गण', 'वर्ग', 'सब' जोड़ कर बहुवचन बनाया जाता है। यथा–

विद्यार्थी : विद्यार्थीगण, विद्यार्थी वर्ग, विद्यार्थी सब, विद्यार्थी लोग आदि।

नारी : नारिवृन्द, नारी वर्ग, नारी लोग, नारी सब आदि।

अधिकारी : अधिकारी वर्ग, अधिकारी लोग, अधिकारीगण, अधिकारी सब आदि।

६. एक-सी वस्तुओं के समूह का संकेत करनेवाली युग्म संज्ञाओं में पहली एकवचन में और दूसरी बहुवचन में रखी जाती हैं। यथा– भेड़-बकरियाँ, गाय-भैसें, हाथी-घोड़े आदि।

७. उर्दू और अँगरेजी से होते हुए हिन्दी में आगत विदेशी शब्दों के बहुवचन हिन्दी की प्रकृति और व्याकरण के अनुसार ही होने चाहिए। यथा–मकान के लिए 'मकानात' नहीं, मकानों; स्कूल के लिए 'स्कूल्स' नहीं, स्कूलों आदि।

८. आदर प्रकट करने के लिए बहुवचन का प्रयोग किया जाता है।

६. शरीर के एक से समान अवयवों का बोध कराने वाले शब्द बहुवचन में प्रयुक्त किये जाते हैं। यथा–उसकी आँखें, उनके कान आदि।

कारक

कारक (√कृ + ण्वुल् – अक) का अर्थ है– करने वाला, यथा– गुणकारक, सुखकारक आदि, किन्तु व्याकरण में मात्र इस शब्दार्थ से काम नहीं चलता। यदि केवल क्रिया करने वाले को ही कारक कहें तो–

१. राम आम खाता है।

२. राम ने मोहन को स्कूल में भेजा।

इन वाक्यों में कारक है 'राम' और 'आम', मोहन एवं स्कूल कारक नहीं होंगे, परन्तु व्याकरण उन्हें भी कारक मानता है। यद्यपि वे क्रिया करते नहीं, तथापि क्रिया से उनका सम्बन्ध है–**क्रियान्वयित्वं कारकत्वम्**। व्याकरण में, संज्ञा या सर्वनाम की उस स्थिति को कारक कहते हैं जो वाक्य में क्रिया के साथ उसका सम्बन्ध सूचित करती है। अर्थात्, **वाक्य में क्रिया के साथ जिसका सम्बन्ध हो, उसे कारक कहते हैं**। उपरि वाक्यों में–

राम – खाने की क्रिया करने वाला; मोहन को स्कूल भेजने वाला।

आम – जो वस्तु खायी जाती है; खाने की क्रिया का जिस पर फल पड़ता है।

मोहन – जिसे स्कूल भेजा गया; स्कूल भेजने की क्रिया का जिस पर फल पड़ा।

स्कूल – जहाँ मोहन को भेजा गया; जो क्रिया आधार है।

अतः ये चारों (राम, आम, मोहन, स्कूल) किसी-न-किसी रूप में क्रिया से

सम्बन्धित हैं इसलिए कारक हैं। इस प्रकार **साधन-भेद से कारक-भेद हो जाता है।**

कारक होने के लिए संज्ञा/सर्वनाम में 'ने', 'को', 'से' आदि विभक्तियों का लगना आवश्यक नहीं। विभक्तियों के लगे बिना भी कारक रूप होता है, यथा–उपरि पहले वाक्य में 'राम' और 'आम' में विभक्ति नहीं लगी है, पर वे कारक रूप हैं। कारक के लिए मूल बात है संज्ञा या सर्वनाम शब्दों की क्रिया से सम्बद्धता। अग्रांकित वाक्यों को देखिए–

१. राम ने मोहन को प्यार से पढ़ने के लिए घर से स्कूल में भेजा।

२. रे भाई, राम ने मोहन को प्यार से पढ़ने के लिए घर से श्याम के साथ स्कूल में भेजा।

दोनों वाक्यों में प्रयुक्त राम, मोहन, प्यार, पढ़ने, घर, स्कूल–इन सब का क्रिया से सम्बन्ध है, अतः ये कारक हैं, किन्तु दूसरे वाक्य में प्रयुक्त 'रे भाई' और 'श्याम के साथ' का क्रिया से सम्बन्ध नहीं है। 'भाई' के पूर्व 'रे' और 'श्याम' के पश्चात् 'के'– ये क्रमशः सम्बोधन और सम्बन्ध की विभक्तियाँ हैं। हिन्दी-व्याकरण की अधिकांश किताबों में सम्बन्ध (Possessive/Genitive) और सम्बोधन (Vocative/Addressive) भी कारक-भेद माने गये हैं। वस्तुतः ये कारक हैं नहीं। यों अँगरेजी माध्यम से हिन्दी सीखनेवालों की दृष्टि से इन्हें भी कारक मानना सुविधाजनक और व्यावहारिक लगता है।

विभक्ति सहित कारक-भेद

कारक	विभक्ति	उदाहरण
१. कर्त्ता	०, ने	राम, राम ने
२. कर्म	०, को	मोहन को
३. करण	से	प्यार से
४. सम्प्रदान	को, के लिए	पढ़ने के लिए
५. अपादान	से	घर से
६. अधिकरण	में, पर	स्कूल में भेजा
* सम्बन्ध	का, के, की; रा, रे, री	श्याम के साथ
* सम्बोधन	०, हे, हो, अजी, अहो, अरे, आदि	रे भाई,

विभक्यिाँ शब्दों का पारस्परिक सम्बन्ध सूचित करती हैं। ये स्वतंत्र होती हैं। इनका कोई अर्थ नहीं होता। इनकी अपनी विशिष्टता है। ये दो प्रकार की होती हैं–विश्लिष्ट और संश्लिष्ट। संज्ञाओं के साथ विभक्यिाँ विश्लिष्ट (अलग) रहती हैं और सर्वनामों के साथ संश्लिष्ट (मिली हुई)। सर्वनामों के साथ संश्लिष्ट हो वे प्रायः विकार उत्पन्न करती हैं। यथा– संज्ञा के साथ –राम ने, मोहन को, वृक्ष पर, बालकों के लिए आदि।

सर्वनाम के साथ : मेरा, तुम्हारा, उसका, उसके, उसे, इसे, इन्हें, उन्हें आदि उपरि उदाहरण में मेरा, तुम्हारा में 'का' और उसे, इसे, इन्हें, उन्हें में 'को' विभक्ति चिह्न संश्लिष्ट है। आगे प्रत्येक कारक और उसकी विभक्ति के प्रयोग पर विचार किया जाता हैं।

कर्त्ताकारक

वाक्य में जो शब्द क्रिया करने वाले के अर्थ में आता है, उसे कर्त्ता कारक कहते हैं। कर्त्ता का अर्थ है–क्रिया करने वाला। यथा–'राम सोता है।', इस वाक्य में सोने की क्रिया राम करता है, इसलिए वह कर्त्ता है। वह चाहे तो नहीं भी सो सकता है, यथा–राम नहीं सोता है। तात्पर्य यह कि राम स्वतंत्र कर्त्ता है, सोने की क्रिया करने में वह स्वतंत्र है। कर्त्ता कारक की दो विभक्तियाँ होती हैं–० (शून्य) और ने। वाक्य में कर्त्ता का प्रयोग दो रूपों में होता है–पहला वह, जिसमें कोई विभक्ति नहीं लगती, अर्थात् **अप्रत्यय कर्त्ताकारक**। इसे ही **प्रधान कर्त्ताकारक** भी कहा जाता है। इसमें क्रिया के लिंग, वचन और पुरुष कर्त्ता के अनुसार होते हैं। यथा–'राम सोता है।' 'सीता जागती है।' इन वाक्यों में 'सोता है' और 'जागती है' क्रियाएँ राम और सीता के अनुसार हैं। इनके विपरीत 'ने' विभक्ति लगने पर क्रिया के लिंग, वचन और पुरुष कर्म के अनुसार होते हैं। उसे **सप्रत्यय कर्त्ताकारक** या **अप्रधान कर्त्ताकारक** कहा जाता है। यथा–'राम ने रोटी खाई'/'सीता ने भात खाया'। इन वाक्यों में क्रियाएँ 'खाई' और 'खाया' कर्म 'रोटी' और 'भात' के अनुसार आयी हैं।

कर्त्ता के 'ने' चिह्न का प्रयोग

विभक्ति चिह्न 'ने' कर्त्ताकारक की सामान्य विभक्ति नहीं है। इसका प्रयोग मुख्यतः पश्चिमी हिन्दी की बोलियों में होता है। पूर्वी हिन्दी और बिहार की बोलियों में इसका अभाव है। इस कारण वाराणसी के पूर्व के हिन्दीभाषी और हिन्दीतरभाषी हिन्दी-छात्रों आदि को इसके प्रयोग में कठिनाई और घबराहट होती है। जैसा कि मैंने पहले कहा, 'ने' कर्त्ताकारक की सामान्य विभक्ति नहीं है, अर्थात्, इसका प्रयोग-क्षेत्र अतिसीमित और स्पष्ट है। यथा–

१. 'ने' का प्रयोग केवल क्रिया के सकर्मक रूप में होता है, अकर्मक रूप में नहीं।
२. 'ने' का प्रयोग केवल कर्तृवाच्य में होता है, कर्मवाच्य और भाववाच्य में नहीं।
३. 'ने' का प्रयोग केवल भूतकाल में होता है, वर्तमान काल और भविष्य काल में नहीं।

४. 'ने' का प्रयोग केवल पाँच भूतों– सामान्य, आसन्न, पूर्ण, सन्दिग्ध और हेतुहेतुमद्‌भूतों– में होता है, अपूर्णभूत में नहीं। यथा–

सामान्यभूत : राम ने किताब पढ़ी। **आसन्नभूत :** राम ने पुस्तक पढ़ी है।

पूर्णभूत : राम ने किताब पढ़ी थी। **सन्दिग्धभूत :** राम ने पुस्तक पढ़ी होगी।

हेतुहेतुमद्‌भूत : राम ने पुस्तक पढ़ी होती, तो उत्तर ठीक लिखा होता।

५. नहाना, छींकना, खाँसना, थूकना–इन चार अकर्मक क्रियाओं में भी 'ने' का प्रयोग अपवाद स्वरूप होता है। यथा–उसने नहाया। उसने छींका। उसने खाँसा। उसने थूका।

उपरि उल्लेख से स्पष्ट है कि कर्त्ता के साथ 'ने' का प्रयोग तभी होता है जब क्रिया सकर्मक एवं कर्तृवाच्य की तथा सामान्यभूत, आसन्नभूत, पूर्णभूत, संदिग्धभूत और हेतुहेतुमद्‌भूत की होती है। नहाना, छींकना, खाँसना, थूकना जैसी अकर्मक क्रियाओं में 'ने' का प्रयोग अपवाद स्वरूप होता है। गणितीय भाषा में कहना पड़ता है कि 'ने' चिह्न का प्रयोग-क्षेत्र मात्र पन्द्रह-सोलह प्रतिशत तक ही सीमित और पूर्ण स्पष्ट है।

कर्मकारक

वाक्य में कर्त्ता की क्रिया का फल जिस शब्द पर पड़े, वह कर्म कहा जाता है। कर्म का प्रयोग प्रत्यय-रहित (निर्विभक्तिक) और प्रत्यय-सहित (सविभक्तिक), दोनों प्रकारों से होता है। कर्मकारक का विभक्ति चिह्न 'को' है। प्रयोग–

अप्रत्यय कर्म : राधा आम खाती है।

सप्रत्यय कर्म : राधा ने कृष्ण को जगाया।

इन वाक्यों में राधा कर्त्ता है। पहले वाक्य में उसकी क्रिया (खाने) का फल 'आम' पर पड़ता है और दूसरे वाक्य में क्रिया (जगाने) का फल 'कृष्ण' पर पड़ता है। अतः 'आम' और 'कृष्ण' कर्म हैं। कर्मकारक की विभक्ति 'को' के प्रयोग-नियम–

१. प्रायः चेतन या सजीव पदार्थों के साथ 'को' लगता है, अचेतन या निर्जीव के साथ नहीं। यथा–

राम ने आटा खरीदा (आटा को, नहीं)। राम पटना गया (पटना को, नहीं)।
मैंने रोटी खाई (रोटी को, नहीं)। मैं सिनेमा देखूँगा (सिनेमा को, नहीं)।
मोहन ने राम को पढ़ाया। श्याम ने हरि को खिलाया।

चेतन-अचेतन के साथ 'को' का प्रयोग, वस्तुतः वाक्य-प्रयोग पर निर्भर करता है। यथा—'राम ने घोड़ा खरीदा' और 'राम ने घोड़े को खरीदा'—दोनों ठीक हैं।

२. बुलाना, पीटना, पुकारना, कोसना, सुनाना, जगाना, बनाना, भगाना आदि क्रियाओं के साथ 'को' विभक्ति लगती है। यथा—

क. राम को बुलाओ/पुकारो/उठाओ/जगाओ/भगाओ आदि।

ख. राम ने मोहन को शिक्षक बनाया।

३. कर्त्ता की विशेष कर्तृत्वशक्ति का बोध कराने के लिए, यथा— राम ने इस वृक्ष को कटवाया है। और— राम ने यह वृक्ष कटवाया है।— इन दोनों वाक्यों में अर्थ एक-सा होने पर भी पहले वाक्य में कर्त्ता की विशेष कर्तृत्वशक्ति स्पष्ट है।

४. प्रेरणार्थक क्रिया के गौण कर्म में 'को' विभक्ति लगती है—

— शिक्षक छात्र को पुस्तक पढ़ाता है।

— माँ बेटे को दूध पिलाती है।

५. नैसर्गिक आवेगों के उद्रेक में 'को' विभक्ति लगती है—

बीमार को कै हो गयी।	परशुराम को क्रोध आ गया।
उसे (उसको) कई दस्त हो गये।	मुझे (मुझको) प्यास लगी है।

करणकारक

करण (√कृ + ल्युट् – अन) का अर्थ है— किसी काम को क्रियात्मक रूप देना, साधन आदि। **वाक्य में जिस शब्द से क्रिया के साधन का बोध हो, उसे करणकारक कहते हैं।** इसकी विभक्ति 'से' है, किन्तु 'से' के अतिरिक्त 'के द्वारा', 'द्वारा', 'के जरिये', 'के साथ', 'के साथ', 'के बिना' आदि भी प्रयुक्त होते हैं। यथा—

राम कलम से लिखता है।	तू कुदाल से खेत कोड़ता है।
मैं कुल्हाड़ी से लकड़ी काटता हूँ।	राम के द्वारा सामान लाया गया।
उसके कारण ही रुपया मिल सका।	श्याम के जरिये ही यहाँ का पता चला।

कारकों में सर्वाधिक प्रयत्य-चिह्न करण कारक के ही हैं। यों सभी विभक्तियों में 'को' और 'से' सर्वाधिक महत्वपूर्ण हैं। 'ने', 'का' (के, की) और 'में' एवं 'पर' के प्रयोग प्रायः सीमित हैं।

एकवचन करणकारक में भूख, प्यास, आँख, कान, पाँव आदि शब्द सविभक्तिक (सप्रत्यय) प्रयुक्त होते हैं, पर बहुवचन में निर्विभक्तिक (अप्रत्यय)। यथा—

वह भूख से बैचेन है।	वह भूखों बेचैन है।
वह प्यास से मर रहा है।	वह प्यासों मर रहा है।
मैंने अपनी आँख से वह घटना देखी।	मैंने अपनी आँखों वह घटना देखी।

सम्प्रदानकारक

जिसके लिए कुछ किया जाये, इसका वाक्य में बोध कराने वाले शब्द-रूप को सम्प्रदानकारक कहते हैं। इसके विभक्ति चिह्न 'को', 'के लिए' हैं।

सम्प्रदान और कर्म, दोनों कारकों की एक ही विभक्ति 'को' है, पर दोनों के अर्थों में अन्तर है। सम्प्रदानकारक में 'को' का प्रयोग के लिए, के हेतु, के हित, के वास्ते, के निमित्त आदि के अर्थ में होता है, जबकि कर्मकारक में इनसे भिन्न अर्थ में। यथा–

सम्प्रदानकारक	कर्मकारक
राम ने मोहन को किताब दी।	मैंने घोड़े को देखा था।
मैं मेला देखने को गया था।	उसने साँप को मार दिया।
खाने को कुछ नहीं है।	राम ने लड़के को पुकारा।
कहने को तो बहुत है।	किसी को बुला लाओ।
गरीबों को साग-सत्तू भी नसीब नहीं है।	माँ बेटे को सुलाती है।

अनेक बार सम्प्रदानकारक में 'को' की जगह 'के हित', 'के निमित्त', 'के वास्ते' आदि प्रत्ययवाचक अव्यय भी प्रयुक्त होते हैं। यथा–

वह देश के हित शहीद हुआ।	मेरे निमित्त अपने क्या किया?
मेरे लिए कहीं जगह नहीं है।	भारत की आजादी के वास्ते ही महात्मा गाँधी का जन्म हुआ था।

अपादानकारक

वाक्य में संज्ञा के जिस रूप से अलग होने, निकलने, डरने, रक्षा करने, विद्या सीखने, तुलना करने, रीति आदि के अर्थ का बोध हो उसे अपादानकारक कहते हैं। इसका विभक्ति-चिह्न 'से' है।

'से' विभक्ति-चिह्न अपादान और करण, दोनों कारकों में प्रयुक्त होता है। अपादान में 'से' विभक्ति अलगाव, विच्छेद, दूरी, आरम्भ, उद्गम आदि का बोधक होती है, पर करण में क्रिया के साधन का बोध कराती है। यथा–

अपादानकारक	करणकारक
पेड़ से फल गिरा।	चाकू से फल काटो।
सिर से बाल झरा।	मैं कलम से लिखता हूँ।

छूत से बचो।	छात्र से भूल हो तो सुधार दीजिए।
मैं आपसे डरता हूँ।	आपने उसे डंडे से मारा।

अपादान कारक का निर्विभक्ति प्रयोग नहीं होता। उसमें सदा विभक्ति लगती है। उसके कतिपय प्रयोग इस प्रकार होते हैं–

कारण	–	राम बुखार से मरा।
तुलना	–	सोना चाँदी से कीमती धातु है।
आरम्भ	–	गंगा गंगोत्री से निकलती है।
सीखना	–	राम ने गुरु से विद्या सीखीं।
अवस्था-परिवर्तन	–	क्या से क्या हो गया।
वस्तु-विनिमय	–	चावल से गेहूँ बदल लो।
रीति/क्रम	–	एक क्रम से नाम पुकारो।
	–	ध्यान से सुनो।

सम्बन्ध विभक्ति

संज्ञा या सर्वनाम के जिस रूप से वाक्य में किसी अन्य वस्तु से उसका सम्बन्ध प्रकट हो उसे सम्बन्ध विभक्ति कहते हैं। इसका चिह्न 'का' है। वचन और लिंग के अनुसार 'का' की ही विकृति 'के' और 'की' हैं। यथा–

राम का भाई आया। –पुं. एकवचन

राम की बहिन आयी। –स्त्री. एकन.

राम के भाई आये। –पुं. एकवचन आदरार्थ

राम की बहिन आयीं।–स्त्री एकवचन आदरार्थ

राम के भाई/भाइयों ने कहा।

राम की बहिन/बहिनों ने कहा।

राम के बेटे को बुलाओ। –एकवचन पुं.

राम का बेटा श्याम है।–एकवचन पु.

राम के बेटों को बुलाओ। –बहुवचन. पु.

विभक्ति चिह्न के प्रयोग के बिना सम्बन्ध प्रकट नहीं होता। इस कारण सम्बन्ध दिखाने के लिए विभक्ति 'का' ('के', 'की') सदा प्रयुक्त की जाती है। विभक्ति-प्रयोग के सम्बन्ध में ये बातें ध्यान में रखनी चाहिए–

१. 'का' विभक्ति का प्रयोग वैसी पुंलिंग एकवचन संज्ञा के पहले किया जाता है जिसके बाद कारक की कोई दूसरी विभक्ति न हो। यथा–

मोहन का बेटा स्कूल में है।   राम का भाई आया।

इन वाक्यों में 'बेटा' और 'भाई' के बाद कोई विभक्ति नहीं है।

२. पुंलिंग एकवचन संज्ञा के बाद कोई विभक्ति हो तो उसके पहले 'का' का 'के' हो जाता है। यथा–मोहन के भाई को पकड़ो। स्कूल के छात्रों ने पूछा। इन वाक्यों में 'भाई' के बाद 'को' और 'छात्रों' के बाद 'ने' विभक्ति है। अतः भाई के पहले की विभक्ति 'का' का 'के' हो गया और छात्रों के पहले की 'का' विभक्ति भी 'के' हो गयी है। बहुवचन पुंलिंग के पहले भी 'के' आता है। इसका उदाहरण ऊपर दिया गया है।

३. सम्बन्ध विभिक्ति के स्थान पर 'वाला' (वाले, वाली) प्रत्यय भी प्रयुक्त होता है। यथा–रामवाला घर, सोनेवाला कलश, चाँदीवाली थाली, दिनकरवाली किताब आदि।

४. सर्वनाम की स्थिति में सम्बन्ध विभक्ति 'रा' (रे, री) और 'ना' (ने नी,) होती है। यथा–मेरा बेटा, मेरी बेटी, मेरे बेटों आदि–

तुम्हारा, लड़का, तुम्हारी लड़की, तुम्हारे लड़कों आदि।

अपना भरोसा, अपनी रोजी, अपने लड़कों आदि।

५. सम्बन्ध विभक्तियों द्वारा मुहावरेदार प्रयोग भी किये जाते हैं। यथा–

क. वह महीने के महीने यहाँ आता है।   वह रात की रात चला गया।
दीवाली की दीवाली दीये जलते हैं।
साल के साल बीतते चले गये, पर वह नहीं आया।

ख. कान का कच्चा, आँख का अन्धा, गाँठ का पूरा, बात का पक्का,
बात का धनी, काम का पूरा, दिल का धनी आदि।

ग. यह अब होने का नहीं, वह टिकने का नहीं, वह जाने का नहीं आदि।

६. सम्बन्ध विभक्ति अधिकार, कर्तव्य, रिश्ता, कार्य-कारण, परिमाण, मोल–भाव, प्रयोजन, उपयोगिता, विशेषता, देना, मूल्य आदि को प्रकट करती है। इनमें से कुछ के उदाहरण ऊपर आ गये हैं। कतिपय प्रयोग इस प्रकार होते हैं–

अधिकार – वह गाँव का मुखिया है। यह राम की किताब है।
कतृत्व – भारतेन्दु के नाटक, आचार्य शुक्ल के निबन्ध।
प्रयोजन – पीने का पानी, खाने की मेज।
परिमाण – एक मीटर का अंगोछा, दो किलोमीटर की दूरी।
मोल-भाव – एक रुपये का फल, पाँच सौ की चादर।
कार्य-कारण – ब्राह्मणों की सभा, सोने का कड़ा, पत्थर के मकान।

अग्रांकित प्रयोग भी ध्यान देने योग्य हैं—

वह कमाल का आदमी है। वह समय का मारा हुआ है।

राम का अब क्या कहना? फूलों की सेज किसे अच्छी नहीं लगती?

वह नाम का भूखा है। माँ की ममता का क्या कहना?

अधिकरणकारण

क्रिया के आधार को सूचित करने वाली संज्ञा या सर्वनाम के रूप को अधिकरण कारक कहते हैं। इसका विभक्ति-प्रत्यय 'में' और 'पर' है। कभी-कभी 'मध्य' 'बीच', 'भीतर' 'अन्दर,' 'ऊपर' आदि के प्रयोग होते हैं। यथा—

वह घर में रहता है वह अपनी जगह पर है।

मोहन नदी में है। किताब टेबुल पर है।

मैं तुम दोनों के मध्य खड़ा था।

राजगीर और सिलाव के बीच नदी नहीं है।

इन्हें छत के ऊपर डाल दो। वह कमरे के भीतर गया।

१. अनेक बार 'में' के अर्थ में 'पर' और 'पर' के अर्थ 'में' भी प्रयुक्त होता है। यथा—

नाव पानी में तैरती है—पानी पर।

तुम्हारे घर पर कोई नहीं था—घर में।

२. अधिकरणकारक की संज्ञा में पुनरुक्त होने (दो बार प्रयोग होने) पर विभक्ति का लोप हो जाता है। यथा—

साधु बन-बन घूमते रहते हैं। जिस समय आप आये, उस समय मैं नहीं था।

छात्र घर-घर जा रहे हैं। वह गाँव-गाँव दौड़ रहा है।

३. 'किनारे', 'आसरे' एवं 'दिनों' जैसे पद सप्रत्यय (सविभक्तिक) अधिकरण कारण के हैं और 'यहाँ', 'वहाँ' आदि पदों का अर्थ भी वैसा ही है। अतः इन पदों के प्रयुक्त होने पर विभक्ति नहीं लगती। यथा—

वह नदी-किनारे गया है। मैं आपके आसरे ही यहाँ हूँ।

श्याम यहाँ है। राम वहाँ है।

४, जहाँ दो विभक्तियाँ एक साथ प्रयुक्त होती हैं, वहाँ एक विभक्ति अधिकरणकारक की अवश्य होती है। यथा—

में से — इस आलमारी में से जितनी किताबें चाहो, निकाल लो।

— घर में से खाट बाहर कर धूप में रख दो।

में का — इस डाली में का एक भी फल पका नहीं।

— इस डाली में के सभी फलों को तोड़ लो।

पर से — मेज पर से किताबें उठा लाओ।

पर का — मेज पर का अखबार ले आओ।

— छत पर के कपड़े सूखने दो।

सम्बोधन

संज्ञा में जिस रूप से किसी को सम्बोधित करने, पुकारने, चेतावनी देने आदि के भाव ज्ञात हों, उसे सम्बोधन कहा जाता है।

सही अर्थों में सम्बोधन की कोई विभक्ति नहीं होती पर उसके भाव को प्रकट करने के लिए अनेक बार हे, हो, अहो, अजी, अरे, रे, री, ए, ए रे, ओ, ओ रे, ओ री आदि शब्द प्रयुक्त किये जाते हैं। यथा—

रे/ओ रे लड़के! ए/ऐ लड़के!

री/ओ री लड़की! ए/ऐ लड़की!

हे प्रभु! हे प्रभो! हे पिता! हे राम!

आजकल सम्बोधन का भाव प्रकट करने वाली संज्ञा के साथ सम्बोधन चिह्न (!) प्रायः नहीं लगाये जाते। उसकी जगह अल्पविराम (,) का चिह्न लगाया जाता है। यथा—

रे मूर्ख, सँभल जा।

हे प्रभो, मेरी रक्षा कीजिए।

तत्सम आकारान्त संज्ञा के 'आ' को 'ए' कर सम्बोधन बनाया जाता है। यथा—

सीता से सीते। नीरवता से नीरवते।

सीते, तुम कहाँ खो गयी।
विस्मृति आ, अवसाद घेर ले।
नीरवते, बस चुप कर दे। —कामायनी।

पद-परिचय

वाक्य में प्रयुक्त वह शब्द या शब्द-वर्ग जिसका कुछ अर्थ हो, (व्याकरण में) पद कहा जाता है। पद से समझा जाने वाला अर्थ पदार्थ कहा जाता है। पद होते हैं शब्द ही, पर वाक्य में पिरोये जाने पर। वाक्य से अलग रहने वाले शब्द मात्र शब्द कहे जाते हैं, पद नहीं।

हिन्दी व्याकरण में पद-परिचय के लिए पदच्छेद, पदान्वय, पद-निर्णय, पद-विन्यास, पद-विश्लेषण आदि शब्द भी प्रयुक्त होते हैं। पद-परिचय से तात्पर्य है—**वाक्य में प्रयुक्त प्रत्येक पद (संज्ञा, सर्वनाम, विशेषण, क्रिया, क्रियाविशेषण आदि) को अलग-अलग कर व्याकरण के नियमानुसार उसका स्वरूप और अन्य पदों से सम्बन्ध स्पष्ट करना।** आगे संज्ञा पद का परिचय प्रस्तुत किया जाता है।

संज्ञा का पद परिचय

वाक्य में प्रयुक्त संज्ञा पदों के परिचय से तात्पर्य है— उनका अन्वय-विश्लेषण कर पहचान करना एवं उनके भेद, लिंग, वचन, कारक आदि को स्पष्ट करते हुए उनका अन्य पदों से सम्बन्ध का संकेत या निर्देश करना। यथा—**सुरेश ने कहा कि मैं निराला की किताबें पढ़ चुका हूँ।**

इस वाक्य में तीन संज्ञापद हैं— सुरेश, निराला और किताबें। इनका परिचय इस प्रकार दिया जायेगा—

सुरेश — संज्ञा, व्यक्तिवाचक, पुंलिंग, एकवचन, कर्ताकारक एवं 'कहा' क्रिया का कर्ता।

निराला — संज्ञा, व्यक्तिवाचक, पुंलिंग, एकवचन, सम्बन्धकारक—जिसका सम्बन्ध 'किताबें' से है।

किताबें — संज्ञा, जातिवाचक, स्त्रीलिंग, बहुवचन, कर्मकारक एवं 'पढ़ चुका हूँ' क्रिया का कर्म।

इसी तरह और भी उदाहरण प्रस्तुत किये जा सकते हैं।

सर्वनाम

सर्वनाम शब्द का अर्थ है—सब (सर्व) नाम (संज्ञा) अर्थात् सब संज्ञाओं के बदले प्रयुक्त होने वाला शब्द। यह शाब्दिक अर्थ भर है, शुद्ध परिभाषा नहीं। पं. कामता प्रसाद गुरु के अनुसार **सर्वनाम वह विकारी शब्द है जिसे पूर्वापरसम्बन्ध से किसी भी संज्ञा (नाम) के बदले प्रयुक्त किया जाता है।** संज्ञा से केवल उसी वस्तु का बोध होता है जिसका वह नाम है, पर सर्वनाम की विशिष्टता और विलक्षणता यह है कि वह पूर्वापरसम्बन्ध के अनुसार किसी भी वस्तु का बोध कराता है। राम व्यक्तिवाचक संज्ञा है, अतः, 'राम' कहने से व्यक्ति विशेष का बोध होता है; श्याम, मोहन, सड़क, मकान; बुढ़ापा, सामीप्य; लोहा, सोना आदि का नहीं, जबकि 'वह' कहने से पूर्वापर सम्बन्ध के अनुसार किसी भी वस्तु का बोध होता है। संज्ञाएँ असंख्य हैं, पर सर्वनाम कुछ गिने-चुने ही हैं।

सर्वनाम के भेद

हिन्दी में कुल ग्यारह सर्वनाम हैं—मैं, तू, आप, यह, वह, जो, सो, कोई, कुछ, कौन और क्या। प्रयोग के अनुसार सर्वनाम के छह भेद माने जाते हैं। इन्हें अग्रांकित तालिका द्वारा प्रस्तुत किया जाता है। यथा—

सर्वनाम

१ पुरुषवाचक — २ निजवाचक — ३ निश्चयवाचक — ४ अनिश्चयवाचक — ५ सम्बन्धवाचक — ६ प्रश्नवाचक

पुरुषवाचक: उत्तम पुरुष — मध्यमपुरुष — अन्यपुरुष

कुछ लेखकों ने निर्देशवाचक, स्वामित्ववाचक को भी अलग से स्वीकार किया है, पर वस्तुतः वे भी उपरि वर्गों में ही सिमट जाते हैं।

१. पुरुषवाचक सर्वनाम–पुरुषों (पुरुष या स्त्री) के नामों के बदले प्रयुक्त किये जाने वाले सर्वनामों को पुरुषवाचक सर्वनाम कहा जाता है।

वक्ता की दृष्टि से विचार करने पर तीन प्रकार के पुरुष प्रत्यक्ष होते हैं–(क) बोलने वाला, अर्थात् वक्ता, (ख) जिससे बोला जा रहा है, अर्थात् श्रोता, और (ग) जिसके बारे में बोला जा रहा है, अर्थात् अन्य। व्याकरण में इन्हें ही उत्तम (प्रथम) पुरुष, मध्यम (द्वितीय) पुरुष और अन्य (तृतीय) पुरुष कहा जाता है। इनके सर्वनाम इस प्रकार हैं–

पुरुषवाचक सर्वनाम	**एकवचन**	**बहुवचन**
उत्तम पुरुष	मैं/हम	हम/हमलोग
मध्यम पुरुष	तू/तुम/आप	तुम/तुमलोग/आपलोग
अन्य पुरुष	वह/वे	वे/वे लोग
–	यह/ये/आप	ये/ये लोग/आपलोग

पुरुषवाचक सर्वनाम के प्रयोग में कतिपय ध्यान देने की बातें बड़े महत्व की हैं–

१. उत्तमपुरुष एकवचन में 'मैं' के बदले 'हम' एवं उससे बनने वाले रूपों (हमने, हमको आदि) के प्रयोग होते हैं। अतः बहुवचन में स्पष्टता के लिए 'हम' के साथ 'लोग' लगा कर बनाये गये रूप प्रयुक्त किये जाते हैं।

२. मध्यमपुरुष एकवचन में 'तू' का प्रयोग ईश्वर, बच्चों और अनेक बार घनिष्ठ मित्रों आदि के प्रति प्यार, स्नेह, घृणा, आदर, अनादर आदि प्रकट करने के लिए किया जाता है, पर 'तू' की जगह 'तुम' और उससे बने रूपों (तुमने,

तुमसे आदि) का प्रयोग करना अच्छा समझा जाता है। बहुवचन में 'तुम' के साथ 'लोग' लगा कर बनाये गये रूप प्रयुक्त किये जाते हैं[१]।

३. अन्यपुरुष में दूर की वस्तु के लिए 'वह' और निकट की वस्तु के लिए 'यह' प्रयुक्त होता है। आदरार्थ प्रयोग में 'वह' का 'वे' और उससे बने रूप एवं 'यह' का 'ये' एवं उससे बने रूप प्रयुक्त किये जाते हैं। आदरार्थ बहुवचन के लिए 'लोग' या 'लोगों' लगाना चाहिए।

४. मध्यम पुरुष में 'तुम'/'तुम लोग' एवं अन्य पुरुष में 'ये'/'ये लोग' की जगह आदरार्थ 'आप'/'आप लोग' प्रयुक्त होते हैं एवं क्रिया सदा अन्यपुरुष एकवचन की लगती है। यथा—

यह आपकी किताब है (—'तुम्हारी किताब' की जगह)।
मोहन! तुम जाओ, आप भी जा रहे हैं (—'ये भी' की जगह)।

५. पुरुषवाचक सर्वनाम के स्वामित्व बोधक रूप (मेरा, तुम्हारा, हमारा आदि) के लिए 'अपना' (अपने/अपनी) प्रयुक्त होता है। यथा—

मैं अपनी किताब पढ़ रहा हूँ (—मेरी किताब नहीं)।
तुम अपनी किताब पढ़ो (—तुम्हारी किताब नहीं।)

---

१. "हम thought considered to be plural is used as singular also, **specially in the Eastern parts of Hindi area.** It seams to be derived from अहम् and its derivation sanctions its singular used तुम is considered by grammarians to be plural, but is used in the singular. It is derived from त्वम्। Thus हम and तुम both are really singulars and to denote pluralily लोग is used with हम and तुम • वे is considered also as plural but is also used as an honorific third person singular pronoun. To denote clear plurality लोग is added to वे also......It is better to avoid the use of तू unless the speaker is sure about the inferior status of the person addressed to, and for a foreigner it is better to avoid its use, otherwise the person addressed may take offence to its use. तू, तुम and आप are used taking into consideration the status of the person addressed to. If the man addressed to is an elderly or a respected person or of equal status but without familiarity आप should be used. Between friends or person on very intimate terms तुम may be used. **Perhaps it is thoughtless to treat तुम as plural.** In Hindi, really हम लोग, तुम लोग and वे लोग are plural personal pronouns. यह and वह should not be used in the plurae. Even in case of वे often लोग is added to denote clear plurality.

—Murlidhar Srivastave, **The Elements of Hindi Grammar**
Motilal Banarsidas, 1969, PP. 56-57

६. अवधारण (निश्चय) के अर्थ में 'ही'/'हीं' प्रत्यय जुटता है। यथा मैं– मैं ही, तू– तू ही, आप– आप ही, अपना–अपना ही, वह-वही/वहीं, यह-यही/यहीं आदि।

निजवाचक सर्वनाम

निजवाचक सर्वनाम 'आप' है। आप के स्थान पर बहुधा 'स्वयं' अथवा 'खुद' का भी प्रयोग होता है। वह किसी संज्ञा या सर्वनाम के बदले प्रयुक्त होकर उसके स्वत्व का बोध कराता है। पुरुषवाचक सर्वनाम 'आप' से निजवाचक सर्वनाम 'आप' में प्रयोगजन्य अन्तर को ध्यान में रखना आवश्यक है। यथा–

१. पुरुषवाचक 'आप' मुख्यतः मध्यम पुरुष और कभी-कभार अन्यपुरुष के लिए प्रयुक्त होता है, पर निजवाचक 'आप' तीनों पुरुषों के लिए आता है। यथा–

मैं आप चला जाऊँगा; तुम अपने आप खा लेना; वह अपने आप चला गया।

२. पुरुषवाचक 'आप' एकवचन होकर भी आदरार्थ बहुवचन में प्रयुक्त होता है। यथा–राम ने मोहन से पूछा–आप कहाँ जा रहे हैं? पर निजवाचक 'आप' दोनों वचनों में एक ही रूप में आता है–

मैं आप आ जाऊँगा।	हमलोग आप आ जायेंगे।
तुम आप आओगे।	तुमलोग आप आओगे।
वे/वे लोग आप आयेंगे।	

३. पुरुषवाचक 'आप' कर्ता के रूप में प्रयुक्त होता है, पर निजवाचक 'आप' कर्ता का बोधक होता है, स्वयं कर्ता नहीं होता, अर्थात् वह अकेले आता है, पर यह किसी संज्ञा या सर्वनाम के साथ। इसके उदाहरण ऊपर आ चुके हैं।

४. अवधारण के अर्थ में 'आप' और उसके अन्य रूपों के साथ 'ही' जोड़ा जाता है। यथा–

मैं आप ही आ जाऊँगा।
राम अपनी ही किताब पढ़ता है।
वे अपने ही गाँव गये हैं।

निश्चयवाचक सर्वनाम

जिस सर्वनाम से वक्ता के पास या दूर की किसी वस्तु का निश्चयात्मक बोध हो उसे निश्चयवाचक सर्वनाम कहते हैं। यथा– यह, वह।

यह ले लो। – निकटवर्त्ती।
वह तुम ले आओ। – दूरवर्त्ती।

अवधारण के अर्थ में 'यह' और 'वह' में 'ई' जुट जाता है। यथा–

तुम यही ले लो। तुम वही ले आओ।

अनिश्चयवाचक सर्वनाम

जिस सर्वनाम से किसी वस्तु का निश्चित बोध नहीं होता है, उसे अनिश्चयवाचक सर्वनाम कहते हैं। यथा–कोई, कुछ।

कोई आयेगा। कोई संन्यासी होगा।

कुछ दे दो। कुछ चावल चाहिए।

प्रायः चेतन प्राणी और विशाल वृक्ष आदि के लिए 'कोई' का और छोटे जीव-जन्तुओं, कीड़े-मकोड़ों और जड़ पदार्थों के लिए 'कुछ' का प्रयोग किया जाता है। यथा– उपरि उदाहरणों में। किन्तु इसके अपवाद भी मिलते हैं। यथा– कुछ संन्यासी आ चुके हैं। इस प्रकार के प्रयोग में 'कुछ' अनिश्चित संख्यावाचक विशेषण-सा होता है। सर्वनाम रूप में 'कुछ' केवल कर्त्ता और कर्म कारक में निर्विभक्ति रूप में प्रयुक्त होता है।

सम्बन्धवाचक सर्वनाम

जिस सर्वनाम का प्रयोग वाक्य में प्रयुक्त किसी अन्य सर्वनाम से सम्बन्ध सूचित करने के लिए किया जाये, वह सम्बन्धवाचक सर्वनाम होता है। यथा–जो, सो।

वह कौन है, जो सो रहा है। वह क्या है, जो दिखाई पड़ रहा है?

जो पढ़ेगा, सो पास होगा। जो कमायेगा, सो खायेगा।

क. आजकल 'जो' के साथ 'वह' ('वे') का प्रयोग किया जाता है। 'जो' के साथ 'सो' का प्रयोग प्रायः मुहावरों तक सीमित रह गया है।

ख. दोनों वचनों में 'जो' का एक ही रूप रहता है।

प्रश्नवाचक सर्वनाम

जिस सर्वनाम का प्रयोग प्रश्न पूछने के लिए होता है, उसे प्रश्नवाचक सर्वनाम कहते हैं। यथा– कौन, क्या।

कौन पढ़ रहा है? क्या खरीदोगे?

कौन कह रहा था? क्या कर रहे हो?

सामान्यतः चेतन प्राणी के लिए 'कौन' का और जड़ पदार्थ के लिए 'क्या' का प्रयोग किया जाता है।

संयुक्त सर्वनाम

सर्वनाम के उपरिवर्णित छह प्रकारों के अतिरिक्त एक और प्रकार संयुक्त सर्वनाम है। इसे पहली बार आर्येन्द्र शर्मा **(ए बेसिक ग्रामर ऑफ मॉडर्न) हिन्दी,** प्रकाशक--केन्द्रीय हिन्दी निदेशालय, शिक्षा-मंत्रालय, भारत सरकार) ने स्वीकृत-विवेचित किया। तदनन्तर इसकी चर्चा औरों द्वारा भी की जाने लगी। रूसी विद्वान दीमशित्स के अनुसार सर्वनाम के अन्य भेदों से संयुक्त सर्वनाम की "भिन्नता इसलिए है, क्योंकि उनमें एक शब्द नहीं, बल्कि एक से अधिक शब्द होते हैं। संयुक्त सर्वनाम स्वतन्त्र रूप से या संज्ञा शब्दों के साथ भी प्रयुक्त होता है।" यथा– कोई कोई, सब कोई, हर कोई, और कोई कोई और, कोई-न-कोई, कुछ-का-कुछ, कुछ-न-कुछ, सब कुछ, कुछ कुछ, कुछ और, और कुछ, कौन कौन, क्या क्या आदि।

जो कोई — जो कोई आये, उसका स्वागत है।
जो कुछ — जो कुछ मिले, रख लो।
जो-जो — जो-जो आये, उसे बैठाओ।
कोई-कोई — कोई-कोई रात में काम करता है।
कोई.....कोई — कोई आ रहा है, कोई जा रहा है।
कौन-कौन — मेरे साथ कौन-कौन चलेगा।

कई सर्वनाम ऐसे भी हैं जिन्हें किसी उपरि वर्ग में स्थान नहीं मिला है। उनके निमित्त **विविध वर्ग** कल्पित हो सकता है। इस वर्ग में कई सर्वनाम आयेंगे। यथा–अमुक, फलां/फलाना, बहुत, परस्पर, एक-दूसरे, आपस में/आपस की आदि।

सर्वनाम के रूपान्तर

१. सर्वनाम का रूपान्तर पुरुष, वचन और कारक के अनुरूप होता है। लिंग भेद के कारण रूपान्तर नहीं होता। यथा–

वह खाता है। वह खाती है।
यह खाता हे। यह खाती है।

२. संज्ञा की तरह ही सर्वनाम के भी दो वचन होते हैं–एकवचन और बहुवचन। पुरुषवाचक और निश्चयवाचक सर्वनामों के अतिरिक्त शेष सर्वनाम सविभक्तिक प्रयुक्त होने पर दोनों वचनों में समान रूप में ही रहते हैं।

३. सर्वनाम का सम्बोधन नहीं होता। कारकीय विभक्तियाँ लगने से सर्वनामों के रूपों में विकृति होती है। यथा– **मैं**– मुझे, मुझको, मुझसे, मेरा; **तुम**– तुम्हें, तुमसे, तुझसे, तुमको, तुझको, तुम्हारा; **हम**– हमें, हमारा, हमको, हमसे;

वह— उसे, उससे, उसने, उसमें, उसको, उनको, उन्होंने; **यह**— इसे, इससे, इसने, इन्होंने, इनको, इन्हें; **कौन**— किसे, किसने, किसको आदि।

सर्वनाम की रूप-रचना
मैं-(उत्तमपुरुष)

कारक	एकवचन	बहुवचन
कर्ता	मैं/मैंने	हमने/हमलोग ने
	हम/हमने	हमलोग ने/हमलोगों ने
कर्म	मुझे /मुझको	हमें/हमको/हमलोगों को
करण	मुझसे	हमसे/हमलोगों से
सम्प्रदान	मुझे/मुझको	हमें/हमको/हमलोगों को
अपादान	मुझसे	हमसे/हमलोगों से
सम्बन्ध	मेरा (-रे, -री)	हमारा, हमारे, हमारी
		हमलोगों का, हमलोगों के, हमलोगों की
अधिकरण	मुझ में, मुझ पर	हममें, हम पर, हमलोगों में, हमलोगों पर

तू— (मध्यम पुरुष)

कारक	एकवचन	बहुवचन
कर्ता	तू/तुम	तुम/तुम लोग
	तूने/तुमने	तुमने/तुम लोगों ने
कर्म	तुझे/तुझको	तुम्हें/तुम लोगों को
करण	तुझसे/तेरे द्वारा	तुमसे/तुम्हारे से/तुमलोगों से
सम्प्रदान	तुझे/तुझको/तेरे लिए	तुम्हें/तुम्हारे लिए/तुमलोगों के लिए
अपादान	तुझसे	तुमसे/तुम लोगों से
सम्बन्ध	तेरा/तेरे/तेरी	तुम्हारा/-रे/-री तुम लोगों का/-के/-की
अधिकरण	तुझमें/तुझ पर	तुममें/तुम लोगों में, तुम लोगों पर

वह— (अन्य पुरुष)

कारक	एकवचन	बहुवचन
कर्त्ता	वह/उसने	वे/उन्होंने/उनने/उन लोगों ने
कर्म	उसे/उसको	उन्हें/उनको/उन लोगों को
करण	उससे/उसके द्वारा	उनसे/उनके द्वारा/उन लोगों से /-द्वारा
सम्प्रदान	उसे/उसको/उसके लिए	उन्हें/उनको/उनके लिए/उन लोगों को/-द्वारा

अपादान	उससे	उनसे/उन लोगों से
सम्बन्ध	उसका/-के/-की	उनका/-के/-की/उन लोगों का/-के/-की
अधिकरण	उसमें/उस पर	उनमें/उन पर/उन लोगों में/—पर

यह— (अन्य पुरुष)

कारक	**एकवचन**	**बहुवचन**
कर्त्ता	यह/इसने	ये/इन्होंने/इन लोगों ने
कर्म	इसे/इसको	ये/इन्हें/इनको/इनलोगों को
करण	इससे	इनसे/इन लोगों से
सम्प्रदान	इसे/इसको	इन्हें/इनको/इन लोगों को
अपादान	इससे	इनसे/इन लोगों से
सम्बन्ध	इसका/-के/-की	इनका/-के/-की/इनलोगों का/-के/-की
अधिकरण	इसमें/इसपर	इनमें/इनपर/इन लोगों पर

आप— (आदरार्थक)

कारक	**एकवचन**	**बहुवचन**
कर्त्ता	आपने	आपलोगों ने
कर्म	आपको	आपलोगों को
करण	आपसे	आपलोगों से
सम्प्रदान	आपको/-के लिए	आपलोगों को/-के लिए
अपादान	आपसे	आपलोगों से
सम्बन्ध	आपका/-के/-की	आपलोगों का/-के/-की
अधिकरण	आपमें/आपपर	आपलोगों में/आपलोगों पर

आप— (निजवाचक)

कारक	**एकवचन**	**बहुवचन**
कर्त्ता	आप/अपने-आप	मैं आप/अपने-आप आऊँगा।
		हम लोग आप/अपने आयेंगे।
कर्म/सम्प्र.	आपको/अपने को/	तुम अपने-आपको मत बिगाड़ो।
	अपने-आप को	तुम लोग अपने-आपको मत बिगाड़ो।

करण/अपा.	अपने से/आपसे/ अपने-आप से	मोहन ने अपने से खा लिया। तुम अपने से उसे न करना।
सम्बन्ध	अपना/-ने/-नी	राम ने अपनी रोटी खा ली।
अधिकरण	आप में/अपने में/ आपस में/अपने लोगों में	तुम लोग अपने में/आपस में मत झगड़ो।

कोई— (अनिश्चयवाचक)

कारक	एकवचन	बहुवचन
कर्त्ता	कोई/किसने	कोई/किन्हीं ने
कर्म	किसी को	किन्हीं को
करण	किसी से	किन्हीं से
सम्प्रदान	किसी को/-के लिए	किन्हीं को/-के लिए
अपादान	किसी से	किन्हीं से
सम्बन्ध	किसी का/-के/-की	किन्हीं का/-के/-की
अधिकरण	किसी में/-पर	किन्हीं में/-पर

जो— (सम्बन्धवाचक) कौन— (प्रश्नवाचक)

	जो		कौन	
कर्त्ता	जो/जिसने	जो/जिनके/जिन्होंने	कौन/किसने	किनने/किन्होंने
कर्म	जिसे/जिसको	जिन्हें/जिनको	किसे/किसको	किन्हें/किनको
करण	जिससे	जिनसे	किससे	किनसे
सम्प्रदान	जिसको	जिनको	किसको	किनको
अपादान	जिससे	जिनसे	किससे	किनसे
सम्बन्ध	जिसका/-के/-का/-की	जिन/-के/की	किसका-के/-की	किनका-के/-की
अधिकरण	जिसमें	जिनमें	किसमें	किनमें
	जिस पर	जिन पर	किस पर	किन पर

'क्या' सदा एक रूप में ही रहता है। वह कर्त्ता और कर्म कारक में एकवचन में निर्विभक्तिक प्रयुक्त होता है। यथा— क्या हुआ?, क्या लोगे? अन्य कारकों में इसका रूप 'कौन' की तरह ही चलता है।

सर्वनाम का पद-परिचय

सर्वनाम के पद-परिचय में सर्वनाम, सर्वनाम-भेद के साथ ही उसका पुरुष, लिंग, वचन, कारक एवं दूसरे पदों से सम्बन्ध बताया जाता है। यथा–

वह अपना काम करता है।

उपरि वाक्य में दो सर्वनाम हैं–वह और अपना।

वह – पुरुषवाचक सर्वनाम, अन्यपुरुष, पुंलिंग, एकवचन, कर्त्ताकारक और 'करता है' क्रिया का कर्त्ता है।

अपना – निजवाचक सर्वनाम, अन्यपुरुष, पुंलिंग, एकवचन, सम्बन्ध कारक एवं 'काम' संज्ञा का विशेषण है।

विशेषण

संज्ञा की विशेषता बता कर उसकी अर्थ-व्याप्ति को सीमित करने वाले शब्द विशेषण कहे जाते हैं। यथा–लाल, काला, अच्छा, बुरा, बड़ा, छोटा आदि।

इन शब्दों के प्रयोग से संज्ञा के अर्थ की विशेषता तो प्रकट होती है, पर उनके अर्थ की व्याप्ति सीमित भी हो जाती है। 'घोड़ा' शब्द से उसकी पूरी जाति का बोध होता है, पर 'लाल घोड़ा' कहने से उसकी व्याप्ति सीमित भी होती है–सभी घोड़े नहीं, केवल लाल रंग का घोड़ा।

जो संज्ञा की विशेषता बताये, वह 'विशेषण' और **जिसकी विशेषता बतायी जाये, वह 'विशेष्य' कहा जाता है।** यह काला है, वह लाल है; वह बड़ा है और यह छोटा है; जैसे वाक्यों में प्रयुक्त काला, लाल, बड़ा और छोटा विशेषण हैं, किन्तु यह मानना गलत है कि ये विशेषण सर्वनाम (यह, वह) की विशेषता बता रहे हैं। सर्वनाम की विशेषता बताने वाले शब्द (काला आदि) यथार्थतः उन संज्ञाओं की विशेषताएँ बतला रहे हैं, जिनके स्थान पर ये प्रयुक्त हुए हैं। ध्यातव्य है कि सर्वनाम सदा संज्ञा के स्थान पर ही प्रयुक्त होते हैं।

विशेषण के भेद

विशेषण में मुख्य भेद तीन हैं– सार्वनामिक विशेषण, गुणवाचक विशेषण और संख्या वाचक विशेषण। इनके और भी कई उपभेद होते हैं, जिन्हें तालिका द्वारा स्पष्ट किया जाता है–

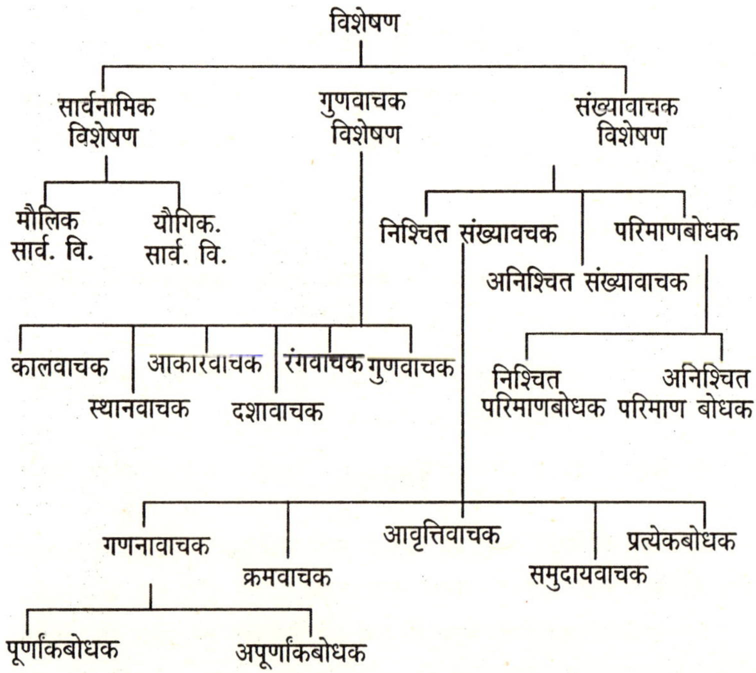

इस तालिका से विदित होता है कि उपभेद सहित कुल सत्रह प्रकार के विशेषण होते हैं।

१. सार्वनामिक विशेषण

विशेषण की तरह प्रयुक्त किये जाने वाले सर्वनाम सार्वनामिक विशेषण कहे जाते हैं। संकेत का बोध करने के कारण ये संकेतवाचक भी कहे जाते हैं। यथा– यह, वह, ऐसा, वैसा आदि। पुरुषवाचक और निजवाचक सर्वनाम (मैं, तू, आप) से भिन्न सर्वनाम इस वर्ग में आते हैं। सर्वनाम और सर्वनामिक विशेषण में अन्तर ध्यान में रखना आवश्यक है– **सर्वनाम अकेले आता है, पर सार्वनामिक विशेषण किसी संज्ञा के साथ। यथा–**

सर्वनाम – यह ले लो, वह आ रहा है।

विशेषण – यह किताब ले लो; वह मकान गिर गया।

व्युत्पत्ति की दृष्टि से सार्वनामिक (संकेतवाचक) विशेषण के दो भेद होते हैं– **मौलिक** (मूल) और **यौगिक**।

क. मौलिक सार्वनामिक विशेषण : जो अपने मूल रूप में बिना रूपान्तर के ही संज्ञा के पहले आते हैं, यथा– **यह** लड़का, **वह** मकान, **कोई** आदमी आदि।

ख. यौगिक सार्वनामिक विशेषण : जो मूल सर्वनाम में प्रत्यय लगा कर बनाये जाते हैं। ये साधित सार्वनामिक विशेषण भी कहे जाते हैं। **यथा**– ऐसा वैसा, कैसा, जैसा आदि। इनसे प्रकार का बोध होता है, इसलिए ये **प्रकारवाचक** भी कहे जाते हैं। यथा– **ऐसा** आदमी, **जैसा** देश; **कैसा** मकान आदि।

2. गुणवाचक विशेषण

जो अपने विशेष्य (संज्ञा) के गुण का बोध कराये, वह गुणवाचक विशेषण कहा जाता है। व्यापक अर्थ में गुण कई प्रकार के हो सकते हैं। इस आधार पर गुणवाचक विशेषण के अग्रांकित छह प्रकार माने जाते हैं–

क. कालवाचक : जो समय अर्थात् काल सम्बन्धी गुण बताये–**आधुनिक** विचार, **पुराना** मकान, **टिकाऊ** वस्तु, **आगामी** महीना, **नयी** किताब आदि।

ख. स्थानवाचक : जो स्थान विषयक गुण बताये– **बनारसी** साड़ी, **शहरी** आदमी, **ऊँचा** मकान, **नयी छत, स्थानीय** समाचार, **ग्रामीण** व्यक्ति आदि।

ग. आकारवाचक : जिससे केवल आकार विषयक गुण का बोध हो– **लम्बा** आदमी, **गोल** घर, **चौड़ा** मैदान, **सुडौल** शरीर, **नुकीली** कलम आदि।

घ. दशावाचक : जिससे किसी की दशा का बोध हो। यथा– **दुबला** व्यक्ति, **मोटी** पुस्तक, **गरम** पानी, **बीमार** आदमी, **गीला** कपड़ा, **गाढ़ा** दूध, **स्वस्थ** बालक आदि।

ङ. रंग (वर्ण) वाचक : जिससे विशेष्य के रंग का बोध हो– **लाल** कपड़ा, **पीला** फूल, **हरी** पत्ती, **कजरी** गाय, **सफेद** बकरी, **नीली** आँखें, **सुनहरा** दिन आदि।

च. गुणवाचक : जिससे विशेष्य के किसी गुण का बोध हो– **भला** लड़का, **उचित** मजदूरी, **कुरूप** व्यक्ति, **झूठा** आदमी, **सच्चा** संन्यासी, **दानी** व्यक्ति आदि।

विशेषणों में सर्वाधिक संख्या इस वर्ग के विशेषणों की है। इस वर्ग के विशेषणों में सादृश्यवाचक पद **'सा'** लगा कर गुणों में कमी की जाती है। यथा–**बड़ा-सा** पेड़-**छोटा-सा घर,** ऊँचा-सा मकान, **लम्बा**-सा आदमी आदि।

३. संख्यावाचक विशेषण

जो विशेषण अपने विशेष्य की संख्या विषयक विशेषता बताये, वह संख्यावाचक विशेषण कहा जाता है। संख्या निश्चित भी हो सकती है और अनिश्चित भी। इस आधार पर **इसके तीन भेद** होते हैं–**(अ) निश्चित संख्या वाचक,** यथा–एक, दो, तीन आदि, **(ब) अनिश्चित संख्यावाचक,** यथा–कुछ आम, थोड़े आदमी आदि, और (स) **परिमाण बोधक** यथा–दो किलो दूध, चार मीटर कपड़ा, बहुत धन, पूरा आनन्द आदि।

प्रयोग के अनुसार निश्चित संख्यावाचक विशेषण के अग्रांकित प्रकार माने जाते हैं–

क. गणनावाचक : एक, दो, तीन आदि।

ख. क्रमवाचक : पहला, दूसरा, तीसरा आदि।

ग. आवृत्तिवाचक : दूना, तिगुना, चौगुना आदि।

घ. समुदायवाचक : दोनों, तीनों, चारों आदि।

ड. प्रत्येक बोधक : इससे कई वस्तुओं में प्रत्येक/हर-एक का बोध कराया जाता है। यथा– प्रत्येक दिन, हर-एक आदमी, हर तीसरे दिन, प्रति वर्ष, दो-दो छात्र, सवा-सवा किलो गेहूँ, पाँच-पाँच रुपये आदि।

गणनावाचक विशेषण के दो उपभेद होते हैं– पूर्णांक बोधक और अपूर्णांक बोधक।

क. पूर्णांकबोधक : एक, दो, बीस, हजार आदि।

ख. अपूर्णांकबोधक : पाव, पौन, सवा, ढाई आदि।

सामान्यतः बड़ी-बड़ी निश्चित और पूर्णांक बोधक संख्याएँ अंकों में एवं छोटी और बड़ी सभी अनिश्चित अपूर्णांकबोधक संख्याएँ शब्दों में लिखनी चाहिए।

निश्चित संख्यावाचक के अन्तर्गत आनेवाले गणनावाचक विशेषण (चार, पाँच, बीस, एक सौ आदि) के पूर्व 'लगभग' या 'करीब' अथवा पश्चात् 'एक' या 'ओर' प्रत्यय लगाने से भी अनिश्चित संख्यावाचक विशेषण बनाया जाता है। यथा–

लगभग बीस छात्र, करीब साठ घोड़े।

सौ-एक छात्र, पचासों स्त्रियाँ।

अनेक बार गणनावाचक विशेषण के निकटवर्ती गणनावाचक विशेषण का समास करके भी अनिश्चित अर्थ प्रकट किया जाता है। यथा– तीन-चार आदमी, चालीस-पचास पुस्तकें, दस-बारह घोड़े आदि।

स. परिमाणबोधक विशेषण : जो किसी वस्तु की नाप-तौल (परिमाण) का बोध कराये, उसे परिमाणबोधक विशेषण कहा जाता है। इसके भी दो उपभेद होते हैं–

क. निश्चित परिमाणबोधक : किलोभर आटा, चार मीटर कपड़ा, दो हाथ जगह आदि।

ख. अनिश्चित परिमाणबोधक : थोड़ा घी, सब चावल, कुछ पानी आदि।

प्रविशेषण

विशेषणों के विशेषण को प्रविशेषण कहा जाता है। अनेक बार वाक्यों में प्रयुक्त विशेषणों को विशेषता बताने वाले शब्द भी प्रयुक्त होते हैं, वे ही प्रविशेषण होते हैं—यथा—'राम तेज छात्र है' वाक्य में 'तेज' शब्द छात्र (संज्ञा) का विशेषण है, किन्तु यदि वाक्य इस प्रकार हो—'राम बहुत तेज छात्र है', तो 'बहुत' शब्द विशेषण (तेज) का विशेषण हो जायेगा। इसे ही **अन्तर्विशेषण** भी कहा जाता है। अग्रांकित वाक्यों में मोटे-काले अक्षरों में मुद्रित शब्द प्रविशेक्षण हैं। यथा—

भारतीय **बड़े** बहादुर होते हैं। नीलिमा **अत्यन्त** सुन्दर है।

असमी चादर **हल्की** लाल होती है। नागपुरी सन्तरे **बड़े** मीठे होते हैं।

तुलनात्मक विशेषण

दो या दो से अधिक वस्तुओं या भावों के गुणों के मिलान को तुलना कहते हैं। **तुलना या परस्पर मिलान हेतु प्रयुक्त किये जाने वाले विशेषण तुलनात्मक विशेषण कहे जाते हैं। यथा—**

राम मोहन से **अच्छा** है—

राम मोहन से **अधिक अच्छा** है।

१. हिन्दी (तद्भव) शब्दों में 'से', 'अपेक्षा'; 'सामने'; 'बनिष्बत;' 'सबसे 'सबमें' जैसे शब्द लगा कर विशेषणों की तुलना की जाती है। यथा—

राम की **अपेक्षा** श्याम अधिक चालाक है।

राम की **बनिस्बत** सीमा पढ़ने में तेज है।

मोहन **सबसे** तेज है। मोहन **सबमें** तेज है।

२. प्रयोग की दृष्टि से विशेषण की तीन अवस्थाएँ होती हैं—**मूलावस्था, उत्तरावस्था** और **उत्तमावस्था**। मूलावस्था में विशेषण अपने मूल रूप में रहता है। संस्कृत से आगत तत्सम शब्दों में **उत्तरावस्था** (दो की तुलना कर) दिखाने के लिए **'तर'** और **उत्तमावस्था** दिखाने के लिए **'तम'** लगाया जाता है। यथा—

मूलावस्था	**उत्तरावस्था**	**उत्तमावस्था**
गुरु	गुरुतर	गुरुतम
अधिक	अधिकतर	अधिकतम
कठिन	कठिनतर	कठिनतम
उच्च	उच्चतर	उच्चतम

प्रिय	प्रियतर	प्रियतम
श्रेष्ठ	श्रेष्ठतर	श्रेष्ठतम
लघु	लघुतर	लघुतम
निम्न	निम्नतर	निम्नतम
ज्येष्ठ	ज्येष्ठतर	ज्येष्ठतम
बृहत्	बृहत्तर	बृहत्तम
महत्	महत्तर	महत्तम
उत्कृष्ट	उत्कृष्टतर	उत्कृष्टतम
सुन्दर	सुन्दरतर	सुन्दरतम
कोमल	कोमलतर	कोमलतम

संस्कृत से आगत ऐसे तत्सम शब्द अपेक्षया कम हैं। तद्भव शब्दों में 'तर' के स्थान पर 'से' और 'में' का एवं 'तम्' के स्थान पर 'सबसे' और 'सबमें' शब्द प्रयुक्त होते हैं।

अनेक बार 'से कहीं', 'से बढ.कर', 'से अधिक' 'से भी अधिक', 'से भी ज्यादा', 'से कम', 'से कुछ कम', 'से भी कुछ कम', जेसे प्रत्यय-पदों के प्रयोग द्वारा भी उत्तरावस्था का बोध कराया जाता है। यथा—

से कहीं — श्याम राम से कहीं तेज है।

से बढ़कर — चालाकी में राम श्याम से बढ़ कर है।

से अधिक — यह पेड़ उस पेड़ से अधिक घना है।

से भी अधिक — श्याम राम से भी अधिक भला है।

उत्तरावस्था में विशेषण का प्रयोग दो वस्तुओं/भावों की तुलना करने के लिए होता है एवं दोनों में से किसी एक का गुण या दोष अधिक बताया जाता है। यथा—उपरि उदाहरणों में। इसके विपरीत **उत्तमावस्था** में किसी वस्तु या भाव को सर्वोत्तम या सबसे खराब बताने के लिए विशेषण का प्रयोग होता है। यथा—

अपनी क्लास में मोहन **सबसे तेज दौड़ने वाला है।**

राम अपने विद्यालय में **सबसे मोटा लड़का है।**

३. कुछ ऐसे भी विशेषण होते हैं, जिनकी मात्रा नहीं होती, क्योंकि वे कम या अधिक हो ही नहीं सकते। अतः उनकी तुलना नहीं होती। उनके साथ 'कम' या 'अधिक' का प्रयोग नहीं होता। यथा—पूर्ण, असम्भव, अद्वितीय, अनुपम, अमूल्य, ईमानदार, बेईमान, सच, सच्चा, झूठा आदि। अग्रांकित वाक्यों को देखें—

राम अद्वितीय है।	राम श्याम से अद्वितीय है।
श्याम बेईमान है।	श्याम मोहन से अधिक बेईमान है।
यह फल अनुपम है।	यह फल उस फल से अनुपम है।
राम झूठा है।	राम श्याम से कम झूठा है।

उपरि वाक्यों में बाँयी ओर के वाक्य-प्रयोग ठीक हैं। दायीं ओर के वाक्यों में तुलना का रूप है जो निरर्थक हैं। वैसे अर्थहीन प्रयोगों से बचें।

विशेष्य और विशेषण में सम्बन्ध

वाक्य में विशेषण दो प्रकार से प्रयुक्त होते हैं—विशेष्य के पहले और विशेष्य के बाद। विशेष्य के पूर्व आने वाले **विशेष्य-विशेषण** एवं विशेष्य और क्रिया के बीच आने वाले **विधेय-विशेषण** कहे जाते हैं। यथा—

राम **सुन्दर** बालक है। — विशेष्य-विशेषण
राधा **सुशील** बालिका है। — विशेष्य-विशेषण
तुम्हारी किताब **मोटी** है। — विधेय-विशेषण
आपका पुत्र **तेज** है। — विधेय-विशेषण

क. विशेषण विशेष्य के पहले आये या बाद में, दोनों स्थितियों में विशेषण के लिंग, वचन आदि विशेष्य के लिंग वचन आदि के अनुरूप बदल जाते हैं। यथा—

लड़का अच्छा है। लड़के अच्छे हैं। लड़की अच्छी है।

ख. एक ही विशेषण के अनेक विशेष्य होने पर विशेषण के लिंग, वचन आदि समीपवर्ती विशेष्य के लिंग, वचन आदि के अनुसार होते हैं। यथा—

यहाँ कुछ छोटे लड़के और लड़कियाँ हैं।
यहाँ दो उजले कोट ओर कमीज हैं।
वहाँ नयी धोती और कुरता है।
वहाँ नयी महिलाएँ और पुरुष हैं।

विशेषणों की रचना

क. कुछ शब्द मूलतः विशेषण होते हैं। वे विकारी और अविकारी, दो प्रकार के होते हैं। **अविकारी विशेषणों के रूप सदा अपरिवर्तित रहते हैं।** वे मूल रूप में बने रहते हैं। यथा—गोल, लाल, भारी, सुन्दर, कोमल, चंचल, सुडौल, तेज आदि। सामान्यतः अकारान्त विशेषण अविकारी और आकारान्त विशेषण विकारी होते हैं। यथा— अच्छा, बुरा, काला, पीला, उजला, दायाँ, बायाँ, गहरा आदि। **विकारी विशेषणों के लिंग और वचन विशेष्य के लिंग और वचन के अनुरूप परिवर्तित होते हैं।** यथा—

वह अच्छा लड़का है। वह अच्छी लड़की है।

वे अच्छे लड़के हैं। वे अच्छी लड़कियाँ हैं।

इसी प्रकार चौड़ी सड़क, चौड़ा मैदान, लम्बा पुरुष, लम्बी महिला आदि।

२. उर्दू से आगत कुछ ऐसे भी आकारान्त विशेषण हैं जो अविकारी हैं। अर्थात् विशेष्य के अनुरूप उनके लिंग, वचन आदि नहीं बदलते। यथा—

जरा, खफा, जुदा, उम्दा, पेचीदा, चुनिन्दा, ज्यादा, घटिया, ताजा, बढ़िया, शर्मिन्दा आदि। प्रयोग—

यह साड़ी उम्दा है। यह मकान उम्दा है।

यह धोती बढ़िया है। यह आदमी बढ़िया है।

इसी प्रकार 'ताजा खबर', 'ताजा हवा', 'ताजा जलेबियाँ', 'ताजा समोसे;' 'ताजा चाय' आदि प्रयोग शुद्ध हैं, किन्तु अकारान्त विशेषण की तरह 'ताजा' का 'ताजे' और 'ताजी' रूप भी बना लेने का चलन है। यथा—

समोसे ताजे बन रहे हैं।

अभी रोटी ताजी बन रही है।

टिप्पणी—उर्दू आकारान्त विशेषण **'जरा'** में 'सा' या 'सी' लगा कर पुंलिंग और स्त्रीलिंग बनाया जाता है। 'जरा' को 'जरी' बना कर नहीं। यथा—

उसकी **जरा-सी** झलक मिली। उसका **जरा-सा** आकार दिखायी पड़ा।

ख. कुछ शब्द मूलतः विशेषण नहीं होते। वे संज्ञा, सर्वनाम और क्रिया के आधार पर विशेषण बनाये जाते हैं। यथा—

१. कुछ विशेषण संज्ञाओं में प्रत्यय लगा कर बनाये जाते हैं—

प्रत्यय	**संज्ञा**	**विशेषण**
इया	पटना (व्यक्ति वा.)	पटनिया
	मुम्बई (")	मुम्बइया
ईय	जाति (समूहवा.)	जातीय
ई	ज्ञान (जातिवा.)	ज्ञानी
	कागज (जातिवा.)	कागजी
	न्याय (भाववा.)	न्यायी
	गाजीपुर (व्यक्तिवा.)	गाजीपुरी
इक	धर्म (भाववा.)	धार्मिक
	सप्ताह (भाववा.)	साप्ताहिक
ईला	चमक (भाववा.)	चमकीला
	पानी (जातिवा.)	पनीला

२. पुरुषवाचक और संख्यावाचक सर्वनामों के अतिरिक्त अन्य सर्वनामों के आधार पर नये विशेषण बनाये जाते हैं। यथा–

सर्वनाम	**विशेषण**		
	प्रकारवाचक	**संख्यावाचक**	**परिमाणवाचक**
यह	ऐसा	इतने	इतना
वह	वैसा	उतने	उतना
कौन	कैसा	कितने	कितना
जो	जैसा	जितने	जितना

३. क्रिया से बनाये जाने वाले विशेषण–

क्रिया	**विशेषण**	**प्रयोग**
चलना	चलता/चालू	चलता घोड़ा/चालू सिक्का
बढ़ना	बढ़ता	बढ़ता खर्च
बीतना	बीता	बीता समय
जाना	गया	गया वर्ष/गया समय
भागना	भगोड़ा/भग्गू	भगोड़ा सिपाही।

कुछ क्रियाओं में प्रत्यय लगा कर इस प्रकार भी विशेषण बनाया जाता है– दौड़ना–दौड़ने वाला, करना–करने वाला आदि।

४. दो या दो से अधिक शब्दों के मेल से भी विशेषण बनाये जाते हैं। यथा–चलना-फिरना, उछलता-कूदता, टेढ़ा-मेढ़ा आदि।

विशेषण का पद-परिचय

संज्ञा और सर्वनाम की तरह ही विशेषण-पदों का परिचय देते हुए उनके लिंग-वचन कारक और विशेषण को स्पष्ट करना चाहिए। यथा–

शिक्षक ने क्लास में पं. नेहरु के **विशिष्ट** गुणों की **बहुत** जानकारी दी।– इस वाक्य में 'विशिष्ट' और 'बहुत' विशेषण-पद हैं जिनका परिचय इस प्रकार होगा–

विशिष्ट : विशेषण, गुणवाचक, पुंलिंग, बहुवचन, अन्यपुरुष, सम्बन्धवाचक एवं इसका विशेष्य 'गुणों' है।

बहुत : विशेषण, अनिश्चित संख्यावाचक, स्त्रीलिंग, कर्मवाचक एवं इसका विशेष्य 'जानकारी' है।

विशेषण-निर्माण/विशेषण-कोश

विशेष्य (संज्ञा) से विशेषण

विशेष्य	विशेषण	विशेष्य	विशेषण
अंत	अंत्य/अंतिम	अंकुर	अंकुरित
अंतर	आंतरिक	अंकन	अंकित
अंग	आंगिक	अंचल	आंचलिक
अंगीकार	अंगीकृत	अंश	आंशिक
अग्नि	आग्नेय	अवश्य	आवश्यक
अक्ल	अक्लमन्द	अपेक्षा	अपेक्षित
अधिकार	अधिकारी	अनुभव	अनुभवी/ अनुभावक
अनुराग	अनुरागी	अन्याय	अन्यायी
अभ्यास	अभ्यासी	अनादर	अनाहत
अकर्म	अकर्मण्य	अज्ञान	अज्ञानी
अतिरंजन	अतिरंजित	अतृपित	अतृप्त
अध्यात्म	आध्यात्मिक	अनासक्ति	अनाशक्त
अनुरक्ति	अनुरक्त	अनुशासन	अनुशासित
अनीति	अनैतिक	अपमान	अपमानित
अपराध	अपराधी	अलंकार	आलंकारिक/ अलंकृत
अनुष्ठान	आनुष्ठानिक	अवयव	आवयविक
अनुक्रम	आनुक्रमिक	अर्थ	आर्थिक
अभिषेक	अभिषिक्ति	अध्ययन	अधीत
अनुशंसा	अनुशंसित	अनुमोदन	अनुमोदित
अनुवाद	अनूदित/अनुवादित/अनुवाय	अजय	अजित
आदर	आहत/आदरणीय	आत्मा	आत्मिक/आत्मीय
आसमान	आसमानी	आकाश	आकाशीय
आराधना	अराध्य	आभूषण	आभूषित
आश्रय	आश्रित	आसन	आसीन
आदि	आय/आदिम	आधार	आधृत/आधारित

विशेष्य	विशेषण	विशेष्य	विशेषण
आचरण	आचरित	आकर्षण	आकृष्ट
आयु	आयुष्मान्	इच्छा	ऐच्छिक/इष्ट
इतिहास	ऐतिहासिक	इहलोक	इहलौकिक/ ऐहलौकिक
ईर्ष्या	ईर्ष्यालु/ईर्ष्य	ईश्वर	ईश्वरीय
उपेक्षा	उपेक्षित/उपेक्षणीय	उद्योग	आद्योगिक
उपनिवेश	औपनिवेशिक	उच्चारण	उच्चरित/ उच्चारणीय/ औच्चारणिक
उपार्जन	उपार्जित	उत्साह	उत्साहित
उन्नति	उन्नत	उदय	उदित
उत्कर्ष	उत्कृष्ट	उपज	उपजाऊ
उत्तेजना	उत्तेजित	उपनिषद्	औपनिषदिक
उपयोग	उपयोगी/उपयुक्त	उत्तर	उत्तरी
उपकार	उपकृत/उपकारी/उपकारक	ऋषि	आर्ष
ओष्ठ	ओष्ठ्य	एक	ऐकिक
एकान्त	एकान्तिक	ऋण	ऋणी
क्रम	क्रमिक	क्रोध	क्रुद्ध
काम	कामी/कामुक	काल	कालिक/कालीन
कुल	कुलीन	कृपा	कृपालु
केन्द्र	केन्द्रीय/केन्द्रित	कल्पना	कल्पित/ काल्पनिक
कुटुम्ब	कौटुम्बिक	किताब	किताबी
करुण	कारुणिक/करुण	कंटक	कंटकित/ कंटकाकीर्ण
कंकड़	कंकड़ीला	कण्ठ	कण्ड्य
कर्म	कर्मठ/कर्मव्य	कर्ज	कर्जदार/कर्जखोर
कलंक	कलंकित	क्रय	क्रीत
कसरत	कसरती	क्लेश	क्लिष्ट
कमाई	कमाऊ	खण्ड	खण्डित

विशेष्य	विशेषण	विशेष्य	विशेषण
खर्च	खर्चीला	खानदान	खानदानी
ख्याल	ख्याली	ख्याति	ख्यात
खेल	खिलाड़ी	खून	खूनी
खपड़ा	खपड़ैल	खजूर	खजूरी
खाना	खाऊ	खान	खनिज
गलती	गलत	गठन	गठीला
खेद	खिन्न	गर्मी	गरम
गर्व	गर्वीला	गणना	गण्य
गायन	गेय	गमन	गम्य
गाँव	गँवारू/गँवार/गँवई	ग्राम	ग्राम्य/ग्रामीण
ग्रहण	ग्राह्य/गृहीत	गायन	गेय
ग्रास	ग्रस	गोत्र	गोत्रीय/गोतीया
गौरव	गौरवान्वित/गौरवित	गुलाब	गुलाबी
गेरू	गेरूआ	गर्व	गर्वीला
गुण	गुणी/गुणवन्	गंगा	गांगेय
घर	घरेलू	घमण्ड	घमण्डी
घृणा	घृणित/घृण्य	घनिष्ठता	घनिष्ठ
घान	घायल	घात	घातक
चर्चा	चर्चित	चन्द्र	चान्द्र
चरित्र	चारित्रिक	चक्र	चक्रित
चार	चौथा	चाचा	चचेरा
चिन्ता	चिन्त्य/चिन्तनीय/चिन्तित	चित्र	चित्रि
चिह्न	चिह्नित	चौमास	चौमासा
चेष्टा	चेष्टित	चिरजीवन	चिरजीवी
जंगल	जंगली	जय	जेय
जवाब	जवाबी	जहर	जहरीला
जटा	जटिल	जगत्	जागतिक
जाति	जातीय	जीवन	जीवनीय

विशेष्य	विशेषण	विशेष्य	विशेषण
जल	जलीय	जागरण	जागरित/जाग्रत्
जनपद	जनपदीय	तेज	तेजस्वी
तर्क	तार्किक	तंत्र	तांत्रिक
तत्त्व	तात्त्विक	तालु	तालव्य
त्याग	त्याज्य/त्यागी	ताप	तप्त
तिरस्कार	तिरस्कृत	तुलना	तुलनीय/तुलित
तन्दा	तन्द्रित	देश	देशी/दैशिक
देव	दैविक	दान	दानी
दम्पती	दाम्पत्य	दिन	दैनिक
दया	दयालु/दयामय/दयाशील	दोष	दोषी
दर्शन	दर्शनीय/दार्शनिक	दुनिया	दुनियाबी
दूध	दुधारू	दन्त	दन्त्य
दगा	दगाबाज	दर्द	दर्दनाक
दस्त	दस्तावर	दूत	दौत्य/दौत
धन	धनी/धनवा्	धर्म	धार्मिक
धैर्य	धीर	धूम	धूमिल
नरक	नारकीय	नमक	नमकीन
नाटक	नाटकीय	नाम	नामी
निन्दा	निन्दनीय/नित्य	नीति	नैतिक
नगर	नागरिक	निर्वासन	निर्वासित
निश्चय	निश्चित	निज	निजी
न्याय	न्यायी	निशा	नैश
निर्माण	निर्मित	निषेध	निषिद्ध
निसर्ग	नैसर्गिक	निष्कासन	निष्कासित
नियम	नियमित	नोक	नुकीला
पहाड़	पहाड़ी	पशु	पाशविक
पुस्तक	पुस्तकीय	पुराण	पौराणिक
परिवार	पारिवारिक	पंक	पंकिल

विशेष्य	विशेषण	विशेष्य	विशेषण
प्रमाण	प्रामाणिक	प्रकृति	प्राकृतिक
परीक्षा	परीक्षित	प्रथम	प्राथमिक
परिभाषा	पारिभाषिक	परस्पर	पारस्परिक
पिता	पैत्रिक	पाठ	पाठ्य
प्रसंग	प्रासंगिक	परिचय	परिचित
प्रशंसा	प्रशंसनीय	प्रतिष्ठा	प्रतिष्ठित
पीड़ा	पीड़ित	पिशाच	पैशाचिक
पत्थर	पथरीला	पूजा	पूज्य/पूजनीय
प्रदेश	प्रादेशिक	परिचय	पश्चिमी/पाश्चात्य
पक्ष	पाक्षिक	पुरुष	पौरुषेय
प्रार्थना	प्रार्थित/प्रार्थनीय	प्रतीक्षा	प्रतीक्षित
पानी	पेय	पतन	पतित
पराजय	पराजित	पुष्प	पुष्पित
प्रसिद्ध	प्रसिद्धि	पूर्व	पूर्वी/पौर्वात्य
परिवर्तन	परिवर्तनीय	प्यार	प्यारा
प्यास	प्यासा	पाठक	पाठकीय
प्रातःकाल	प्रातःकालीन	परलोक	पारलौकिक
पृथ्वी	पार्थिव	प्रकृति	प्रकृतिक
पानी	पेय	पीड़ा	पीड़ित
परिचय	परिचित	परमार्थ	परमार्थी
पल्लव	पल्लवित	प्रस्ताव	प्रस्तावित
प्रतिबिम्ब	प्रतिबिम्बित	प्राची	प्राच्य
पुरातत्त्व	पुरातात्त्विक	पुष्टि	पौष्टिक
पृथु	प्रथुल	पर्वत	पर्वतीय
प्रस्ताव	प्रस्तावित/प्रस्तुत	फल	फलित
फेन	फेमिल	बालक	बाल्य
बाजार	बाजारू	बर्फ	बर्फीला
बल	बलिष्ट	बुद्ध	बौद्ध
बुद्धि	बौद्धिक	भ्रम	भ्रामक

विशेष्य	विशेषण	विशेष्य	विशेषण
भूख	भूखा	भूमि	भौमिक
भय	भयानक	भोजन	भोज्य
भूत	भौतिक	भूगोल	भौगोलिक
भूत	भुतहा	भाव	भावुक
भारत	भारतीय	भाषा	भाषिक/भाषायी
भूषण	भूषित	भगवत्	भागवत
भूमि	भौम	मास	मासिक
मानव	माननीय	मधु	मधुर
मनस्	मानसिक	मास	मासिक
माह	माहवारी	मूल	मौलिक
मनुष्य	मानुषिक	माता	मातृक
मुख	मौखिक/मुखर	मंगल	मांगलिक
मृदु	मृदुल	मोह	मुग्ध
माया	मायिक/मायाबी	मूर्च्छा	मूर्च्छित
मामा	ममेरा	मर्द	मर्दाना
माल	मालदार	मैल	मैला
मान	मान्य	मजहब	मजहबी
मध्यम	माध्यमिक	मेघा	मेघावी
मूर्त्ति	मूर्त्त	मांस	मांसल
मिथिला	मैथिल	मर्म	मार्मिक
मथुरा	माथुर	मृत्यु	मर्त्य
मल	मलिन	मूल	मौलिक
माधुर्य	मधुर	योग	यौगिक
यदु	यादव	यश	यशस्वी
यज्ञ	याज्ञिक	राज	राजस्वी/राजकीय
रास	रसीला/रसिक	रक्त	रक्तिम
रंग	रंगीन	रथ	रथी
रसायन	रासायनिक	राह	राही
राक्षस	राक्षसी	राजनीति	राजनैतिक

विशेष्य	विशेषण	विशेष्य	विशेषण
रोज	रोजाना	रोमांच	रोमांचित
राष्ट्र	राष्ट्रीय	रूद्र	रौद्र
रसीद	रसीदी	रोग	रोगी
लज्जा	लज्जित/लज्जालु	लाज	लजालू/लज्जित
लेख	लेखित	लेखक	लेखकीय
लिख	लिखित/लिखक	लालन	ललित
लाठी	लठैत	लाभ	लब्ध/लाभ्य
लोक	लौकिक	लोभ	लोभी/लुब्ध
लोहा	लौह	वर्ष	वार्षिक
वन	वन्य	विशेष	विशिष्ट/वैशेषिक
वेद	वैदिक	व्यवसाय	व्यावसायिक
व्यापार	व्यापारिक	वसन्त	वसन्ती/वासन्तिक
वर्णन	वर्णनीय/वर्णित	विचार	वैचारिक/ विचारणीय
विश्वास	विश्वासी/विश्वस/विश्वसनीय	विनय	विनीत/विनीय
विवेक	विवेकी	विवाह	वैवाहिक
विजय	विजयी/विजेता	विद्या	विद्यावान्
वन्दना	वन्द्य/वन्दनीय	विकार	विकारी/विकृत
विस्तार	विस्तृत	विलायत	विलायती
विस्मृति	विस्मृत	विस्मरण	विस्मरणीय/ विस्मृत
विवाद	विवादी/विवाद्य/विवादित	विज्ञान	वैज्ञानिक
विकास	विकसित	वेतन	वैतनिक
वियोग	वियुक्त/वियोगी	विश्लेषण	विश्लिष्ट
विलास	विलासी	विष्णु	वैष्णव
विभाजन	विभक्त/विभाजित	व्यक्ति	वैयक्ति
व्यवहार	व्यावहारिक	विषय	विषयी
वास्तव	वास्तविक	वायु	वायवीय
विरह	विरही	विस्मय	विस्मित

विशेष्य	विशेषण	विशेष्य	विशेषण
विधान	वैधानिक	विभाजन	विभाजित
शरीर	शारीरिक	शरद	शारदीय
शक्ति	शाक्त	श्याम	श्यामल
शिक्षा	शैक्षिक	शासन	शासित/शासक
शोषण	शोषित/शोषक	शिव	शैव
शास्त्र	शास्त्रीय	शौक	शौकीन
क्षण	क्षणिक	क्षमा	क्षम्य
क्षत्रिय	क्षात्र	क्षोभ	क्षुब्ध
शृंगार	शैंगारिक/शृंगारिक	क्षेत्र	क्षेत्रीय
श्रम	श्रान्त	शंका	शंकित
शील	शिष्ट	संसार	सांसारिक
संचय	संचित	संध्या	सांध्य
संदेह	संदिग्ध	संस्कृत	सांस्कृतिक
संयोग	संयुक्त	संकेत	सांकेतिक
संकोच	संकुचित	समाज	सामाजिक
सम्पत्ति	सम्पन्न/साम्पत्तिक	संभावना	संभाव्य/संभावित
सम्बन्ध	सम्बद्ध	सम्मान	सम्मान्य/ सम्मानित
स्वर्ण	स्वर्णिम	सैकड़ा	सैकड़ों
स्मरण	स्मृत/स्मरणीय	स्तुति	स्तुत्य
स्मृति	स्मृत्य	स्वभाव	स्वाभाविक
स्नायु	स्नायविक	स्थान	स्थानीय
सिद्धान्त	सैद्धान्तिक	स्वास्थ्य	स्वस्थ
स्वर्ग	स्वर्गीय/स्वर्गिक	सागर	सागरीय
सात	सातवाँ	सप्ताह	साप्ताहिक
साहब	साहबी	समय	सामयिक
सीमा	सीमित	सुख	सुखी
सेवा	सेवी/सेव्य	सुगंध	सुगंधित
समुद्र	समुद्री/सामुद्र	साल	सालाना

विशेष्य	विशेषण	विशेष्य	विशेषण
साहस	साहसी	सम्प्रदाय	साम्प्रदायिक
साधना	साध्य	सुर	सुरीला
सोना	सुनहला	स्वाद	स्वादु/स्वादिष्ट
स्वदेश	स्वदेशी	सूर्य	सौर
संघात	सांघातिक	समर	सामरिक
सखा	सख्य	सम्पादक	सम्पादकीय
संख्या	सांख्यिक/संखेय	स्वप्न	स्वप्निल
साहित्य	साहित्यिक	सभा	सभ्य
संकल्प	संकल्पित	संक्षेप	संक्षिप्त
हिम	हैम	हिंसा	हिंसक/हिंस
हृदय	हार्दिक	हवा	हवाई
हँसी	हँसोड़		

क्रिया

जिस विकारी शब्द से किसी काम का करना या होना प्रकट हो, उसे क्रिया कहते हैं। अर्थात् क्रिया का काम किसी व्यापार की अवस्था को व्यक्त करना है। विकारी शब्द होने के कारण उसके रूप में कर्त्ता या कर्म के लिंग, वचन और पुरुष के अनुरूप बदलाव हो जाता है। यथा–

मैं पढ़ता हूँ। लड़के पढ़ते हैं।

मैंने रोटी खायी। लड़कियों ने भात खाया।

क्रिया तीन स्रोतों से बनती है–(1) धातु से, (2) संज्ञा से, और (3) विशेषण से। संस्कृत में क्रिया के अतिरिक्त अन्य प्रकार के शब्दों को 'नाम' कहा जाता है। संज्ञा और विशेषण, दोनों 'नाम' के अन्तर्गत आते हैं। तात्पर्य यह कि क्रिया दो स्रोतों– धातु और नाम–से बनती है। यथा–

धातु से	–	पढ़ = पढ़ना, लिख = लिखना
नाम से	–	संज्ञा से– काम + आना = कमाना
	–	विशेषण से– गरम + आना = गरमाना

धातु

धातु का अर्थ है– मूल द्रव्य अर्थात् क्रिया का मूल रूप। **क्रियापद के सभी रूपों में पाये जाने वाले मूल अंश को धातु कहते हैं।** अर्थात् क्रिया से प्रत्यय को हटा देने पर उसका धातु रूप बच जाता है। जैसे–पढ़ना, लिखना, आना, जाना आदि क्रियाओं में से 'ना' प्रत्यय हटा देने पर जो पढ़, लिख, आ, जा बचे रहते हैं, वे धातु हैं। मूल धातु (पढ़, लिख आदि) में 'ना' प्रत्यय जोड़ने से क्रिया शब्द बनता है। हिन्दी में सभी धातुएँ स्वरान्त हैं, व्यंजनान्त (पढ़, लिख् आदि) नहीं। व्युत्पत्ति की दृष्टि से धातु के दो भेद होते हैं– मूल और यौगिक।

मूल धातु : किसी दूसरे शब्द के आधार पर नहीं बनने वाली धातु मूल धातु कही जाती है। अर्थात् **मूलधातु स्वतंत्र होती है।** यथा– आ, जा, खा, पढ़, लिख, देख, आदि। इनमें 'ना' प्रत्यय जोड़ने से क्रिया बन जाती है।

यौगिक धातु : किसी प्रत्यय के योग से बनने वाली धातुएँ यौगिक धातु कही जाती हैं। इन्हें ही **साधित धातु** भी कहते हैं। यथा 'खाना' से खिला, 'पढ़ना' से पढ़ा, 'हँसना' से हँसा आदि। इस प्रकार की असंख्य धातुओं में कुछ धातुएँ एक अक्षर वाली, कुछ दो अक्षरों वाली, कुछ तीन अक्षरों वाली और कुछ चार अक्षरों वाली भी होती हैं। यथा–

एक अक्षरी – पी, खा, आ।   तीन अक्षरी – महक, चहक, टपक।

दो अक्षरी – पढ़, लिख, हँस।   चार अक्षरी – हड़हड़, बड़बड़।

यौगिक (साधित) धातु तीन प्रकार से बनती है– (क) प्रेरणार्थक धातु (ख) यौगिक धातु, और (ग) नामधातु। धातु में प्रत्यय लगा कर सकर्मक और प्रेरणार्थक धातुएँ बनायी जाती हैं। संयुक्त धातु की रचना दो यो दो से अधिक धातुओं को संयुक्त करने से बनती है एवं 'नाम' (संज्ञा या विशेषण) से नाम धातु बनती है।

प्रेरणार्थक क्रिया (धातु)

प्रेरणा का अर्थ-बोध कराने वाली क्रिया प्रेरणार्थक क्रिया कही जाती है। अर्थात् **जिस क्रिया से कर्ता द्वारा स्वयं कार्य न कर किसी दूसरे को कार्य करने के लिए प्रेरित किये जाने का बोध होता है, वे क्रियाएँ प्रेरणार्थक कही जाती हैं। यथा**–'करना' से कराना/करवाना, 'लिखना' से लिखाना/लिखवाना

प्रयोग–मोहन राम से काम कराता है। मोहन राम से किताब लिखाता है।

मोहन राम से काम करवाता है। मोहन राम से किताब लिखवाता है।

इन उदाहरणों में क्रिया (करना, लिखना) के दो-दो प्रेरणार्थक रूप हैं। दोनों रूपों में क्रियाएँ प्रेरणार्थक हैं। मोहन स्वयं काम नहीं करता/नहीं लिखता, वह राम को काम करने/किताब लिखने की प्रेरणा देता है। प्रेरणार्थक क्रियाएँ सदा सकर्मक होती हैं। सकर्मक से तात्पर्य है– कर्म वाली, कर्म से युक्त। अकर्मक क्रियाएँ प्रेरणार्थक रूप में सकर्मक (कर्मवाली) हो जाती हैं। यथा–

अकर्मक – राम सोता है।

सकर्मक – वह राम को सुलाता/सुलवाता है।

कुछ धातुओं (जाना, आना, सकना, होना, पाना आदि) को छोड़ कर प्रायः सभी धातुओं से प्रेरणार्थक धातुएँ (क्रियाएँ) बनती हैं। प्रेरणार्थक क्रियाओं के दो रूप होते हैं। उपरि वाक्य में 'सोना' क्रिया से बनी 'सुलाना' और 'सुलवाना', दोनों प्रेरणार्थक ही हैं। **मूल धातु से प्रेरणार्थक धातु (क्रिया) बनाने के नियम इस प्रकार हैं**–

(क) एक अक्षरी धातुओं के 'ए' और 'ओ' को क्रमशः ह्रस्व 'इ' और 'उ' और दीर्घ को ह्रस्व कर प्रथम रूप में 'लाना' और द्वितीय रूप में 'वाना' लगा कर–

सो – सुलाना/सुलवाना   छू – छुलाना/छुलवाना

दे – दिलाना/दिलवाना   पी – पिलाना/पिलवाना

(ख) दो अक्षरी धातुओं से बनी क्रियाओं के अन्तिम 'ना' को हटा कर 'आना' जोड़ने से प्रेरणार्थक क्रिया का प्रथम रूप और 'वाना' जोड़ने से द्वितीय रूप बनता है–

सुन = सुनना – सुनाना/सुनवाना; पढ़ = पढ़ना – पढ़ाना/पढ़वाना

चल = चलना – चलाना/चलवाना; गिर = गिरना – गिराना/ गिरवाना

फैल = फैलना – फैलाना/फैलवाना; उड़ = उड़ना – उड़ाना/उड़वाना

लिख = लिखना – लिखाना/लिखवाना; कर = करना – कराना/करवाना

(ग) दो अक्षरी धातुओं से बनी क्रियाओं में 'ए' और 'औ' को छोड़ कर आरम्भ के दीर्घ स्वर को ह्रस्व कर 'आना' जोड़ने से प्रेरणार्थक का प्रथम रूप और 'वाना' जोड़ने से द्वितीय रूप बनता है–

जाग = जागना – जगाना/जगवाना; जीत = जीतना – जिताना/जितवाना

डूब = डूबना – डुबाना/डुबवाना; बूड़ = बूड़ना – बुड़ाना/बुडवाना

कूट = कूटना – कुटाना/कुटवाना; पीट = पीटना – पिटाना/पिटवाना

यौगिक क्रिया

दो या दो से अधिक धातुओं और अन्य शब्दों के संयोग से या धातुओं में प्रत्यय लगाने से बनने वाली क्रिया यौगिक क्रिया कही जाती है। यथा–

लिख + दे = लिख देना; पढ़ + सक = पढ़ सकना

चल + दे = चल देना; चल + जा = चल जाना

कुछ के विचार से यौगिक धातु और संयुक्त क्रिया में समानता होती है, पर ऐसा मानना ठीक नहीं।

नामधातु

नाम (संज्ञा या विशेषण) से बननेवाली धातु, नामधातु कही जाती है। इसकी रचना 'नाम में, 'आ' प्रत्यय जोड़ कर और दीर्घ स्वर को ह्रस्व स्वर में परिवर्तित कर की जाती है। यथा–

संज्ञा से – हाथ – हथियाना; लात – लतियाना

विशेषण से – गरम – गरमाना; पागल – पगलाना

कभी-कभी यह अव्यय से बनायी जाती है। यथा–

ऊपर– उपराना; भीतर–भितराना,

अनुकरण धातु

कई विद्वान् ध्वनि और दृश्य के आधार पर धातु का चौथा प्रकार अनुकरण धातु भी मानते हैं। यथा–

खटखट — खटखटाना ; थरथर — थरथराना

चमचम — चमचमाना ; महमह — महमहाना

क्रिया के भेद

१. सकर्मक-अकर्मक : बनावट अथवा व्यापार के कर्म की दृष्टि से क्रियाएँ दो प्रकार की होती हैं— सकर्मक और अकर्मक।

सकर्मक : जिन क्रियाओं के साथ कर्म हो या कर्म होने की सम्भावना हो, वे सकर्मक कही जाती हैं। दूसरे शब्दों में, यदि क्रिया-व्यापार का संचालन कर्त्ता करे, पर उसका फल कर्म (किसी अन्य वस्तु/व्यक्ति) पर पड़े तो क्रिया सकर्मक होती है। कर्म के अभाव में वाक्य का अर्थ पूरा नहीं होता। यथा— 'राम सेब खाता है।' इस वाक्य में 'राम' कर्त्ता, 'खाता' है, क्रिया और 'सेब' कर्म है। राम खाने की क्रिया करता है, पर खाने का फल 'सेब' (कर्म) पर पड़ता है। इसलिए 'खाता है' सकर्मक क्रिया है। कई बार सकर्मक क्रिया का कर्म अव्यक्त रहता है। यथा— 'राम खाता है'; 'श्याम पढ़ता है'—इन वाक्यों में कर्म (खाने की वस्तु और पढ़ने की वस्तु) अव्यक्त हैं।

अकर्मक : जिन क्रियाओं का व्यापार और फल कर्त्ता पर पड़े, वे अकर्मक कही जाती हैं। अकर्मक क्रियाओं वाले वाक्यों में कर्म नहीं होता। यथा— 'राम हँसता है' वाक्य में 'हँसता है' क्रिया और 'राम' कर्त्ता है। हँसने की क्रिया राम करता है और उसका फल भी राम (कर्ता) पर ही पड़ता है। अतः यहाँ क्रिया (हँसना) अकर्मक हुई। बैठना, चलना, हँसना, दौड़ना, रोना, सोना आदि क्रियाएँ अकर्मक हैं। पं. किशोरीदास वाजपेयी ने अकर्मक क्रिया 'जाना' को गत्यर्थक सकर्मक क्रिया माना है। यथा राम काशी गया, सीता वृन्दावन गयी आदि।

सकर्मक और अकर्मक क्रियाओं की पहचान 'क्या', 'किसे', 'किसको आदि प्रश्न करने से होती है। इन प्रश्नों के उत्तर मिले तो क्रिया सकर्मक और नहीं मिले तो क्रिया अकर्मक होती है। या—'पढ़ना', 'मारना', 'खाना' से प्रश्न कीजिए—

प्रश्न—क्या पढ़ा?, क्या खाया?, किसे मारा?

उत्तर—'रामचरितमानस' पढ़ा, भात खाया, राम को मारा।

अस्तु, स्पष्ट है कि ये क्रियाएँ सकर्मक हैं।

क. कुछ क्रियाएँ सकर्मक और अकर्मक, दोनों होती हैं। उनके प्रकार का निर्णय प्रसंग अथवा अर्थ के अनुरूप किया जाता है। यथा—

सकर्मक	**अकर्मक**
मैं चन्दन घिसता हूँ	छड़ी घिसती है।

विपत्ति मुझे घबराती है।　　　　जी घबराता है।

मैं घड़ा भरता हूँ।　　　　घड़ा भरता है।

ख. अकर्मक क्रियाओं का पूरा अर्थ प्रायः कर्त्ता से ही व्यक्त हो जाता है। यथा—'मैं हँसता हूँ', पर कभी-कभी पूरा अर्थ व्यक्त करने की दृष्टि से विशेषण लगाना पड़ता है। यथा—'राम अच्छा है', वाक्य में 'अच्छा' विशेषण लगाया गया है। ऐसे विशेषण 'पूरक' कहे जाते हैं। सकर्मक क्रियाओं में पूरक का कार्य 'कर्म' से हो जाता है।

ग. अकर्मक धातुओं में कतिपय परिवर्तन कर उन्हें सकर्मक बना लिया जाता है। यथा—

प्रथम ह्रास्व स्वर को दीर्घ कर —मरना —मारना; कटना — काटना

द्वितीय ह्रास्व स्वर को दीर्घ कर — निकलना — निकालना; उखड़ना — उखाड़ना

आरंभ के 'इ' का 'ए' कर —फिरना —फेरना; घिरना — घेरना

आरंभ के 'उ' का 'ओ' कर —मुड़ना —मोड़ना; खुलना — खोलना

आरंभ के 'ऊ' का 'ओ' कर —फूटना —फोड़ना; टूटना — तोड़ना

यह भी ध्यान रहे कि धातु के प्रथम अक्षर 'ट' का 'त' और द्वितीय अक्षर 'ट' का 'ड़' एवं 'क' का 'च' हो जाता है। यथा—'बिकना' का बेचना। अन्य उदाहरण ऊपर आ गये हैं। दो अक्षरी धातुओं में दूसरे ह्रास्व को दीर्घ कर एवं तीन अक्षरी धातुओं में दूसरे या तीसरे ह्रास्व अक्षर को दीर्घ कर दिया जाता है। यथा—

उठना — उठाना;　　　　निकलना — निकालना

बैठना — बैठाना;　　　　टहलना — टहलाना

२. द्विकर्मक क्रिया

अनेक बार सकर्मक क्रियाओं के दो-दो कर्म होते हैं। **दो कर्मों वाली क्रियाएँ द्विकर्मक कही जाती हैं।** अग्रांकित वाक्यों को देखिए—

एक कर्मक — राम ने **रोटी** खायी।

द्विकर्मक — राम ने **मोहन** को **भात** खिलाया।

राम ने **मोहन** से एक **बात** पूछी।

उपरि द्विकर्मक वाक्यों में 'मोहन' अप्रधान या गौण कर्म है एवं 'भात' और 'बात' प्रधान या मुख्य कर्म।

३. संयुक्त क्रिया

दो या दो से अधिक धातुओं के मेल से बनी क्रिया को संयुक्त क्रिया कहते हैं। यथा—

वह गया। — एक क्रिया — 'गया'।

वह जा चुका। — संयुक्त क्रिया — 'जा', 'चुका' (दो क्रियाएँ)।

वह जा रहा है। — संयुक्त क्रिया — 'जा', 'रहा', है'; (तीन क्रियाएँ)

इन वाक्यों से विदित होता है कि संयुक्त क्रियाएँ मुख्य क्रिया और सहायक क्रिया के योग से बनती हैं। इस कारण कई विद्वान् इसे **'क्रिया-समास'** कहना अनुचित नहीं मानते।

क. आज्ञा (दो, सो, खा आदि धातु) के अतिरिक्त सभी क्रियापद दो या अधिक धातुओं के योग से बनते हैं, पर संयुक्त क्रियाएँ उनसे भिन्न होती हैं। संयुक्त क्रियाएँ इन क्रियाओं के मेल से बनती हैं—आना, जाना, होना, लेना, देना, पाना, उठना, बैठना, करना, चाहना, चुकना, डालना, सकना, बनना, पड़ना, रहना, चलना आदि। यथा—

पहुँच जाना, देख सकना, कर बैठना, मार बैठना, भेज देना आदि।

ख. संयुक्त क्रियाएँ सकर्मक और अकर्मक, दोनों तरह की होती हैं। सहायक क्रिया (अन्तिम खण्ड) सकर्मक होने पर क्रिया सकर्मक, और अकर्मक होने पर क्रिया अकर्मक होती है। यथा—

सकर्मक — रो देना, काम करना, मार देना आदि।

अकर्मक — लेट जाना, गिर पड़ना, लिख चुकना आदि।

ग. हिन्दी में संयुक्त क्रियाएँ ही अधिक प्रयुक्त होती हैं। उसकी एक विशेषता यह है कि पहली क्रिया (प्रधान क्रिया) से दूसरी क्रिया (सहायक क्रिया) मिल कर अपना अर्थ प्रायः छोड़ देती है और एक विशेष ध्वनि या अर्थ व्यक्त करती है— यथा— 'राम पढ़ सकता है', इस वाक्य में 'सकना' क्रिया 'पढ़ना' क्रिया से मिल कर उसके अर्थ में विशेषता उत्पन्न करती है।

संयुक्त क्रिया के भेद

अर्थ के अनुसार संयुक्त क्रिया के अग्रांकित ग्यारह भेद हैं—

१. **आरम्भबोधक** : कार्य के आरम्भ होने का बोध कराने वाली, यथा— वह खेलने लगा, गर्मी पड़ने लगी, कुहासा फटने लगा।

२. **समाप्तिबोधक** : मुख्य क्रिया की पूर्णता अर्थात् कार्य-समाप्ति का बोध कराने वाली, यथा—वह खेल चुका है; मैं खा चुका हूँ। धातु के आगे 'चुकना' जोड़ने पर समाप्तिबोधक संयुक्त क्रिया बनती है।

३. **नित्यता बोधक** : जिससे कार्य की नित्यता (चलते रहने) का बोध हो, यथा— मैं चलता रहा; वर्षा होती रही; हवा चल रही है। मुख्य क्रिया में 'रहना' या 'जाना' लगाने से संयुक्त क्रिया का नित्यताबोधक रूप बनता है।

४. इच्छाबोधक : क्रिया करने की इच्छा को प्रकट करनेवाली, यथा– वह यहाँ आना चाहता है; वह आम खाना चाहता है। क्रिया के सामान्य रूप में, 'चाहना' क्रिया जोड़ने पर इच्छाबोधक संयुक्त क्रिया बनती है।

५. अवकाशबोधक : क्रिया-निष्पन्न करने के लिए अवकाश का बोध कराने वाली यथा– राम कठिनाई से उठने पाया ; वह पढ़ने न पाया।

६. आवश्यकताबोधक : जिससे कर्त्तव्य या आवश्यकता का बोध हो, यथा–राम को पढ़ना पड़ा; यह काम तुम्हें करना चाहिए। सामान्य क्रिया के साथ 'पड़ना', 'होना' या 'चाहिए' क्रिया को जोड़ने से आवश्यकताबोधक संयुक्त क्रिया बनती है।

७. अनुमतिबोधक : कार्य करने की अनुमति दिये जाने का बोध कराने वाली, यथा– उसे खेलने दो; मुझे जाने दो। 'देना' क्रिया के योग से अनुमतिबोधक संयुक्त क्रिया बनती है।

८. निश्चयबोधक : मुख्य क्रिया-व्यापार की निश्चयता का बोध कराने वाली, यथा– राम ने कहा– मैं इसे खा जाऊँगा ; अब इन बातों को समाप्त करो।

९. अभ्यासबोधक : क्रिया करने के अभ्यास का बोध कराने वाली, यथा– मैं खेला करता हूँ; तुम पढ़ा करते हो। यह संयुक्त क्रिया का सामान्य भूतकाल की क्रिया में 'करना' क्रिया लगाने से बनती है।

१०. शक्तिबोधक : कार्य करने की शक्ति का बोध कराने वाली, यथा– मैं सोच सकता हूँ; तुम बोल सकते हो; वह कर सकता है। इसमें 'सकना' क्रिया जुटती है।

११. आकस्मिकता बोधक : क्रिया की आकस्मिकता का बोध कराने वाली, यथा–वह चिल्ला उठा; वह रो उठा; मोहन मार बैठा। इसमें 'उठना' या 'बैठना' क्रिया जुटती है।

४. पुनरुक्त क्रिया

दो समानार्थक अथवा समान ध्वनि वाली क्रियाओं के मेल से बनी पुनरुक्त क्रिया होती है। इसे संयुक्त क्रिया का ही एक रूप मानना उचित है। यथा– देखना-परखना, देखना-भालना, पढ़ना-लिखना, मिलना-जुलना, आना-जाना, उठना-बैठना लड़ना-झगड़ना, समझना-बूझना, रोना-गाना आदि।

प्रयोग– समझ-बूझ कर काम करो। देख-भाल कर सामान खरीदो।
सबसे मिलते-जुलते रहो। अब वह यहाँ आया-जाया नहीं करता।

५. सहायक क्रिया

मुख्य क्रिया के रूप को पूर्णता और अर्थ को स्पष्टता प्रदान करने में सहायता करने वाली क्रिया सहायक क्रिया कही जाती है। सहायक क्रिया एक या अधिक भी हो सकती है। हिन्दी में सहायक क्रिया का प्रयोग व्यापक रूप में होता है। इसके प्रयोगजन्य अन्तर से क्रिया काल में अन्तर आ जाता है। यथा–

वह आया था। वह आता है। वह आयेगा।

इसमें 'था' 'है' और 'गा' के प्रयोग के कारण में काल में अन्तर तो हुआ ही, अर्थ को भी स्पष्टता मिली है।

६. पूर्वकालिक क्रिया

एक क्रिया के समाप्त होते ही उसी क्षण दूसरी क्रिया के आरम्भ होने का बोध कराने वाली क्रिया पूर्वकालिक क्रिया कही जाती है। यह क्रिया धातु में 'कर' और कभी-कभी 'पर' लगा कर बनायी जाती है। यथा–जाकर, खाकर, धो कर, नहा कर आदि, किन्तु 'कर' धातु में 'के' जुटता है (काम करके)।

पूर्वकालिक क्रियाओं के प्रयोग से विरोध, कारण, साधन, काम करने की रीति आदि का बोध होता है–

संन्यासी होकर भी वह घरवासी है। वह विद्यार्थी होकर भी पढ़ता नहीं।
वह नहा कर खाता है। वह पैदल चलकर घर आया।

किसी क्रिया के बार-बार या लगातार होने (आतिशथ्य) पर पूर्वकालिक क्रियाएँ द्विरुक्त होती हैं–वह गा-गा कर नाचता रहा। मैं खोज-खोज कर थक गया।

पूर्वकालिक क्रियाएँ अनेक बार क्रियाविशेषण रूप में भी होती हैं। यथा–

राम ने रोकर कहा; श्याम ने आँखें फाड़ कर देखा।

७. नामबोधक क्रिया

संज्ञा अथवा विशेषण के साथ क्रिया जोड़ कर बनायी जाने वाली संयुक्त क्रिया नामबोधक क्रिया कही जाती है, यथा–

संज्ञा + क्रिया = भस्म करना, लड़कपन करना, मित्रता करना आदि।
विशेषण + क्रिया = दुखी होना, दुबला होना, चौरस करना आदि।

८. क्रियार्थक संज्ञा

अनेक बार क्रिया का प्रयोग संज्ञा (कर्त्ता या कर्म) की तरह होता है। **संज्ञा की तरह प्रयुक्त की जाने वाली क्रिया क्रियार्थक संज्ञा कही जाती है।** यथा–

क. **तैरना** उत्तम व्यायाम है।

ख. **जीना** भी एक कला है। —जानकीवल्लभ शास्त्री

ग. प्रथम रश्मि का **आना** रंगिणि, तूने कैसे पहचाना? —सुमित्रानन्दन पंत

उपरि प्रथम दो वाक्यों में क्रियाएँ (तैरना, जीना) कर्त्ता की तरह एवं तीसरे में क्रिया (आना) का प्रयोग कर्म की तरह हुआ है। अतः ये क्रियार्थक संज्ञाएँ हैं। क्रियार्थक संज्ञा एकवचन पुंलिंग होती है।

६. अनेकार्थक क्रियाएँ

हिन्दी में कई ऐसी क्रियाएँ हैं जिनका प्रयोग विभिन्न अर्थों मे होता है। उनमें स्वरूपतः विकार नहीं होता, पर उनके अर्थ प्रसंगानुसार प्रकट होते हैं। उनके प्रयोग से भाषा सुन्दर और व्यंजक हो जाती है। उनकी विशिष्टता और महत्ता का बोध अँगरेजी में अनुवाद करते समय होता है जब उनके लिए भिन्न-भिन्न क्रियाएँ प्रयुक्त होती हैं। उनके प्रयोग सामान्यतः मुहावरों मे होते हैं। उदाहरणार्थ— खाना, आना, उगना, डूबना, बढ़ना, लगना/लगाना, चलना/चलाना, मिलना/मिलाना, कहना, मानना, छोड़ना, फूटना आदि। आगे केवल एक क्रिया **'खाना'** के विविध प्रयोग के उदाहरण रखे जाते हैं—

१. वह भात खाता है; २. वह मार खाता है;
३. वह जूते खाता है; ४. वह कसम खाता है;
५. वह मेरा सिर खाता है; ६. उसका सिर चक्कर खाता है;
७. वह धूप खाता है; ८. वह घूस खाता है;
९. घेवर (एक प्रकार की मिठाई) काफी घी खाता है;
१०. वह हवा खाने गया है; ११. लोहे को जंग खाती है;
१२. दर्जी कुछ कपड़े खाता है; १३. सोनार सोना खाता है;
१४. वह दूसरों की कमाई खाता है; १५. वह हराम का पैसा खाता है; आदि।

इसी प्रकार औरों के भी उदाहरण प्रस्तुत किये जा सकते हैं। शायद इस विशेषता के कारण ही दीमशित्स ने लिखा है कि "हिन्दी व्याकरण में क्रिया सबसे जटिल शब्दभेद है। किसी भी शब्दभेद में क्रिया जितने नाना प्रकार के रूप नहीं है। क्रिया के प्रकार, काल, वाच्य, निधि तथा बहुसंख्यक जटिल एवं व्युत्पन्न रूप जो व्यापार की पूर्णता, अपूर्णता, आकस्मिकता, दीर्घकालिता आदि जैसे व्यापार के सूक्ष्म भावार्थ व्यक्त करते हैं, उनसे भाषा को बड़ी स्पष्टता प्रदान की जाती है। **(हिन्दी व्याकरण की रूपरेखा,** पृ ६६)।"

काल

काम करने का बोध कराने वाले शब्द को क्रिया कहते हैं। प्रत्येक क्रिया के करने में कुछ-न-कुछ समय लगता है जिसका बोध कराने वाला रूप काल होता है। अस्तु, व्याकरण में **क्रिया के उस रूपान्तर को काल कहते हैं, जिससे क्रिया-व्यापार का समय एवं उसकी पूरी अथवा अधूरी अवस्था का बोध होता है।** यथा–

राम आया; राम आ रहा है; राम आयेगा।

इन वाक्यों में राम के आने के अर्थबोध की सूचना या सांकेतिकता तीन रूपों में होती है।–भूत, वर्तमान और भविष्य। सूचना उनमें प्रयुक्त क्रियाओं से मिलती है। इस आधार पर काल के तीन भेद होते हैं–**भूतकाल, वर्तमान काल** और **भविष्यकाल**।

भूतकाल

बीते हुए समय को भूतकाल एवं कार्य-समाप्तिबोधक क्रिया को भूतकाल की क्रिया कहते हैं। यथा–वह आया था; वह आ चुका था; उसने खाया आदि। भूतकाल के **छह भेद** होते हैं–सामान्य, आसन्न, पूर्ण, अपूर्ण, सन्दिग्ध और हेतुहेतुमद्भूत।

१. सामान्य भूतकाल : जिससे बीते हुए समय का बोध हो, पर क्रिया-समाप्ति के समय विशेष का बोध न हो, उसे सामान्य भूतकाल कहते हैं। यथा–

उसने खाया। उसने पढ़ा।

२. आसन्न भूतकाल : जिससे क्रिया की समाप्ति निकट भूत में अथवा तत्काल समाप्त होने का बोध हो, उसे आसन्न भूतकाल कहते हैं। यथा–

मैंने रोटी खायी है। उसने परीक्षा पास की है।

अनेक विद्वान् इसे पूर्ण वर्तमान काल कहना चाहते हैं। अँगरेजी में इस प्रकार के प्रयोग को शुद्ध वर्तमानकाल माना जाता है।

३. पूर्ण भूतकाल : जिससे (बहुत पहले ही) क्रिया की समाप्ति के समय का स्पष्ट बोध हो, उसे पूर्ण भूतकाल कहा जाता है। यथा–

उसने रोटी खायी थी। वह आया था। वह पढ़ चुका था।

४. अपूर्ण भूतकाल : जिससे क्रिया के भूतकाल में होने का बोध हो, पर उसकी समाप्ति का बोध नहीं होता, उसे अपूर्ण भूतकाल कहते हैं। यथा–

वह पढ़ता था। वह पढ़ रही थी।

५. सन्दिग्ध भूतकाल : जिससे भूतकाल में क्रिया के होने में सन्देह का बोध हो, उसे सन्दिग्ध भूतकाल कहते हैं। यथा–

उसने खाया होगा। वह आया होगा।

ऐसी क्रियाएँ अनुमान का भाव व्यक्त करती हैं। ये क्रियाएँ निश्चयार्थक नहीं, सम्भावनार्थक होती हैं। निश्चय या सन्देह के भाव पर बल देने के लिए इनके साथ 'अवश्य', 'शायद' आदि शब्द प्रयुक्त किये जाते हैं। यथा–

उसने अवश्य खाया होगा। वह शायद आया होगा।

६. हेतुहेतुमद् भूतकाल : जिससे यह बोध हो कि क्रिया भूतकाल में होने वाली थी, पर हो न सकी, उसे हेतुहेतुमद् भूतकाल कहते हैं। यथा–

वर्षा होती तो फसल अच्छी होती। पढ़ा होता तो पास कर जाता।

वह जीवित रहता तो मेरी सहायता करता। जागता होता तो जाता।

'हेतु' का अर्थ है–कारण। इस प्रकार के वाक्यों में पहला उपवाक्य क्रियाविशेषण के रूप में होता है जिससे 'कारण' या 'शर्त' का बोध होता है एवं उससे क्रिया होने की 'शर्त' के पूरा नहीं होने का बोध होता है।

वर्तमान काल

क्रिया के उस रूप को जिससे क्रिया की निरन्तरता/वर्तमानता का बोध होता है, उसे वर्तमान काल कहते हैं। इसमें क्रिया आरम्भ हो चुकी होती है, क्रिया के जारी रहने का बोध होता है। यथा–मैं पढ़ता हूँ, वह पढ़ता है, वे पढ़ते हैं; आदि। इन वाक्यों मे 'पढ़ने' की क्रिया चल रही है का बोध होता है, 'खाने' की क्रिया अभी समाप्त नहीं हुई है। वर्तमान काल के पाँच भेद होते हैं–**सामान्य, तात्कालिक, पूर्ण, सन्दिग्ध और सम्भाव्य** वर्तमान।

१. सामान्य वर्तमानकाल : क्रिया का वह रूप जिससे वर्तमान काल में क्रिया होने का बोध हो। यथा– वह जाता है; वह खाता है आदि।

२. तात्कालिक वर्तमानकाल : क्रिया के इस रूप से वर्तमान काल में क्रिया हो रही है का बोध होता है, यथा–राम आ रहा है; वह खा रहा है।

३. पूर्ण वर्तमानकाल : क्रिया के जिस रूप से वर्तमान काल में कार्य की पूर्ण सिद्धि का बोध होता है, यथा–वह आया है; उसने पूरी किताब पढ़ी है, आदि।

४. सन्दिग्ध वर्तमान : जिससे क्रिया के होने में सन्देह हो, पर उसकी वर्तमानता निश्चित हो, यथा–वह आता होगा; वह खेलता होगा, आदि।

५. सम्भाव्य वर्तमान : क्रिया के जिस रूप से वर्तमान काल में काम के पूरा होने की सम्भावना रहती है, यथा–वह आया हो; उसने रोटी खायी हो, आदि।

भविष्यत्काल

क्रिया के उस रूप को जिससे क्रिया (कार्य) भविष्य में होने का बोध हो, उसे भविष्यत्काल कहते हैं। यथा—वह खायेगा; वह कल पढ़ेगा, आदि। भविष्यत्काल के तीन भेद हैं— **सामान्य, सम्भाव्य और हेतुहेतुमद् भविष्य**

१. सामान्य भविष्यत्काल : जिससे यह बोध हो कि क्रिया सामान्यतः भविष्य में होगी, यथा— मैं पढ़ूँगा, वह खायेगा, आदि।

२. सम्भाव्य भविष्यत्काल : जिससे किसी कार्य के भविष्य में होने की सम्भावना का बोध हो, यथा— सम्भव है, मैं कल जाऊँ; हो सकता है, राम कल आये।

३. हेतुहेतुमद् भविष्यत्काल : जिससे भविष्य में एक क्रिया का होना दूसरी क्रिया के होने पर निर्भर करने का बोध हो, यथा—वह यहाँ रहे तो काम हो; जो काम करे सो मजदूरी पाये; आदि।

कई विद्वान **पूर्ण भविष्यत्** और **अपूर्ण भविष्यत्** भी स्वीकार करते हैं। क्रिया के जिस रूप से भविष्य में किसी क्रिया (काम) के पूर्ण हो जाने का बोध हो, उसे पूर्ण भविष्यत्, और जिस रूप से भविष्य में काम जारी रहने का बोध हो उसे अपूर्ण भविष्यत् कहा जाता है। यथाः—

पूर्ण भविष्यत् : वह खा चुकेगा; वह पढ़ चुकेगा, आदि।

अपूर्ण भविष्यत् : वह खाता रहेगा; वह पढ़ता रहेगा, आदि।

मुद्रा/अवस्था

व्याकरण में मुद्रा या अवस्था का तात्पर्य है— क्रिया की मुद्रा या अवस्था। वाक्य में प्रयुक्त क्रिया अर्थ-बोध और क्रिया-काल का ज्ञान कराती है। काल और अर्थ के प्रकाशन की दृष्टि से वाक्य में प्रयुक्त क्रिया की कोई-न-कोई अवस्था या मुद्रा अवश्य होती है। पं. कामताप्रसाद गुरु ने इसे 'अर्थ' नाम दिया है, पर उनके विचार से "यह ('अर्थ' नाम) थोड़ा-बहुत भ्रामक अवश्य है।" मेरी दृष्टि में इसे 'अर्थ' की अपेक्षा क्रिया की अवस्था या मुद्रा कहना अधिक सटीक है। अस्तु, 'अर्थ' के बदले मुद्रा का प्रयोग कर उन्हीं के शब्दों में कहा जायेगा कि **"क्रिया के जिस रूप से विधान करने की रीति का बोध होता है, उसे 'मुद्रा' कहते हैं"**। यथा— लड़का जाता है (निश्चय), लड़का जाये (सम्भावना), तुम जाओ (आज्ञा) आदि।

काल और अर्थ के विचार से क्रिया की पाँच मुद्राएँ होती हैं— निश्चययार्थ, सम्भावनार्थ, सन्देहार्थ, संकेतार्थ और आज्ञार्थ।

१. निश्चयार्थ : क्रिया की वह मुद्रा या रूप जो किसी विधान (कार्य) के निश्चित रूप से होने या न होने का बोध कराये। यथा–

सामान्य भूत – उसने पढ़ा; उसने नहीं पढ़ा।

आसन्न भूत – उसने पढ़ा है; उसने नहीं पढ़ा है।

पूर्णाभूत – उसने पढ़ा था; उसने नहीं पढ़ा था।

सामान्य वर्तमान – वह पढ़ता है; वह नहीं पढ़ता है।

तात्कालिक वर्तमान – वह पढ़ रहा है; वह नहीं पढ़ रहा है।

इसी प्रकार भविष्यत् काल के उदाहरण दिये जा सकते हैं। निश्चय का बोध कराने के कारण ही ऐसी क्रियाएँ सिद्ध क्रियाएँ कही जाती हैं।

२. सम्भावनार्थ : क्रिया का वह रूप जो किसी सम्भावना का बोध कराये। इससे अनुमान, इच्छा, कर्त्तव्य आदि का बोध होता है। यथा–

सम्भाव्य वर्तमान – वह आया हो; उसने रोटी खायी हो।

सम्भाव्य भविष्यत् – सम्भव है, मैं कल जाऊँ; हो सकता है, वह आये।

३. सन्देहार्थ : क्रिया का वह रूप जो किसी सन्देह का बोध कराये–

सन्दिग्धभूत – उसने पढ़ा होगा; आपने देखा होगा।

सन्दिग्ध वर्तमान – वह पढ़ता होगा; वह खेलता होगा।

४. संकेतार्थ : क्रिया का वह रूप जो किसी शर्त या कारण का बोध कराये। इसका आश्रित उपवाक्य किसी शर्त/कारण का बोधक होता है और प्रधान उपवाक्य परिणाम या फल का। यथा– वह आयेगा, तो मैं जाऊँगा; वह पढ़ेगा, तो पास करेगा। संकेत पूर्ण या अपूर्ण किसी भी प्रकार का हो सकता है।

५. आज्ञार्थ : क्रिया का वह रूप जो आज्ञा, आदेश आदि का बोध कराये। यह पूर्व विवेचित विधि क्रिया का ही रूप है। यथा– मेरी मदद करो।

वाच्य

व्याकरण में वाच्य का अर्थ है– क्रिया का प्रयुक्त रूप। बोलचाल आदि में क्रिया का रूप कभी कर्त्ता के लिंग-वचन पुरुष के अनुसार होता है और कभी कर्म के लिंग वचन-पुरुष के अनुसार और कभी-कभी इन दोनों के अनुसार न होकर भिन्न रूप में– पुंलिंग, एकवचन और अन्य पुरुष के रूप में होता है। क्रिया का यह रूप परिवर्त्तन ही वाच्य कहा जाता है। अर्थात् **क्रिया का वह रूप-परिवर्तन वाच्य कहा जाता है जिससे यह बोध हो कि कर्त्ता, कर्म और भाव में से किसकी प्रधानता है।**

क्रिया का रूप-परिवर्तन तीन प्रकार से होता है। उक्त आधार पर ही वाक्य के तीन प्रकार होते हैं–

१. कर्त्तृवाच्य या कर्तरि प्रयोग

२. कर्मवाच्य या कर्मणि प्रयोग

३. भाववाच्य या भावे प्रयोग

१. कर्त्तृवाच्य : क्रिया के जिस रूप से वाक्य में कर्त्ता की प्रधानता का बोध हो, उसे कर्त्तृवाच्य (कर्तरि प्रयोग) कहते हैं। इसमें क्रिया के लिंग-वचन-पुरुष कर्त्ता के लिंग-वचन पुरुष के अनुरूप होते हैं–

लड़का पढ़ता है; लड़की पढ़ती है।

लड़के पढ़ते हैं; लड़कियाँ पढ़ती हैं।

पत्र लिखा गया; किताब लिखी गयी।

मोहन के एक पुत्र है। सीता के दो पुत्र हैं।

२. कर्मवाच्य : क्रिया के जिस रूप से वाक्य में कर्म की प्रधानता का बोध हो, उसे कर्मवाच्य (कर्मणि प्रयोग) कहते हैं। इसमें क्रिया के लिंग-वचन-पुरुष कर्म के लिंग-वचन-पुरुष के अनुरूप होते हैं–

मैंने रोटी खायी; मैंने चार आम खाये।

सीता ने भात खाया; लड़कियों ने ग्रन्थ पढ़े।

३. भाववाच्य : क्रिया के जिस रूप से वाक्य में क्रिया अथवा भाव की प्रधानता का बोध हो, उसे भाववाच्य (भावे प्रयोग) कहते हैं। इसमें क्रिया पुंलिंग, एकवचन और अन्यपुरुष में होती है–

मुझसे उठा नहीं जाता; सीता से चला नहीं जाता।

महत्त्व की यह बात ध्यान में होनी चाहिए कि कर्त्तृवाच्य में क्रिया सकर्मक और अकर्मक, दोनों होती है, पर कर्मवाच्य में केवल सकर्मक और भाववाच्य में अकर्मक। हिन्दी में कर्त्तृवाच्य का ही प्रयोग सर्वाधिक होता है। कर्मवाच्य और भाववाच्य अपेक्षया कम प्रयुक्त होते हैं। भाववाच्य का प्रयोग अधिकतर निषेधात्मक अर्थ में होता है।

कई विद्वान् कर्त्तृवाच्य और कर्तरिप्रयोग, कर्मवाच्य और कर्मणिप्रयोग, भाववाच्य और भावेप्रयोग में अन्तर करते हैं, जो नहीं किया जाना चाहिए। कर्त्तृवाच्य और कर्तरि प्रयोग एक ही चीज हैं। दोनों में किसी प्रकार का अन्तर नहीं है। वैसे ही कर्म वाच्य और कर्मणि प्रयोग और भाववाच्य एवं भावेप्रयोग भी एक ही हैं। इस सम्बन्ध में पं. किशोरीदास वाजपेयी जी ने अपेक्षित विचार किया है। निष्कर्षतः

कहा जायेगा कि वाक्य के विवेचन में क्रिया के रूप पर ही विचार किया जाना चाहिए, क्रिया के अर्थ पर नहीं। क्रिया के अर्थ पर मुद्रा (mood) के अन्तर्गत विचार होता है। वाक्य-विवेचन का आधार मात्र क्रिया का रूप-परिवर्तन होना चाहिए।

वाच्य-परिवर्तन

हिन्दी में वाच्य-परिवर्तन प्रायः होता ही नहीं। इस बारे में पं. किशोरीदास वाजपेयी जी ने पर्याप्त विचार किया है। हिन्दी-व्याकरण की पुस्तकों में वाच्य-परिवर्तन के जो नियम और उदाहरण प्रस्तुत किये गये हैं, वे अँगरेजी की अनुचित नकल हैं। हिन्दी में इस प्रकार के वाक्य प्रयुक्त होते ही नहीं—

लड़के से रोटी खायी जाती है।	राम से गीत गाया गया।
मुझसे आम खाया जाता है।	लड़कियों से नाचा जा रहा है।
मुझसे पत्र लिखा गया है।	लड़कों से हँसा जा रहा होगा।

ऐसे वाक्य कर्मवाच्य कहे गये हैं। पाठक स्वयं विचार करें कि ये और इस प्रकार के अन्य प्रयोग क्या हिन्दी में होते हैं? यदि नहीं, तो इन्हें व्याकरण की पुस्तकों में स्थान देना कहाँ तक उचित होगा? हिन्दी की प्रकृति और संस्कृति के अनुसार उपरि वाक्यों के शुद्ध रूप इस प्रकार होंगे—

लड़का रोटी खाता है।	राम ने गीत गाया।
मैं आम खाता हूँ।	लड़कियाँ नाच रही हैं।
मैंने पत्र लिखा है।	लड़के हँस रहे होंगे।

ये सब कर्तृवाच्य (कर्तरि प्रयोग) हैं। ध्यातव्य है कि हिन्दी में कर्मवाच्य की क्रिया सदा कर्म के अनुरूप रहती है, पर अँगरेजी में 'पैसिव वॉयस' की क्रिया कर्त्ता के अनुरूप होती है। निष्कर्षतः कहा जायेगा कि वाच्य-परिवर्तन की जो पद्धति अँगरेजी की प्रकृति है, वह हिन्दी की विकृति बन जाती है। इसमें पर्याप्त सावधानी बरतनी चाहिए।

क्रिया का पद-परिचय

क्रिया का पद-परिचय प्रस्तुत करते समय क्रिया का प्रकार, वाक्य, पुरुष, लिंग, वचन, काल और वह शब्द जिसका सम्बन्ध क्रिया से होता है, इन सब को स्पष्ट किया जाता है। यथा— 'में जाता हूँ' मैं 'जाता हूँ' क्रिया है। इसका परिचय इस प्रकार होगा—

जाता हूँ : अकर्मक क्रिया, कर्तृवाच्य, सामान्य वर्तमान काल, उत्तम पुरुष, पुंलिंग और एकवचन है। इसका कर्त्ता 'मैं' है।

अव्यय

जिन शब्दों के रूप नहीं बदलते, वे अव्यय कहे जाते हैं। वे सदा एक रूप मे रहते हैं। 'अव्यय' का शब्दार्थ है– शब्द के मूल रूप में कोई 'व्यय' अर्थात् विकार या परिवर्तन न होना। संज्ञा, सर्वनाम, विशेषण और क्रिया शब्द विकारी होते हैं। उनके रूप लिंग, वचन, पुरुष, कारक आदि के कारण बदलते रहते हैं। अव्यय शब्द अविकारी होते हैं– उनमें लिंग, वचन, पुरुष, कारक आदि के कारण कोई विकार उत्पन्न नहीं होता। यथा– जब, तब, कब, क्यों, अतः, अतएव, चूँकि, अर्थात्, किन्तु आदि। अव्यय की परिधि में सम्बन्धबोधक, समुच्चयबोधक, विस्मयादिबोधक और क्रियाविशेषण शब्द आते हैं।

अव्यय के भेद

अव्यय के मुख्यतः चार भेद हैं– सम्बन्धबोधक, समुच्चयबोधक, विस्मयादिबोधक और क्रियाविशेषण।

१. सम्बन्धबोधक अव्यय

किसी संज्ञा के बाद प्रयुक्त जो अव्यय उसका सम्बन्ध वाक्य के किसी दूसरे शब्द से जोड़े, उसे सम्बन्धबोधक अव्यय कहते हैं। यथा–

किताब के **बिना** छात्र का काम नहीं चलता।

दिन **भर** खेलना ठीक नहीं।

उपरि वाक्यों में 'बिना' और 'भर' सम्बन्धबोधक अव्यय हैं– 'बिना' शब्द संज्ञा (किताब) का सम्बन्ध क्रिया (चलता) से एवं 'भर' शब्द संज्ञा (दिन) का सम्बन्ध क्रियार्थक संज्ञा (खेलना) से जोड़ते हैं।

सम्बन्धबोधक अव्यय के भेद

सम्बन्धबोध अव्यय के भेद प्रयोग, अर्थ और व्युत्पत्ति के आधार पर किये जाते हैं। उन्हें अग्रांकित तालिका द्वारा प्रस्तुत किया जाता है–

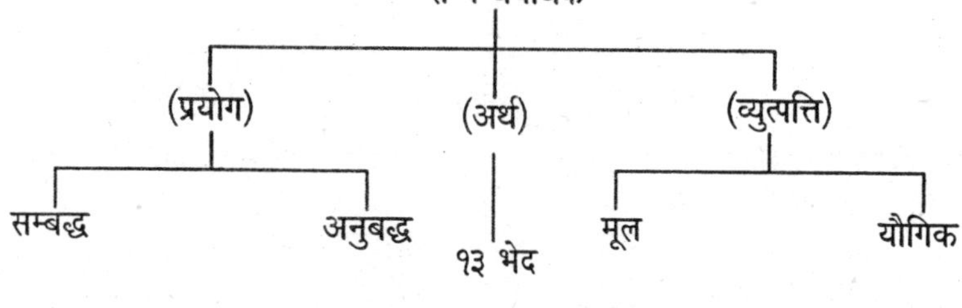

प्रयोग के अनुसार

१. सम्बद्ध सम्बन्धबोधक : जो संज्ञा की विभक्तियों के बाद आते हैं–धन के बिना, शिक्षक की नाईं।

२. अनुबद्ध सम्बन्धबोधक : संज्ञा के विकृत रूप के बाद आने वाले, यथा **किनारे** तक, **कटोरे** भर, **साथियों** सहित।

इनमें पहले प्रकार (सम्बद्ध सम्बन्धसूचक) के दो और भेद माने जाते हैं– **(क)** जो अकेले आते हैं, यथा– ने,को, में, पर, का आदि; राम **ने** कहा, कमरे **में** है, छत **पर** कूदो आदि एवं **(ख)** जो किसी और सम्बन्धसूचक अव्यय के साथ आते हैं, यथा– ये प्रायः के, से, की, के बाद/आगे/पीछे/पहले/पूर्व/अनन्तर/भीतर/पास/निकट/बिना/बदले/सहारे/कारण/मारे आदि; जैसे–राम के अनन्तर, घर के भीतर, उनके आगे, उनकी अपेक्षा, आदमी की नाईं, देश के खातिर आदि।

अर्थ के अनुसार

१. **कालवाचक** – आगे, पीछे, पहले, बाद, पश्चात्, उपरान्त, लगभग आदि।
२. **स्थानवाचक** – ऊपर, नीचे,, तले, सामने, निकट, भीतर, समीप आदि।
३. **दिशावाचक** – ओर, तरफ, आसपास, पार, प्रति आदि।
४. **साधनवाचक** – द्वारा, मारफत, जरिये, हाथ, जबानी, कर, सहारे आदि।
५. **हेतुवाचक** – मारे, कारण, चलते, लेकर, खातिर, हेतु आदि।
६. **विषयवाचक** – विषय, बाबत, निस्बत, नाम, लेखे, भरोसे आदि।
७. **व्यतिरेकवाचक** – सिवा, अलावा, बिना, बगैर, रहित, जान आदि।
८. **विनिमयवाचक** – पलटे, बदले, जगह, एवज आदि।
९. **सादृश्यवाचक** – समान, अनुसार, अनुकूल, अनुरूप, बराबर, भाँति, देखादेखी, सरीखा, सा, ऐसा, जैसा आदि।
१०. **विरोधवाचक** – विरुद्ध, उलटा, विपरीत, खिलाफ आदि।
११. **सहचरवाचक** – साथ, संग, सहित, समेत, वश, पूर्वक आदि।
१२. **तुलनावाचक** – बनिस्बत, सामने, आगे, बढ़कर आदि।
१३. **संग्रहवाचक** – भर, तक, पर्यन्त, मात्र आदि।

व्युत्पत्ति के अनुसार

१. मूल सम्बन्धबोधक : बिना, नाईं, पूर्वक, पर्यन्त आदि।

२. यौगिक सम्बन्धबोधक : ये संज्ञा, विशेषण, क्रिया और क्रियाविशेषण के योग से बनते हैं। यथा–

संज्ञा से	—	पलटे, लेखे, अपेक्षा आदि।
विशेषण से	—	तुल्य, समान, ऐसा, योग्य आदि।
क्रिया से	—	लिए, मारे, कर, जाने आदि।
क्रियाविशेषण से	—	ऊपर, भीतर, यहाँ, वहाँ आदि।

२. समुच्चयबोधक अव्यय

एक पद या वाक्य का सम्बन्ध दूसरे पद या वाक्य से जोड़ने वाला पद समुच्चयबोधक अव्यय कहा जाता है। इसे **योजक** अव्यय भी कहते हैं। यथा—

दस और दस बीस होते हैं

परीक्षा आयी और पढ़ाई शुरू की।

इन वाक्यों में 'और' समुच्चयबोधक अव्यय है। वह पहले वाक्य मे दो पदों को और दूसरे में दो वाक्यों के जोड़ता है। इसके भेद-उपभेद आगे तालिका द्वारा प्रस्तुत की जाती है—

- समुच्चयबोधक
  - समानाधिकरण
    - संयोजक
    - विभाजक
    - विरोधदर्शक
    - परिणामदर्शक
  - व्यधिकरण
    - कारणवाचक
    - उद्देश्यवाचक
    - संकेतवाचक
    - स्वरूपवाचक

समानाधिकरण समुच्चयबोधक : जिन पदों (अव्ययों आदि) द्वारा मुख्य वाक्य या एक ही प्रकार के वाक्य जोड़े जाते हैं। इसके चार उपभेद हैं—

१. **संयोजक** : और, एवं, तथा, व।

२. **विभाजक** : या, वा, अथवा, नहीं, तो, क्या-क्या।

३. **विरोधदर्शक** : पर, परन्तु, किन्तु, लेकिन, बल्कि, वरन्, न केवल।

४. **परिणाम दर्शक** : इसलिए, अतः, अतएव।

व्यधिकरण समुच्चयबोधक : जिन पदों या अव्ययों द्वारा मुख्य वाक्य के साथ एक या एक से अधिक आश्रित वाक्य जोड़े जाते हैं। इसके चार उपभेद हैं—

१. **कारणवाचक** : क्योंकि, चूँकि, इसलिए कि।

२. **उद्देश्यवाचक** : कि, जो, ताकि, जिससे कि।

३. **संकेतवाचक** : यदि-तो, अगर—तो, यद्यपि—तथापि, चाहे—पर।

४. **स्वरूपवाचक** : कि, अर्थात, मानो, यानी।

३. विस्मयादिबोधक अव्यय

हर्ष, शोक, विस्मय, आश्चर्य आदि मनोभावों का बोध कराने के बावजूद वाक्य या वाक्य के किसी पद से सम्बद्ध नहीं रहने वाले अव्यय विस्मयादिबोधक होते हैं। यथा–

१. **हर्षसूचक** : अहा! धन्य! जय! वाह-वाह! शाबाश!

२. **शोकसूचक** : आह! ओह! अह! ऊह! हाय! काश!

३. **आश्चर्यसूचक** : ऐ! ओहो! क्या! वाह!

४. **अनुमोदनबोधक** : ठीक! हाँ! शाबाश! अच्छा!

५. **तिरस्कारबोधक** : धिक्! छिह! अरे! दुर! चुप!

६. **स्वीकारबोधक** : जी हाँ! जी अच्छा! बहुत अच्छा! ठीक!

७. **सम्बोधन** : रे! अरे!, अजी!, अहो!, भई!, लो!

यथा–वाह! बड़ा अच्छा हुआ। शाबाश! अब जाओ।

४. क्रियाविशेषण अव्यय

क्रिया की विशेषता बताने वाले शब्द क्रियाविशेषण अव्यय कहे जाते हैं। यथा–

राम **तेज** दौड़ता है।   राम **बहुत** खेलता है।

इन वाक्यों में 'तेज' और 'बहुत' क्रियाविशेषण हैं। वे क्रमशः 'दौड़ता है' और 'खेलता है' क्रियाओं की विशेषता बताते हैं।

विद्वानों में क्रियाविशेषण की परिभाषा के सम्बन्ध में मतैक्य नहीं है। अँगरेजी व्याकरण का आधार ग्रहण कर पं. कामताप्रसाद गुरु एवं अन्य क्रिया के अतिरिक्त विशेषण एवं क्रियाविशेषण की विशेषता बताने वाले शब्दों को भी क्रियाविशेषण मानने के पक्षधर हैं, जबकि पं. किशोरीदास वाजपेयी एवं अन्य के अनुसार मात्र क्रिया की विशेषता बताने वाले शब्दों को ही क्रियाविशेषण मानना चाहिए। विशेषण की विशेषता बताने वाले शब्दों को पहले **प्रविशेषण** कहा जा चुका है। उसी प्रकार क्रियाविशेषण की विशेषता बतानेवाले शब्दों को **क्रियाप्रविशेषण** कहना अनुचित नहीं होगा। क्रियाविशेषण से क्रिया की विशेषता बताने वाला अर्थ ग्रहण करना संगत है। अग्रांकित वाक्यों में प्रयुक्त शब्दों पर विचार कीजिए–

राम अच्छा लड़का है।	– 'अच्छा' विशेषण।
राम बहुत अच्छा लड़का है।	– 'बहुत' प्रविशेषण, 'अच्छा' का विशेषण।
राम तेज दौड़ता है।	– 'तेज' क्रियाविशेषण।
राम बहुत तेज दौड़ता है।	– 'बहुत' क्रियाप्रविशेषण, 'तेज' क्रियाविशेषण का विशेषण।

क्रियाविशेषण अव्यय के भेद

क्रियाविशेषण अव्यय के भेद प्रयोग, अर्थ और व्युत्पत्ति (रूप) के आधार पर किये जाते हैं जो अग्रांकित तालिका द्वारा प्रस्तुत किये गये हैं–

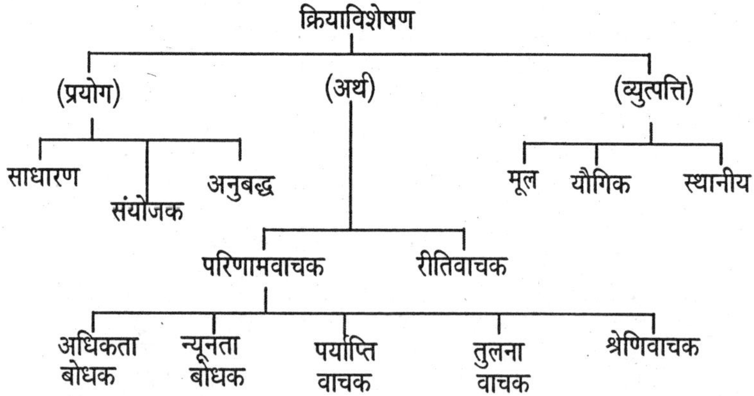

प्रयोग के अनुसार

१. **साधारण क्रियाविशेषण** : वाक्य में स्वतंत्र रूप से प्रयुक्त होने वाले, यथा– **हाय!** मैं लुट गया। **शाबाश!** ठीक किया।

२. **संयोजक क्रियाविशेषण** : जिसका सम्बन्ध किसी उपवाक्य से होता है। यथा–**जहाँ** अभी नगर बसा है, **वहाँ** किसी समय जंगल था।

३. **अनुबद्ध क्रियाविशेषण** : अवधारण (निश्चय) के लिए किसी भी शब्द भेद के साथ प्रयुक्त किये जाने वाले, यथा–उसने मुझे देखा **तक** नहीं। यह **तो** सरासर जालसाजी है।

अर्थ के अनुसार

क. **परिमाणवाचक क्रियाविशेषण** : इसके पाँच उपभेद होते हैं–

१. **न्यूनताबोधक** : थोड़ा, जरा, कुछ, लगभग, किंचित् आदि।

२. **अधिकताबोधक** : बहुत, अत्यन्त, बड़ा, भारी, अतिशय आदि।

३. **पर्याप्तिबोधक** : बस, यथेष्ट, बराबर, पर्याप्त आदि।

४. **तुलनावाचक** : इतना, उतना, जितना, कितना, घटकर, बढ़कर आदि।

५. **श्रेणिवाचक** : थोड़ा-थोड़ा, क्रम से, एक-एक कर, यथाक्रम, तिल-तिल आदि।

ख. **रीतिवाचक क्रियाविशेषण** : इनके प्रयोग अग्रांकित अर्थों में होते हैं–

१. **प्रकार** : ऐसे, वैसे, कैसे, मानो, अचानक, प्रत्युत आदि।

२. **निश्चय** : अवश्य, सही, बेशक, जरूर, वस्तुतः आदि।

३. **अनिश्चय** : शायद, कदाचित्, यथासम्भव आदि।

४. **स्वीकार** : हाँ, ठीक, सच आदि।

५. **कारण** : इसलिए, क्यों, काहे को आदि।

६. **निषेध** : न, नहीं, मत।

७. **अवधारण** : तो, ही, मात्र, तक, भर, सा आदि।

व्युत्पत्ति (रूप) के अनुसार

१. **मूल क्रियाविशेषण** : जो किसी दूसरे शब्द के मेल से नहीं बने हों, यथा—ठीक, दूर, फिर, नहीं, अचानक आदि।

२. **यौगिक क्रियाविशेषण** : जो कई शब्दों से मेल से बने हों, यथा—

क. **संज्ञा की द्विरूक्ति से** : घर-घर, दिन-दिन, हाथों-हाथ।

ख. **दो भिन्न संज्ञाओं के मेल से** : दिन-रात, घर-बाहर, देश-विदेश।

ग. **विशेषण की द्विरूक्ति से** : ठीक-ठीक, एक-एक, लाल-लाल।

घ. **क्रियाविशेषण की द्विरूक्ति से** : धीरे-धीरे, कहाँ-कहाँ, कब-कब।

ङ. **दो क्रियाविशेषणों के मेल से** : जहाँ-तहाँ, जब-तब, आस-पास।

च. **दो क्रियाविशेषणों के मध्य 'न' लगने से** : कुछ-न-कुछ, कभी-न-कभी।

छ. **अनुकरणवाचक शब्द की द्विरूक्ति से** : तड़तड़, धड़ाधड़, पटपट, थरथर।

ज. **संज्ञा और विशेषण के मेल से** : एक साथ, एक बार, दो बार।

झ. **अव्यय और अन्य शब्दों के मेल से** : प्रतिदिन, यथाक्रम, आजन्म।

ञ. **पूर्वकालिक कृदन्त और विशेषण के मेल से** : विशेषकर, एक-एककर, बहुतकर।

३. **स्थानीय क्रियाविशेषण** : बिना बदले ही किसी विशेष स्थान में प्रयुक्त होने वाले, यथा—वह अपना **सिर** पढ़ेगा।

क्रियाविशेषण को अव्यय के अंतर्गत स्वीकार किया गया है, पर दोनों में साम्य की अपेक्षा वैषम्य अधिक है। अव्यय और अधिकांश क्रियाविशेषण अविकारी हैं, पर कुछ क्रियाविशेषण विकारी भी होते हैं। अव्यय शब्द विशेषण और क्रियाविशेषण की विशेषताएँ बताते हैं। वे प्रश्न करने, विस्मय आदि का भाव प्रकट करने, दो पदों अथवा दो वाक्यों को जोड़ने का काम करते हैं, पर क्रियाविशेषण की शक्ति और सीमा क्रिया की विशेषता बताना भर है। व्याकरण की कुछ पुस्तकों में कालवाचक आदि कई प्रकारों के अव्यय शब्द क्रियाविशेषण माने गये है, पर

विचार करने से विदित होता है कि **कालवाचक, स्थानवाचक, दिशावाचक** और **स्थितिवाचक** अव्यय शब्द क्रिया की विशेषता बताते ही नहीं। अतः उन्हें क्रियाविशेषण स्वीकार करना संगत नहीं प्रतीत होता। अस्तु, अपेक्षित सावधानी बरतने की आवश्यकता है।

निपात

निपात का शाब्दिक अर्थ है– नीचे गिरने की क्रिया या अवस्था का भाव। व्याकरण और भाषाविज्ञान में **वैसे शब्द निपात के अन्तर्गत परिगणित होते हैं जो व्याकरण के नियमानुसार न बने होने पर भी प्रायः शुद्ध माने जाते हैं।** वे पाद पूरा करने वाले कहे गये हैं–'निपातः पाद पूरणाः।' निपात अव्यय माने जाते हैं पर वे शुद्ध अव्यय है नहीं। दीमशित्स **(हिन्दी व्याकरण की रूपरेखा,** पृ. २१४) के अनुसार "निपातों का अन्य शब्दभेदों से इस बात में अन्तर है कि अन्य शब्दभेदों का अर्थात् संज्ञाओं, विशेषणों, सर्वनामों, क्रियाओं, क्रियाविशेषणों आदि का अपना अर्थ होता है, किन्तु निपातों का नहीं।...निपातों का प्रयोग निश्चित शब्द, शब्द समुदाय या पूरे वाक्य को अतिरिक्त भावार्थ प्रदान करने के लिए होता है।" हिन्दी में अधिकांश निपात शब्दसमूह के बाद प्रयुक्त होते हैं, जिन्हें वे बल प्रदान करते हैं। निपात के कार्य इस प्रकार होते हैं–

प्रश्न – यथाः–क्या वह बीमार है?

अस्वीकृति – यथाः–मेरे मँझले मामा आज वहाँ नहीं जायेंगे।

विस्मयबोधक – यथाः–क्या अच्छी किताब है!

वाक्य में किसी शब्द पर बल प्रदान करना–यथाः–वह भी इसे जानता है।

दीमशित्स ने हिन्दी में **निपात के नौ वर्ग** माने हैं। यथा–

१. स्वीकारार्थक – हाँ, जी, जी हाँ।
२. नकारार्थक – नहीं, जी नहीं।
३. निषेधबोधक – मत
४. प्रश्नबोधक – क्या? न।
५. विस्मयादिबोधक – क्या, काश, काश कि।
६. बलदायक/सीमाबोधक – तो, ही, तक, पर, सिर्फ, केवल।
७. तुलनाबोधक – सा।
८. अवधारण बोधक – ठीक, लगभग, करीब, तकरीबन।
९. आदरबोधक – जी।

अव्यय का पद-परिचय

अव्यय का पद-परिचय प्रस्तुत करते समय अव्यय, उसका भेद और उससे सम्बद्ध पद का निर्देश किया जाता है। यथा–

क्या! राम लौट आया।

राम अपने क्लास में **शान्तिपूर्वक** पढ़ता है।

प्रथम वाक्य में 'क्या' अव्यय है। उससे राम के लौट आने का विस्मय (आश्चर्य) सूचित होता है अतः वह विस्मादिबोधक अव्यय है। दूसरे वाक्य में 'शान्तिपूर्वक' क्रियाविशेषण है। वह 'बैठता है' क्रिया की विशेषता अर्थात् बैठने की रीति का बोध कराता है, अतः रीतिवाचक क्रियाविशेषण है।

शब्द-रचना

विभिन्न प्रकार के शब्दों का उल्लेख पहले ही शब्द-विचार (अध्याय-२) के आरम्भ में किया गया है। हिन्दी में कई प्रकार के शब्द हैं–तत्सम, तद्भव, देशज, विदेशी; रूढ़, यौगिक, योगरूढ़ आदि। उत्पत्ति की दृष्टि से शब्द चार प्रकार के माने गये हैं–**तत्सम, तद्भव, देशज** और **विदेशी**।

१. तत्सम

'तत्सम' का अर्थ है– उसके (संस्कृत के) समान, तद्रूप। **अपने विशुद्ध या मूल रूप में दूसरी भाषा में चलने वाले शब्द तत्सम कहे जाते हैं।** संस्कृत के जो शब्द अपने मूल उच्चारण के साथ विशुद्ध रूप में हिन्दी में आये हैं, वे तत्सम कहे जाते हैं। यथा–

अक्षर, अग्र, अतिथि, अनन्त, अविद्या, कक्षा, कपोत, काव्य, केश, क्रोध, सूर्य, आकाश, नक्षत्र, दिवस, उषा, शरद, दधि, मधु, घृत, धर्म, दान, पुण्य, ज्ञान, पात्र, प्रिय, माता, पिता, भ्राता आदि।

२. तद्भव

'तद्भव' का अर्थ है– तत् यानी उससे (संस्कृत से) उत्पन्न (भव)। **संस्कृत शब्दों से उत्पन्न या विकसित (अर्थात् प्राकृत से होते हुए) हिन्दी में आये शब्द तद्भव कहे जाते हैं।** हिन्दी के निजी शब्द इसी वर्ग के हैं। इनकी संख्या सर्वाधिक है। शिक्षितों की भाषा में तत्सम और सामान्य जन की भाषा में तद्भव शब्द प्रायः अधिक होते हैं। अग्रांकित उदाहरणों से तद्भव शब्दों की विकास-यात्रा स्वयं सूचित होती है–

संस्कृत	प्राकृत	तद्भव (हिन्दी)
अग्नि	अग्गि	आग
वत्स	वच्छ	बच्चा/बाछा
चतुर्दश	चउद्दह/चोद्दस	चौदह
पुष्प	पुप्फ	फूल
प्रिय	प्रिय	पिय, पिया
मध्य	मज्झ	में
मयूर	मऊर	मोर

३. देशज

देशज का अर्थ है– देश की जनपदीय बोलियों में उत्पन्न या विकसित शब्द। ये शब्द बोलचाल आदि के आधार पर अपनी जनपदीय बोलियों में उत्पन्न हुए हैं। **इनकी व्युत्पत्ति व्याकरणिक नियमों या किसी धातु से सिद्ध नहीं हो पाती।** जनपदीय बोलियों में ऐसे शब्दों की अधिकता है। हिन्दी में ये वहीं से आये हैं। यथा–पाड़ा, झगड़ा, चिनगी, फुनगी, पगड़ी, डिबिया आदि।

अनेक **अनुकरणमूलक** देशज शब्द देशी निर्मिति के उत्तम नमूने हैं। यथा–छप-छप (पानी में हाथ के आघात की ध्वनि), कल-कल, बल-बल, झलमल (पानी पर पड़ने वाली रोशनी), बक-बक, ढक-ढक, खुसर-पुसर, टें-टें, चीं-चीं, टक्कर, थपक आदि।

कतिपय **मिश्रित शब्द,** यथा–जेबघड़ी (फारसी + हिन्दी), रेलयात्रा (अँगरेजी + संस्कृत), चोर दरवाजा (हिन्दी + फारसी) आदि, भी इसी वर्ग में रखे जायेंगे। कुछ लोग इन शब्दों के लिए एक अलग **'संकर'** नामक वर्ग मानते हैं। हिन्दी में इस प्रकार के अनेक शब्द बहुप्रचलित हैं। यथा–रेलगाड़ी, मोटरगाड़ी, टिकट घर, अग्निबोट, नमूनार्थ, झण्डोत्तोलन, बमवर्षा, जाँचकर्ता, सजाप्राप्त आदि।

४. विदेशी

विदेशी भाषाओं से हिन्दी में आगत शब्द विदेशी कहे जाते हैं। इनमें उर्दू से होते हुए फारसी, तुर्की और अँगरेजी से होते हुए लैटिन, पुर्तगाली, यूनानी, फ्रांसीसी, जापानी, चीनी आदि एवं स्वयं अँगरेजी के शब्द हैं। विदेशी शब्दों को हिन्दी ने अपनी प्रकृति और उच्चारण के अनुरूप या अपभ्रंश रूप में ढाल कर स्वीकार किया है। इस कारण उन शब्दों के मूल रूप में हेर-फेर भी हुआ है। विदेशी शब्दों में फारसी, अरबी और अँगरेजी के शब्द अपेक्षया अधिक हैं। यथा–

क. फारसी शब्द

अदा, अफसोस, आराम, आदमी, आवारा, आवाज, उम्मीद, कमीना, किशमिश, किनारा, खाल, खुद, खामोश, गवाह, गुलाब, गोस्त, चादर, चिराग, चश्मा, जहर, जिन्दगी, जागीर, जोश, तमाशा, तीर, तबाह, दुकान, दंगल, नाजुक, पाजी, परहेज, बीमार, मुर्दा, मोर्चा, मरहम, यार, राह, लश्कर, लगाम, वापिस, शादी, सितार, सरदार, हफ्ता आदि।

ख. अरबी शब्द

असर, अजब, अमीर, अक्ल, अल्ला, आदत, इनाम, इलाज, उम्र, कसूर, कसर, कसरत, कमाल, किताब, कायदा, जुलूस, जनाब, जलसा, जालिम, तकिया, तमाशा, तरफ, तरक्की, दिमाग, मदद, मिसाल, मुहावरा, फायदा, मौलवी, मतलब, हक, हिसाब, शराब आदि।

ग. तुर्की शब्द

आका, तमगा, उर्दू, कालीन, कैंची, चेचक, बेगम, लाश, तलाश, तोप, बहादुर, मुगल, लफंगा, कुली, बावर्ची, चमचा, सौगात, सुराग आदि।

घ. अँगरेजी शब्द

अफसर, इंजिन, डॉक्टर, एजेण्ट, कनस्तर, दर्जन/दरजन, तौलिया, पलस्तर, लालटेन, सिलेट, अस्पताल, तारपीन, मील, फुट, बोतल, कप्तान आदि।

ङ. लैटिन शब्द

अक्तूबर, इंच, ऐजेण्डा, केतली, कोटा, कोरम, जनवरी, नवम्बर, पार्लियामेण्ट, पौण्ड, प्रीमियम, बोनस, मशीन, राशन, रेडिओ, शोफर, स्कूल आदि।

च. यूनानी शब्द

एकेडमी, अकादमी, ऐटम, एटलस, टेलीग्राफ़, टेलीफ़ोन, डेल्टा, बाइबिल आदि। ज्योतिष की शब्दावलियों में होरा, होड़ा-चक्र आदि यूनानी शब्द ही हैं। ये भारत में चन्द्रगुप्त मौर्य के समय में ही प्रचलित हुए होंगे।

अँगरेजी से होते हुए **मलयी शब्द** (गटा परचा, पिरच अर्थात् रिकाबी, प्लेट, प्याला), **मैक्सिको-शब्द** (कोको, चॉकलेट, टमाटर आदि), **रूसी शब्द** (जार, बोलशोबिक, स्पुतनिक, सोवियत, रूबल आदि). **फ्रांसीसी शब्द** (कर्फ्यू, कॉन्स्टेबल, कारटून, गन, जज, जूरी, जाकिट, पुलिस, पेन्सिल, बिगुल, मेयर, मीटर आदि) ही नहीं, कतिपय चीनी, जापानी, ब्राजिलीयन आदि शब्द भी हिन्दी में आये हैं।

बनावट या रचना (दो वर्गों अथवा दो शब्दों के मेल) के विचार से शब्द तीन प्रकार के होते हैं—**रूढ़, यौगिक** और **योगरूढ़**।

१. रूढ़ शब्द : जिन शब्दों के खण्ड सार्थक नहीं होते, वे रूढ़ कहे जाते हैं। यथा—हाथ, घर आदि। इन शब्दों के खण्ड—'हा', 'थ', 'घ', 'र' सार्थक नहीं हैं।

२. **यौगिक शब्द :** दो शब्दों के मेल से बने शब्द जिनके खण्ड सार्थक होते हैं, यौगिक कहे जाते हैं। यौगिक शब्दों की रचना दो या दो से अधिक शब्दों के मेल से होती है। यथा—विद्यालय, राजपूत, घुड़सवार, छलछन्द आदि।

३. **योगरूढ़ :** बनावट की दृष्टि से यौगिक होने के बावजूद अपने सामान्य अर्थ को छोड़ कर किसी परम्परा से विशेष अर्थ का द्योतन कराने वाले शब्द योगरूढ़ कहे जाते हैं। यथा—पंकज, चक्रपाणि, लम्बोदर आदि। 'पंक' (कीचड़) में/से जन्म लेने ('ज') वालों में से केवल 'कमल' का अर्थ पंकज शब्द का रूढ़ हो गया है। इसी तरह चक्रपाणि का 'विष्णु' और लम्बोदर का 'गणेश' अर्थ भी रूढ़ हो गया है। ये शब्द रचना की दृष्टि से यौगिक हैं, पर अपने सामान्य अर्थ को छोड़ कर विशेष अर्थ में रूढ़ हो गये हैं। इस कारण योगरूढ़ कहे जाते हैं।

शब्द-रचनाविधि

हिन्दी में कुछ मूल शब्द हैं और कुछ शब्दों की रचना करनी पड़ती है। नये शब्दों की रचना मुख्यतः पाँच विधियों से की जाती है—**सन्धि, समास, आवृत्ति, उपसर्ग** और **प्रत्यय**। इनके अतिरिक्त कतिपय शब्द **कटवाँ-विधि** (सुदि, बदि, आभाआ, मभाआ, नभाआ, नेफा, पेप्सु, नोयडा आदि) और **मिलवाँ-विधि** (फुलेल, बिसनोटी, गोजइ, गोचनी आदि) से भी बनते हैं। संधि पर पहले विचार हो चुका है। यहाँ शेष पर विचार किया जाता है।

आवृत्ति और शब्द रचना

हिन्दी में शब्दों की चार प्रकार की आवृत्ति से नये शब्द बनाये जाते हैं—

क. मूल शब्द की आवृत्ति से

गाँव-गाँव, नगर-नगर, घर-घर, गली-गली, रोम-रोम, देश-देश।

ख. मूल शब्द के साथ विलोम शब्द जोड़ कर

भला-बुरा, दिन-रात, घर-बाहर, देश-विदेश, सुबह-शाम, आकाश-पाताल।

ग. मूल शब्द के साथ उसी क्षेत्र के अन्य शब्द को जोड़ कर

सीधा-सादा, खेल-कूद, लड़ाई-झगड़ा।

घ. मूल शब्द के साथ मिलते-जुलते शब्द को जोड़ कर

रोटी-राटी/रोटी-वोटी, मोटा-झोटा, कपड़ा-सपड़ा, भात-वात।

उपसर्ग और शब्द-रचना

किसी शब्द के पहले जुड़ कर उसे नया अर्थ प्रदान करने वाले शब्दांश उपसर्ग कहे जाते हैं। 'उप' और 'सर्ग' के योग से निर्मित उपसर्ग शब्द के

'उप' का अर्थ है– निकट या पास में और 'सर्ग' का अर्थ है– सृष्टि। इस प्रकार 'उपसर्ग' का अर्थ होता है– किसी शब्द के पास (पहले) बैठ कर नवीन शब्द की रचना कर उसे नयी अर्थवत्ता प्रदान करना। उपसर्गों के जुटने से बने शब्दों में अर्थ की तीन स्थितियों में से कोई एक हो सकती है–

क. अर्थ में अन्तर प्रायः नहीं होना।

ख. अर्थ में नयी विशेषता आ जाना।

ग. अर्थ में प्रतिकूलता होना।

हिन्दी में प्रयुक्त कछ निपात शब्द भी उपसर्ग की तरह ही होते हैं। संस्कृत में शब्दों के पहले लगने वाले कुछ निश्चित शब्दांश ही उपसर्ग कहे जाते हैं। शेष को अव्यय कहते हैं। हिन्दी में संस्कृत के १६ और उर्दू के १२ उपसर्ग भी मान्य हैं। हिन्दी के अपने उपसर्ग केवल १0 हैं। इस प्रकार उपसर्गों की कुल संख्या ४१ होती है। इनके अर्थ और इनसे बने शब्द रूप आगे प्रस्तुत किये जाते हैं–

उपसर्ग	**अर्थ**	**शब्दरूप**
अ/अन	नहीं	अबोध, अमिट, अनजान, अनमोल
आ	सीमा, समेत,	आमुख, आमरण, आदान, आजन्म
अति	अधिक, ऊपर	अत्यन्त, अतिशय, अतिरिक्त अत्युक्ति
अधि	श्रेष्ठ, सामीप्य	अधिकरण, अध्यक्ष, अधिपति, अध्यात्म
अध	आधा	अधखिला, अधसेरा, अधमरा, अधपका
अनु	पीछे, क्रम, समानता	अनुज, अनुकरण, अनुशासन, अनुस्वार
अप	बुरा, लघुता, क्रम	अपकार, अपयश, अपकर्ष, अपहरण
अभि	सामीप्य, ओर, इच्छा करना	अभिमान, अभिशाप, अभिलाषा, अभिनव
अव	हीनता, अनादर	अवसान, अवनत, अवतार, अवशेष
आ	तक, सीमा, कमी, ओर	आजन्म, आदान, आमरण, आमुख
उत्/उद्	उत्कर्ष, ऊपर	उत्तम, उत्कर्ष, उत्साह, उद्गार
उन	एक कम	उन्नीस, उनतीस, उनचास, उनसठ
औ/अव	हीनता, निषेध	औगुन, औघट, औढर, औसर
क/कु	हीनता, बुराई	कपूत, कुपात्र, कुकाठ, कुढंग
दुर/दुस्	बुरा, कठिन, दुष्ट	दुर्दशा, दुर्लभ, दुष्कर्म, दुर्गुण
दु	हीन	दुबला, दुरस्सा
निर/निस्	नहीं, बाहर	निर्वास, निराकरण, निश्चल, नीरोग

नि	भीतर, नीचे	नियुक्त, निषेध, निम्न, निदर्शन
परा	उलटा, नाश	पराजय, परामर्श, पराभव, पराभूत
परि	पूर्ण, आसपास	परिक्रमा, परिजन, परिधि, परित्याग
पुनर्	फिर	पुनरुक्ति, पुनर्जन्म
प्र	अधिकार, ऊपर	प्रहार, प्रकाश, प्रख्यात, प्रताप
प्रति	प्रत्येक, विरोध, सामने	प्रतिक्षण, प्रतिवादी, प्रत्यक्ष, प्रतिनिधि
प्राक्	पहले	प्राक्कथन, प्राग्ज्योतिष
बिन	निषेध	बिनकाम, बिनपका, बिनबोया, बिनदेखा
भर	पूरा, ठीक	भरपेट, भरपूर, भरसक, भरदिन।
वि	विशेष, अलग	विज्ञान, वियोग, विनाश, विशेषज्ञ
स/सु	अच्छा, श्रेष्ठ	सुकर्म, सुलेख, सुपात्र, सपूत, सरस
सत्	अच्छा	सत्कर्म, सज्जन
सह	साथ	सहचर, सहकर्म

उर्दू से आगत उपसर्ग

उपसर्ग	अर्थ	शब्दरूप
अल	निश्चित	अलबत्ता, अलगरज
कम	हीन, थोड़ा	कमउम्र, कमनजर, कमसिन, कमखयाल
खुश	अच्छा के अर्थ में	खुशबू, खुशहाल, खुशखबरी, खुशकिस्मत
गैर	निषेध	गैरहाजिर, गैरकानूनी, गैरसरकारी, गैरवाजिब
दर	में	दरकार, दरमियान
ना	नहीं	नापसन्द, नाराज, नादान, नालायक
बद	बुरा	बदनाम, बदबू, बदमाश, बदहजमी
बर	बाहर, पर	बरखास्त, बरदाश्त, बरवक्त
बिल	साथ	बिलकुल
बे	बिना	बेईमान, बेरहम, बेतरह, बेइज्जत
ला	बिना	लाचार, लावारिस, लाजवाब, लापता
हम	बराबर	हमउम्र, हमदर्दी, हमसफर, हमपेशा

प्रत्यय और शब्द-रचना

वह शब्दांश जो किसी शब्द के अन्त में जुड़ कर नया शब्द बनाये, उसे प्रत्यय कहते हैं। 'प्रत्यय' दो शब्दों से बना है—प्रति + अय। 'प्रति' का अर्थ

होता है–'साथ में', 'पर बाद में'। 'अय' का अर्थ होता है–चलने वाला या लगने वाला। इस तरह 'प्रत्यय' का अर्थ है– शब्द के साथ, पर बाद में चलने (लगने) वाला शब्दांश। प्रत्यय के दो प्रकार होते हैं–**कृत् प्रत्यय** और **तद्धित प्रत्यय**।

१. कृत् प्रत्यय

धातु (अथवा क्रिया) के अन्त में लगने वाले शब्दांश को कृत् प्रत्यय कहते हैं। कृत् प्रत्यय के योग से बने शब्द कृदन्त (कृत् + अन्त) कहे जाते हैं। यथा–

धातु	प्रत्यय	शब्द	क्रिया	प्रत्यय	शब्द
कृ	अक	कारक	गाना	वाला	गानेवाला
शक्	ति	शक्ति	होना	हार	होनहार
भूल	आक्कड़	भुलक्कड़	खेना	वैया	खेवैया
विद्	मान	विद्यमान	छलना	इया	छलिया
नी	अन	नयन	देना	यत्	देय

हिन्दी में कृत्-प्रत्यय तीन स्रोतों के हैं–हिन्दी के अपने प्रत्यय, संस्कृत से आगत और उर्दू माध्यम से (अरबी, फारसी आदि के) आगत–

कुछ **हिन्दी कृत्-प्रत्यय** ये हैं–अ, अक्कड़, आ, आई, आऊ, अंकू, आक, आन, आव, आवट, आहट, आवना, आप, आस, इया, इयल, ई, ऊ, एरा, औता, औती, औना, औनी, औवल, क, की, गी, त, ता, ती, ते, न, ना, वाला, वैया, मार, हार, हारा।

संस्कृत से आगत कुछ प्रत्यय ये हैं–अ, अक, अन, अना, अनीय, आ, आलु, उ, उक, ई, क्त, ता, ति, तव्य, तृ, मन्, मान्, य, या, र, पर।

उर्दू से होते हुए हिन्दी में आगत कुछ प्रत्यय इस प्रकार हैं–अ, आ, आव, आँ, ई, इन्दा, आयश आदि।

२. तद्धित प्रत्यय

धातु (या क्रिया) के अतिरिक्त शब्दों में लगने वाले शब्दांश को तद्धित प्रत्यय कहते हैं। अर्थात् संज्ञा, सर्वनाम, विशेषण या अव्यय के अन्त में जुड़ कर नया शब्द बनाने वाले शब्दांश तद्धित प्रत्यय कहे जाते हैं। तद्धत-प्रत्यय से बने शब्द तद्धितान्त कहे जाते हैं। यथा–

संज्ञा	प्रत्यय	शब्द	विशेषण	प्रत्यय	शब्द
पुष्प	इत	पुष्पित	मूर्ख	ता	मूर्खता
कुन्ती	एय	कौन्तेय	वीर	त्व	वीरत्व

कुरु	अ	कौरव	रक्त	इमा	रक्तिमा
शत्रु	ता	शत्रुता	गुरु	अ	गौरव
साँप	एरा	सँपेरा	काला	पन	कालापन

हिन्दी में तद्धित प्रत्यय तीन स्रोतों के हैं—हिन्दी के निजी तद्धित-प्रत्यय, संस्कृत से आगत और उर्दू से होते हुए (अरबी, फारसी से) आगत—

हिन्दी के कुछ तद्धित-प्रत्यय : आ आई, आऊ, आका, आन, आना, आनी, आयत, आर, आरा, आरी, आल, आली, आलू, आवट, आहट, आस, आसा, इन, इया, ई, ईय, ईल, ईसा, उ, ए, एरा, एला, एली, एल, एड़ी, एत, ऐसा, ओं, ओट, ओटा, औटी, औड़ा, औता, औती, ओला, क, कर, का, की, जा, जी, टा, टी, ड़ा, ड़ी, ता, ती, तना, था, नी, पन, या, यों, री, ल, ला, ली, व, वाल, वान, मान, वाला, वाद, वाँ, स, सा, सरा, सों, हर, हरा, हा, हारा, ही, हीन, शाही।

संस्कृत के कुछ तद्धित-प्रत्यय : अ, अक, इ, इय, इक, इत, इन, इमा, ईन, ईय, उल, एय, क, च, ट, तन, तस्, त्य, त्र, ता, त्व, था, दा, धा, धेय, म, मत्, मय, मात्र, मिन, य, र, ल, लु, व, वत्, वान्, मान्, विन्, व्य, रा, शील, हर, हीन।

कुछ उर्दू से होते हुए आगत : अन्दाज, आ, आना, आब, आबाद, आबेज, आवर, इना, इन्दा, इयत, इस्तान, ईना, कार, खाना, गर, गार, गीर, गाह, चाह, इचा, ची, जार, जादा, दान, दार, नाक, बार, मन्द, वर, वार, वी, नामा, नुमा, नबीस, नशीन, पोश, म, माल, र.बाज, वीन, शन, सार, साज, बन्द।

कृदन्त

कृदन्त 'कृत' प्रत्यय के योग से बनते हैं। यह प्रत्यय केवल धातु (या क्रिया) के अन्त में लग कर नया शब्द (कृदन्त) बनाता है। रूप के अनुसार कृदन्त दो प्रकार के होते हैं—**विकारी और अविकारी** (अव्यय)। विकारी कृदन्त के चार उपभेद हैं। यथा—

- कृदन्त
  - विकारी
    - कर्तृवाचक संज्ञा
    - क्रियार्थक संज्ञा
    - भूतकालिक कृदन्त
    - वर्तमानकालिक कृदन्त
  - अविकारी

अविकारी कृदन्त (अव्यय) का प्रयोग क्रियाविशेषण या सम्बन्ध सूचक के समान होता है। कृत्-प्रत्ययों के मेल से मूलतः संज्ञाएँ बनती हैं। कुछ विशेषण भी बनते हैं। इसके उदाहरण आगे प्रस्तुत किये जाते हैं।

कर्तृवाचक संज्ञा

कृत्-प्रत्यय	धातु	संज्ञा	कृत-प्रत्यय	धातु	संज्ञा
अ	सृप	सर्प	अ	दिव	देव
अक	गै	गायक	तृ	दा	दातृ

भाववाचक संज्ञा

अ	कम्	काम	अ	भर	भार
अन्त	भिड़	भिड़न्त	अना	वन्द्	वन्दना
आ	फेर	फेरा	आ	पूज्	पूजा
आई	लड़	लड़ाई	ति	शक्	शक्ति
आन	उठ	उठान	आप	मिल	मिलाप
आपा	पूज	पुजापा	आव	खिंच	खिंचाव
आवा	भूल	भुलावा	आस	निकस	निकास
आवना	पा	पावना	आवट	सज	सजावट
आहट	चिल्ल	चिल्लाहट	ई	बोल	बोली
औता	समझ	समझौता	औती	मान	मनौती
उ	बन्ध्	बन्धु	उक	भिक्ष्	भिक्षुक
क	बैठ	बैठक	गी	देन	देनगी
त	खप	खपत	ती	चढ़	चढ़ती
न्ती	कूट	कुटन्ती	तृ	भुज	भोक्तृ
न	दे	देन	नी	चट	चटनी।

करणवाचक संज्ञा

कृत्-प्रत्यय	धातु	संज्ञा	कृत-प्रत्यय	धातु	संज्ञा
आ	झूल	झूला	आनी	मथ	मथानी
ई	रेत	रेती	ऊ	झाड़	झाड़ू
औटी	चुन	चुनौटी	न	बेल	बेलन

कर्त्तृवाचक विशेषण

कृत्-प्रत्यय	धातु	विशेषण	कृत-प्रत्यय	धातु	विशेषण
अंकू	उड़	उडंकू	आऊ	बिक	बिकाऊ
आक	तैर	तैराक	आका	लड़	लड़ाका
आड़ी	खेल	खिलाड़ी	आलू	झगड़	झगड़ालू
इया	बढ़	बढ़िया	इयल	अड़	अड़ियल

ऐत	लड़	लड़ैत	ऐया	खेव	खेवैया
ओड़	हँस	हँसोड़	ओड़ा	भाग	भगोड़ा
अक्कड़	पी	पियक्कड़	वन	सुहा	सुहावन
वाला	गा	गानेवाला	वैया	गा	गवैया
सार	मिलन	मिलनसार	हार	पाल	पालनहार

क्रियाद्योतक विशेषण

क्रियाद्योतक विशेषण दो प्रकार के होते हैं— वर्तमानकालिक और भूतकालिक। यथा—

	प्रत्यय	**धातु**	**विशेषण**
वर्तमानकालिक विशेषण	ता	बह	बहता
	ता	मर	मरता
	प्रत्यय	**धातु**	**विशेषण**
भूतकालिक विशेषण	आ	पढ़	पढ़ा
	आ	गा	गाया

उर्दू से होते हुए अरबी-फारसी से आगत कृत्-प्रत्ययों से भी बने अनेक शब्द हिन्दी में चलते हैं। यथा—आलिम, रहीम, अकबर, मुकाबला, इनकार, एतराज, कत्ल, इल्म, हुक्म, खिदमत, आमद, आमदनी, खरीद, रिहा, जिन्दा, बाशिन्दा आदि। इनके सम्बन्ध में यहाँ और विस्तार अपेक्षित नहीं हैं।

तद्धितान्त

धातु को छोड़कर अन्य शब्दों (संज्ञा/सर्वनाम/विशेषण/अव्यय) में तद्धित प्रत्यय के योग से जो शब्द बनते हैं, वे तद्धितान्त कहे जाते हैं। तद्धित प्रत्यय संज्ञा/विशेषण के अन्त में जुड़ कर संज्ञा तथा विशेषण का निर्माण करते हैं। आगे इनके कुछ उदाहरण रखे जाते हैं। यथा—

क. संज्ञा/विशेषण से संज्ञा

संज्ञा-विशेषण	प्रत्यय	संज्ञा	संज्ञा-विशेषण	प्रत्यय	संज्ञा
कुशल	अ	कौशल	शिक्षा	अक	शिक्षक
राम	आयन	रामायण	तर्क	इक	तार्किक
योग	इन्	योगी	पुष्प	इत	पुष्पित
महम	इमा	महिमा	क्षत्र	इय	क्षत्रिय

तुन्द	इल	तुन्दिल	गुरु	इष्ठ	गरिष्ठ
पक्ष	ई	पक्षी	कुल	ईन	कुलीन
मातृ	उल	मातुल	पुरुष	एय	पौरुषेय
उजला	पन	उजलापन	बूढ़ा	पा	बुढ़ापा
खण्ड	हर	खण्डहर	बाल	क	बालक
सम	ता	समता	समाज	वाद	समाजवाद
जुर्म	आना	जुर्माना	नौकर	शाही	नौकरशाही
पूजा	आरी	पुजारी	कैद	खाना	कैदखाना
सौदा	गर	सौदागर	धम	आका	धमाका
मीठा	आस	मिठास	कब्र	इस्तान	कब्रिस्तान
गुल	शन	गुलशन	गुल	जार	गुलजार
नाक	एल	नकेल	डाका	एत	डकैत
दर	बार	दरबार	नाग	वार	नागवार
बेग	म	बेगम	बाबर	ची	बाबरची
हाथ	औड़ा	हथौड़ा	दुकान	दार	दुकानदार।

ख. जातिवाचक से भाववाचक संज्ञा

प्रत्यय	जातिवा.सं.	भाववा.सं	प्रत्यय	जातिवा.सं.	भाववा.सं.
ता	शत्रु	शत्रुता	ता	वीर	वीरता
त्व	वीर	वीरत्व	त्व	मनुष्य	मनुष्यत्व
अ	मुनि	मौन	य	पण्डित	पाण्डित्य

ग. व्यक्तिवाचक से अपत्यवाचक संज्ञा

प्रत्यय	व्यक्तिवा.सं.	अपत्यवा.सं	प्रत्यय	व्यक्तिवा.सं.	अपत्यवा.सं
अ	वसुदेव	वासुदेव	अ	मनु	मानव
अ	कुरु	कौरव	अ	पृथा	पार्थ
आयन	बदर	बादरायण	एय	राधा	राधेय
अ	पाण्डु	पाण्डव	य	दिति	दैत्य
एय	कुन्ती	कौन्तेय	एय	कौशल्या	कौशलेय

घ. विशेषण से भाववाचक संज्ञा

प्रत्यय	विशेषण	संज्ञा	प्रत्यय	विशेषण	संज्ञा
इमा	लाल	लालिमा	ता	शिष्ट	शिष्टता

इमा	शुक्ल	शुक्लिमा	ता	चपल	चपलता
त्व	लघु	लघुत्व	अ	गुरु	गौरव
आई	चतुर	चतुराई	आई	चौड़ा	चौड़ाई
आयत	अपना	अपनायत	पन	अपना	अपनापन
आयँध	सड़ा	सड़ायँध	आहट	कड़वा	कड़वाहट
आस	मीठा	मिठास	ता	बुद्धिमान	बुद्धिमत्ता
पन	काला	कालापन	ता	मूर्ख	मूर्खता

ङ ऊनवाचक संज्ञा

प्रत्यय	संज्ञा/विशेषण	ऊनवा.सं.	प्रत्यय	संज्ञा/विशेषण	ऊनवा.सं.
आ	ठाकुर	ठकुरा	इया	खाट	खटिया
ई	ढोलक	ढोलकिया	ओला	साँप	सँपोला
की	कन	कनकी	टा	चोर	चोट्टा
टी	बधू	बधूटी	ड़ा	बाछा	बछड़ा
ड़ी	टाँग	टँगड़ी	री	पलंग	पलंगरी
ली	टीका	टिकली	वा	बच्चा	बचवा

च. सम्बन्धवाचक संज्ञा

प्रत्यय	संज्ञा	सम्बन्धवा.सं	प्रत्यय	संज्ञा	सम्बन्धवा.स
आल	ससुर	ससुराल	हाल	नाना	ननिहाल
औती	बाप	बपौती	ए	लेखा	लेखे
एरा	चाचा	चचेरा	एरा	मामा	ममेरा
एल	नाक	नकेल	जा	भाई	भतीजा

६. संज्ञा से विशेषण

प्रत्यय	संज्ञा	विशेषण	प्रत्यय	संज्ञा	विशेषण
अ	निशा	नैश	आ	भूख	भूखा
य	तालु	तालव्य	इक	मुख	मौखिक
इक	लोक	लौकिक	ई	शहर	शहरी
ईला	रंग	रंगीला	उआ	गेरु	गेरुआ
ऊ	गरज	गरजू	एरा	मामा	ममेरा
एड़ी	भाँग	भँगेड़ी	ऐल	खपड़ा	खपड़ैल

वाला	दिल्ली	दिल्लीवाला	मय	आनन्द	आनन्दमय
इत	आनन्द	आनन्दित	इष्ठ	बल	बलिष्ठ
र	मुख	मुखर	र	मधु	मधुर
इम	रक्त	रक्तिम	ईन	कुल	कुलीन
ल	मांस	मांसल	वी	मेधा	मेधावी
ईय	राष्ट्र	राष्ट्रीय	वान्	धन	धनवान्
वन्त	धन	धनवन्त	हा	भूत	भुतहा
हर	छूत	छुतहर	हरा	सोना	सुनहरा
हला	रूपा	रूपहला	आल	दया	दयाल

पूर्व पृष्ठों में विशेषण के विवेचन में विभिन्न शब्दों से बनाये जाने वाले विशेषण वर्णक्रम से 'विशेषण-कोश' शीर्षक से प्रस्तुत किये गये हैं।

ज. अरबी-फारसी के तद्धितान्त

ऊपर (क. संज्ञा/विशेषण से संज्ञा) अरबी-फारसी के तद्धित प्रत्ययों के कई उदाहरण आ चुके हैं, तब भी यहाँ उनका अलग से रखना यौक्ति है। यथा–

प्रत्यय	**मूलशब्द**	**सप्रत्यय शब्द**	**प्रत्यय**	**मूलशब्द**	**सप्रत्यय शब्द**
आनी	जिस्म	जिस्मानी	आनी	रूह	रूहानी
इयन	कैफ	कैफियत	इयत	इंसान	इंसानियत
आ	सफेद	सफेदा	ई	खुश	खुशी
ई	पाकिस्तान	पाकिस्तानी	ईन	शौक	शौकीन
गी	मर्दाना	मर्दानगी	नामा	इकरार	इकरारनामा
कार	काश्त	काश्तकार	गार	खिदमत	खिदमतगार
बान	मेज	मेजबान	मन्द	अक्ल	अक्लमन्द्
वार	उम्मीद	उम्मीदवार	ईना	माह	महीना
ईचा	बाग	बागीचा	आब	गुल	गुलाब
गीन	गम	गमगीन	जादा	शाह	शाहजादा
दान	कलम	कलमदान	इन्दा	कार	कारिन्दा

इनके अतिरिक्त कतिपय समस्तपद भी तद्धितान्त की तरह प्रयुक्त होते हैं। यथा– तीरन्दाज, दुकानदार, घड़ीसाज, हरामखोर, राहगीर, नशेबाज, फौजदार आदि।

झ. विशेषण से विशेष्य (संज्ञा) की रचना

विशेषण	**संज्ञा**	**विशेषण**	**संज्ञा**	**विशेषण**	**संज्ञा**
अन्ध	अँधेरा	अपना	अपनापन/ अपनत्व	अच्छा	अच्छाई

अधिक	आधिक्य/ अधिकता	अंकित	अंकन	अभिलाषित	अभिलाषा
अराजक	अराजकता	आवश्यक	आवश्यकता	उपकृत	उपकार
उपस्थित	उपस्थिति	उत्कृष्ट	उत्कृष्टता	ऊँचा	ऊँचाई
एक	एकत्व/ एकता	ऐतिहासिक	ऐतिहासिकता	कड़वा	कड़वाहट
कठोर	कठोरता	कुशल	कौशल	कर्मनिष्ठ	कर्मनिष्ठा
कर्मठ	कर्मठता	कुरूप	कुरूपता	करुण	कारुण्य
खट्टा	खटास/ खटाई	खुश	खुशी	ख्यात	ख्याति
खामोश	खामोशी	गरम	गरमी	गरीब	गरीबी
गम्भीर	गम्भीरता/ गाम्भीर्य	गहन	गहनता	गुरु	गौरव/गुरुता/ गुरुत्व
गृहस्थ	गृहस्थी	घना	घनत्व	घनिष्ठ	घनिष्ठता
ग्रामीण	ग्रामीणता	चालाक	चालाकी	चतुर	चतुराई/चातुर्य/ चातुरी
चिकना	चिकनाई/ चिकनाहट	चौड़ा	चौड़ाई	जड़	जड़त्व
जटिल	जटिलता	जातीय	जातीयता	ज्यादा	ज्यादती
ठाकुर	ठकुराई	ढीठ	ढिठाई	तीव्र	तीव्रता
तीक्ष्ण	तीक्ष्णता	तेजस्वी	तेजस्विता	दुष्ट	दुष्टता
दीक्षित	दीक्षा	दीन	दीनता	दक्ष	दक्षता
दगाबाज	दगाबाजी	दुकानदार	दुकानदारी	दिलचस्प	दिलचस्पी
धन्य	धन्यता	धार्मिक	धार्मिकता	नवाब	नवाबी
नीचा	निचाई	नेक	नेकी	नम्र	नम्रता
पराजित	पराजय	पण्डित	पाण्डित्य/ पण्डिताई	प्रयुक्त	प्रयुक्ति/ प्रयोग
प्रतिकूल	प्रतिकूलता	परिश्रमी	परिश्रम	प्रतिपादित	प्रतिपादन
प्रामाणिक	पौराणिकता	प्राचीन	प्राचीनता	प्रान्तीय	प्रान्तीयता
पौराणिक	प्रामाणिकता	पूज्य	पूजा	प्रगतिशील	प्रगतिशीलता
फकीर	फकीरी	फलित	फलन	पागल	पागलपन
बहुत	बहुतायत	बड़ा	बड़ाई	बुद्धिमान	बुद्धिमानी

बेईमान	बेईमानी	बद	बदी	बेवकूफ	बेवकूफी
बेवफा	बेवफाई	बूढ़ा	बुढ़ापा	बुरा	बुराई
भला	भलाई	भारतीय	भारतीयता	भावुक	भावुकता
भीषण	भीषणता	मधुर	माधुर्य/मधुरता	मलिन	मलिनता
महान्	महत्ता	मर्द	मर्दानगी	मुखर	मुखरता
मौलिक	मौलिकता	मनोरम	मनोरमता	मीठा	मिठास
मोटा	मोटापा	मूर्ख	मूर्खता	योग्य	योग्यता
यथेष्ट	यथेष्टता	राष्ट्रीय	राष्ट्रीयता	राजनैतिक	राजनैतिकता
रसीला	रसीलापन	रंगीला	रंगीलापन	रौद्र	रौद्रता
लम्बा	लम्बाई	लाल	लालिमा/लाली ललाई	लघु	लघुता/लघुत्व लाघव
ललित	लालित्य	लौकिक	लौकिकता	विस्मृत	विस्मृति/ विस्मरण
विधवा	वैधव्य	विश्वस्त	विश्वसनीयता	विभक्त	विभाजन/ विभक्ति
वियुक्त	वियोग	वीर	वीरत्व/वीरता	शिष्ट	शिष्टता
शठ	शठता	श्याम	श्यामता	श्लील	श्लीलता
सरल	सरलता/ सारल्य	सभ्य	सभ्यता	सहायक	साहाय्य/ सहायता
स्वीकृत	स्वीकृति	स्वस्थ	स्वास्थ्य	स्थापित	स्थापन/ स्थापना
स्पष्ट	स्पष्टता	संगृहीत	संग्रह	साहित्यिक	साहित्यिकता
सावधान	सावधानी	सिद्ध	सिद्धि	सुस्त	सुस्ती
सुखद	सुख	संयुक्त	संयुक्ति	सुन्दर	सुन्दरता/ सौंदर्य
हक	हकदार	हरा	हरित/हरापन	हार्दिक	हार्दिकता
हीन	हीनता	हँसोड़	हँसी	हिंसक	हिंसा

ऊपर विशेषणों के अन्त में तद्धित प्रत्यय के योग से बनी भाववाचक संज्ञाएँ प्रस्तुत की गयी हैं। इसी प्रकार क्रिया में कृत्-प्रत्यय के योग से भाववाचक संज्ञाएँ भी बनती हैं। उनके कतिपय उदाहरण पूर्व पृष्ठों में रखे गये हैं।

समास

दो या दो से अधिक शब्दों के मेल को समास कहते हैं। 'समास' शब्द दो शब्दों के मेल से बना है– 'सम्' + 'आस'। 'सम' का अर्थ है– बराबर और 'आस' का अर्थ है– बैठना। दो शब्दों के पास-पास बराबर बैठनें से तात्पर्य है– उनमें मेल होना। इस प्रकार समास का शब्दार्थ है–मेल, संचय, संक्षेप आदि। दो या अधिक शब्द मिल कर जब तीसरा स्वतन्त्र शब्द बनाते हैं तब उनके बीच के सम्बन्धसूचक प्रत्यय या विभक्ति का लोप हो जाता है और नवनिर्मित शब्द **सामासिक शब्द** कहा जाता है जो अपेक्षया छोटा और सुन्दर होता है। तात्पर्य यह है कि दो या अधिक शब्दों के बीच की विभक्ति या प्रत्यय को हटा कर उन्हें एक शब्द बना देना ही समास है–**एकपदीभावः समासः**। इससे सामासिक शब्द छोटा और सुन्दर भी हो जाता है–**समसनम् इति समासः**।

शब्दों को जोड़ते समय सन्धि की स्थिति होने पर सन्धि के नियमानुसार ही शब्द जुटते हैं। यथा 'राम का अनुज' 'राम का अवतार' का समास करने पर 'का' लुप्त हो जायेगा और 'राम-अनुज' या 'राम-अवतार' होगा। पुःन सन्धि के नियमानुसार अ + अ की सन्धि होने से वह 'रामानुज' या 'रामावतार' होगा। इस प्रकार 'राम का अनुज' या 'राम का अवतार' की तुलना में सामासिक शब्द 'रामानुज' या 'रामावतार' संक्षिप्त और सुन्दर भी है। सन्धि के नियम संस्कृत तत्सम शब्दों में ही लगते हैं। अन्य शब्दों के मेल में उन्हें मिला दिया जाता है। यथा–घोड़ागाड़ी, पाठशाला, रामभरोसे आदि।

सामासिक शब्दों को तोड़ कर उनका सम्बन्ध दिखाने अर्थात् समास के पूर्व का रूप स्पष्ट करने को **'विग्रह'** कहा जाता है। यथा–घोड़े द्वारा खींची जाने वाली गाड़ी (घोड़ागाड़ी), पाठ की शाला (पाठशाला), राम के भरोसे (रामभरोसे), तीन भुजाएँ है जिसमें (त्रिभुज), चन्द्र के समान मुख (चन्द्रमुख) आदि।

समास और सन्धि में अन्तर

१. समास में दो शब्दों (पदों) का मेल होता है, सन्धि में दो वर्णों का।

२. समास में शब्दों का मेल होने पर उनके बीच की विभक्ति हट जाती है एवं उनके मेल से कोई विकार नहीं होता, पर सन्धि में दो वर्णों के मेल से विकार उत्पन्न होता है।

३. सामासिक शब्दों को तोड़ कर उनका सम्बन्ध दिखाना विग्रह कहा जाता है, पर सन्धि का तोड़ना विच्छेद कहा जाता है। यथा– 'रामानुज' का विग्रह होगा– 'राम का अनुज' और विच्छेद होगा– राम + अनुज।

४. समास में सन्धि होती है, पर सन्धि में समास नहीं होता। सन्धि केवल संस्कृत के तत्सम शब्दों में ही होती है, अन्य शब्दों वाले समास में नहीं।

समास के भेद

समास के भेदोपभेद कई आधारों पर किये जाते हैं। विस्तार से बचते हुए यहाँ केवल कतिपय प्रसिद्ध समासों का सोदाहरण परिचय देना ही उद्देश्य है। जिन शब्दों में समास होता है उनमें पदों की प्रधानता के आधार पर समास के चार भेद होते हैं–

क. जिसमें पहला पद प्रधान हो– **अव्ययीभाव समास**

ख. जिसमें दूसरा पद प्रधान हो– **तत्पुरुष समास**

ग. जिसमें दोनों पद प्रधान हों– **द्वन्द्व समास**

घ. जिसमें दोनों पद अप्रधान हों– **बहुब्रीहि समास**
(अर्थात् कोई पद प्रधान नहीं हो)

इनमें अव्ययीभाव को छोड़ कर शेष तीनों के कई भेदोपभेद होते हैं। यहाँ केवल उनके मुख्य उपभेदों को अंग्राकित तालिका द्वारा स्पष्ट किया जाता है।

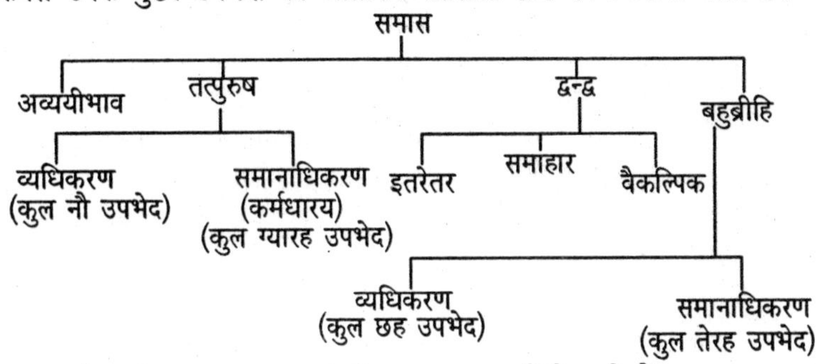

आगे कतिपय प्रमुख समास सोदाहरण प्रस्तुत किये जाते हैं।

१. अव्ययीभाव

जिसमें पहले पद की प्रधानता हो और सामासिक पद क्रियाविशेषण अव्यय हो जाये, उसे अव्ययीभाव समास कहते हैं। यथा–

यथासम्भव–सम्भावना के अनुसार; यथासाध्य–साध्य के अनुसार;
यावज्जीवन–जब तक जीवन है; प्रतिदिन–दिन-दिन,
आमरण–मरण तक; यथाक्रम–क्रम के अनुसार।

२. तत्पुरुष

जिसमें दूसरा (अंतिम) प्रधान हो, उसे तत्पुरुष समास कहते हैं। इसमें दोनों शब्दों के बीच में आने वाली विभक्तियों (को, से, के लिए, में, पर आदि) का लोप रहता हैं। इसके मुख्य भेद दो– 'व्यधिकरण' और 'समानाधिकरण'

(कर्मधारय) होते हैं। व्यधिकरणतत्पुरुष समास अपने पहले पद में लगी कारकीय विभक्तियों के नाम से जाने जाते हैं। तत्पुरुष समास में पहला पद संज्ञा और दूसरा पद विशेषण अथवा दोनों पद संज्ञा होते हैं। व्यधिकरण तत्पुरुष के कतिपय उदाहरण इस प्रकार हैं–

कर्मतत्पुरुष : गगनचुम्बी–गगन को चूमनेवाला; विदेशगत–विदेश को गया हुआ; आशातीत–आशा को अतीत (समाप्त कर गया हुआ); सुखप्राप्त (सुख को प्राप्त)।

करण तत्पुरुष : प्रेमातुर (प्रेम से आतुर); नीतियुक्त (नीति से युक्त); गुणसम्पन्न (गुण से सम्पन्न); तुलसीकृत (तुलसी द्वारा कृत); ईश्वरप्रदन्त (ईश्वर से प्रदत्त)।

सम्प्रदान तत्पुरुष : सभाभवन (सभा के लिए भवन); राहखर्च (राह के लिए खर्च); विद्यालय (विद्या के लिए आलय); स्नानघर (स्नान के लिए घर) आदि।

अपादान तत्पुरुष : बलहीन (बल से हीन); दूरागत (दूर से आगत); ऋणयुक्त (ऋण से युक्त); स्थानभ्रष्ट (स्थान से भ्रष्ट); कर्त्तव्यच्युत (कर्त्तव्य से च्युत)।

सम्बन्ध तत्पुरुष : देवालय (देव का आलय); गणपति (गण का पति); वनमाली (वन का माली); माधव (मा अर्थात् लक्ष्मी का धव) आदि।

अधिकरण तत्पुरुष : घुड़सवार (घोड़े पर सवार); पुरुषोत्तम (पुरुषों में उत्तम); आपबीती (आप पर बीती); गृहप्रवेश (गृह में प्रवेश) आदि।

उपरि उदाहृत समास **विभक्तितत्पुरुष** भी कहे जाते हैं। इनसे विभक्तियाँ लुप्त हो गयी हैं।

३. नञ् तत्पुरुष

शब्द के पूर्व 'अ' अथवा 'अन' लगने से बननेवाला तत्पुरुष नञ् तत्पुरुष समास कहा जाता है। 'अ' अथवा 'अन' के प्रयोग से निषेध की सूचना मिलती है। यथा–अधर्म (न धर्म); अन्याय (न न्याय); अयोग्य (न योग्य) आदि। हिन्दी शब्दों में अनबन, अनभल, अनजान, अनगढ़ आदि उर्दू शब्दों में नालायक, नाबालिग, गैरहाजिर, गैरबाजिब आदि नञ् तत्पुरुष के ही उदाहरण हैं।

४. कर्मधारय

कर्मधारय अर्थात् समानाधिकरण तत्पुरुष का ही एक भेद है। **जिस तत्पुरुष समास के विग्रह में दोनों पदों के साथ कर्त्ता कारक की विभक्ति आती है, उसे समानाधिकरण या कर्मधारय तत्पुरुष कहते हैं।** इसके कई भेदोपभेद हैं जिनमें अग्रांकित मुख्य हैं–

क. विशेषतावाचक : जिससे विशेषण और विशेष्य का भाव सूचित हो, यथा– कालापानी (काला पानी); परमेश्वर (परम ईश्वर); शीतोष्ण (शीत उष्ण), आमगाछ आदि।

ख. उपमावाचक : जिससे उपमान और उपमेय का भाव सूचित हो, यथा—चन्द्रमुख (चन्द्र सरीखा मुख); चरणकमल (चरण कमल के समान); विद्यारत्न (विद्या ही है रत्न) आदि।

५. संख्यापूर्वपद : जिस कर्मधारय समास का पहला पद संख्यावाचक होता है और जिससे समुदाय का बोध होता है, उसे संख्यापूर्वपद कहा जाता है। **इसे ही द्विगु समास भी कहते हैं।** यथा—त्रिभुवन, त्रिलोक, पंचवटी, अष्टाध्यायी, पंसेरी, दोपहर, चौमासा, सतसई, सतनजा आदि।

संख्यापूर्वपद कर्मधारय तत्पुरुष अर्थात् द्विगु के दो प्रकार होते हैं—**समाहार द्विगु और उत्तरपदप्रधान द्विगु**। समाहार का तात्पर्य 'समुदाय' से है। यथा—तीन भुवनों का समाहार—त्रिभुवन; तीन लोकों का समाहार—त्रिलोक; पाँच वटों का समाहार पंचवटी आदि। उत्तरपदप्रधान द्विगु में प्रधानता उत्तरपद की होती है या उत्पन्न के अर्थ में प्रयोग होता है। यथा—द्वैमातुर, पँचहत्थड़ आदि।

बहुब्रीहि समास का भी एक प्रकार संख्यापूर्वपद (द्विगु) समास होता है। वैसी स्थिति में विग्रह द्वारा ही स्पष्ट किया जाता है कि उसे कर्मधारय द्विगु कहा जाये या बहुब्रीहि द्विगु। यदि पँचहत्थड़ का विग्रह 'पाँच हत्थड़' करें तो कर्मधारय द्विगु और 'पाँच हत्थड़ हैं जिसमें वह = पँचहत्थड़' तो बहुब्रीहि द्विगु कहा जायेगा।

६. द्वन्द्व

जिसके दोनों पद प्रधान होते हैं, उसे द्वन्द्व समास कहते हैं। द्वन्द्व समास तीन प्रकार का होता है—(क) इतरेतर, (ख) समाहार और (ग) वैकल्पिक।'

क. इतरेतर द्वन्द्व : जिस द्वन्द्व समास के दोनों पद समुच्चयबोधक 'और' से जुड़ते हों और स्वतंत्र अस्तित्व वाले हो, उसे इतरेतर द्वन्द्व कहा जाता है। यथा—राधाकृष्ण (राधा और कृष्ण); सीताराम (सीता और राम); ऋषि-मुनि (ऋषि और मुनि), बेटा-बेटी (बेटा और बेटी) एवं इसीप्रकार दालभात, खानपान, हुक्कापानी आदि।

ख. समाहार द्वन्द्व : जिस द्वन्द्व समास के दोनों पद समुच्चयबोधक 'और' से जुड़े हों पर उनका अस्तित्व स्वतंत्र न हो, वरन् वे समूह के बोधक हों, तो समाहार द्वन्द्व होता है। यथा—वासन-बर्त्तन, चाल-चलन, बाल-बच्चा, अन्न-जल, घर-द्वार, गोला-बारूद, जैसा-तैसा, लेन-देन, चढ़ा-उतरी आदि।

ग. वैकल्पिक द्वन्द्व : जिस द्वन्द्व समास में दोनों पद समुच्चयबोधक शब्द 'या', 'अथवा' आदि से जुटे हों एवं उस समुच्चयबोधक शब्द का लोप हो जाने पर वैकल्पिक द्वन्द्व समास होता है। यथा—जात-कुजात, पाप-पुण्य, धर्मा-धर्म, थोड़ा-बहुत आदि। इसमें प्रायः परस्पर विरोधी शब्दों का मेल होता है।

७. बहुब्रीहि

जिसमें कोई भी पद प्रधान नहीं होता और उन पदों से भिन्न एक विशेष (तीसरे) अर्थ का बोध हो, उसे बहुब्रीहि समास कहते हैं। यथा–नीलकण्ठ (नीला है कण्ठ जिनका अर्थात् शिव); चन्द्रमौलि (चन्द्र है सिर पर जिनके अर्थात् शिव); एकदन्त (एक है दन्त जिनका अर्थात् गणेश); कृतकार्य (कृत है काम जिसके द्वारा अर्थात् मनुष्य); पीताम्बर (पीत है अम्बर जिनका अर्थात् विष्णु); इन्द्रादि (इन्द्र हैं आदि में जिनके) आदि।

तत्पुरुष के समान ही बहुब्रीहि समास के अनेक भेदोपभेद किये गये हैं। पदों में विभक्ति-प्रयोग के आधार पर इसके दो भेद–**समानाधिकरण बहुब्रीहि और व्याधिकरण बहुब्रीहि** होते हैं। विग्रह करने पर दोनों पदों के साथ एक ही विभक्ति आने पर सामानाधिकरण और दोनों पदों के साथ भिन्न-भिन्न विभक्तियाँ आने पर व्याधिकरण बहुब्रीहि समास होते हैं। अर्थात् समानाधिकरण बहुब्रीहि में सभी पद कर्त्ता कारक की विभक्ति के होते हैं, किन्तु समस्त पद द्वारा वह अन्य रूपों में उक्त हो सकता है। यथा–

कर्मबहुब्रीहि	–	प्राप्तोदक	=	प्राप्त हुआ है जल जिसको।
करण बहुब्रीहि	–	दत्तचित्त	=	दिया है चित्त जिसने।
सम्प्रदान बहुब्रीहि	–	दत्तधन	=	दिया गया है धन जिसे।
अपादान बहुब्रीहि	–	निर्जन	=	निकल गया है जन जिसमें से।
सम्बन्ध बहुब्रीहि	–	पीताम्बर	=	पीत हैं अम्बर जिनके।
अधिकरण बहुब्रीहि	–	इन्द्रादि	=	इन्द्र हैं आदि में जिनके।

व्यधिकरण बहुब्रहि : इसमें पहला पद कर्त्ता कारक की विभक्ति वाला और दूसरा पद सम्बन्ध या अधिकरण कारक का हुआ करता है। यथा–

चन्द्रमौलि = चन्द्र है मोलि में जिनके; शूलपाणि = शूल है पाणि में जिसके; वीणापाणि = वीणा है पाणि में जिनके आदि।

पदों के स्थान अथवा पदों के अर्थ-वैशिष्टय के आधार पर बहुब्रीहि समास के कुल तेरह उपभेद किये जाते हैं जिनमें से आगे केवल तीन मुख्य उपमेयों को सोदाहरण प्रस्तुत किया जाता है। यथा–

सह बहुब्रीहि (तुल्ययोग बहुब्रीहि) : इसका पहला पद 'स' (अर्थात् 'सह') होता है। 'सह' का अर्थ है– साथ, जो समास में 'स' के रूप में होता है। यथा–सपुत्र (पुत्र के साथ); सकर्मक (कर्म के साथ); सदेह; सपरिवार आदि।

व्यतिहार बहुब्रीहि : जिससे घात-प्रतिघात या एक प्रकार के युद्ध का बोध हो, उसे व्यतिहार बहुब्रीहि कहते हैं। यथा– मुक्का-मुक्की (मुक्के-मुक्के से जो लड़ाई हुई); घूँसा-घूँसी, बाता-बाती, कहा-सुनी, मारा-मारी आदि।

प्रादि बहुब्रीहि (अव्ययपूर्वक बहुब्रीहि) : जिसका पूर्वपद उपसर्ग हो, वह प्रादिबहुब्रीहि होता है। यथा– निर्धन (गया हुआ है धन जिसका)। इसी प्रकार निर्दय, विधवा, कुरूप आदि भी इसके उदाहरण हैं। तत्पुरुष समास के उपभेदों में भी एक 'प्रादि' तत्पुरुष है जिसका विग्रह विशेषण-विशेष्य पदों की तरह होता है, बहुब्रीहि की तरह नहीं। यथा–अतिवृष्टि।

टिप्पणी : १. बहुब्रीहि समास का विग्रह शब्दात्मक (पदात्मक) नहीं, वाक्यात्मक होता है। इसका अधिकांश पूर्वपद कर्त्ता कारक में ही होता है, कोई-कोई विशेषण भी होता है। इस समास से बना सामासिक पद विशेषण होता है जिसका लिंग विशेष्य के अनुरूप होता है। इसमें प्रधानता अन्य पदार्थ की होती है।

२. एक सामासिक शब्द में एक से अधिक प्रकार के समास हो सकते हैं जिनका निर्णय समस्तपद का विग्रह करने से होता है। जिस समास के अनुरूप विग्रह होगा, वही उस पद का समास माना जायेगा। यथा–पीताम्बर–(क) पीत है अम्बर जिनका–बहुब्रीहि; (ख) पीत है जो अम्बर– कर्मधारय।

३. विग्रह करते समय यथासम्भव समास में प्रयुक्त पदों के अनुसार ही हों–'पीताम्बर' का विग्रह 'पीत है अम्बर जिनका' या 'पीत है जो अम्बर', न कि 'पीला है कपड़ा जिनका' या 'पीला है जो कपड़ा'।

४. समास के भेद प्रयोग की दृष्टि से भी किये जाते हैं, पर उनका विवरण यहाँ देना यौक्तिक नहीं लगता।

कतिपय सामासिक पद
अव्ययीभाव

सामासिक पद	विग्रह	सामासिक पद	विग्रह
उपकूल	कूल के निकट	आपादमस्तक	पाद से मस्तक तक
प्रत्यक्ष	अक्षि (आँख) के प्रति (आगे)	प्रत्येक	एक-एक
प्रत्यंग	अंग-अंग	प्रत्युपकार	उपकार के प्रति
परोक्ष	अक्षि के परे	बखूबी	खूबी के साथ
बेरहम	बिना रहम के	बेखटके	बिना खटके के
बेफादता	बिना फायदे के	बेलाग	बिना लाग का
बेकायदा	बिना काम का	यथाशीघ्र	जितना शीघ्र हो
यथाशक्ति	शक्ति के अनुसार	निर्भय	बिना भय का

निधड़क	बिना धड़क के	भरपेट	पेट भर कर
मनमाना	मन के अनुसार	दिनानुदिन	दिन के बाद दिन
यथार्थ	अर्थ के अनुसार	समक्ष	अक्षि (आँख) के सामने

तत्पुरुष (कर्मतत्पुरुष)

कठखोदवा	काठ (को) खोदनेवाला	गगनचुम्बी	गगन (को) चूमनेवाला
गिरहकट	गिरह (को) काटनेवाला	चिड़ीमार	चिड़िया (को) मारनेवाला
गृहागत	गृह (को) आगत	पाकिटमार	पाकिट (को) मारनेवाला
मुँहतोड़	मुँह (को) तोड़नेवाला	स्वर्गप्राप्त	स्वर्ग (को) प्राप्त

करणतत्पुरुष

कपड़छना	कपड़े से छना	करुणापूर्ण	करुणा से पूर्ण
कामचोर	काम से चोर	अकालपीड़ित	अकाल से पीड़ित
जलसिक्त	जल से सिक्त	तुलसीकृत	तुलसी द्वारा कृत
नीतियुक्त	नीति से युक्त	प्रेमपूर्ण	प्रेम से पूर्ण
पददलित	पद से दलित	रसभरा	रस से भरा
शोकाकुल	शोक से आकुल	शोकग्रस्त	शोक से ग्रस्त
मदमाता	मद से माता	मदान्ध	मद से अन्धा
मेघाच्छन्न	मेघ से आच्छन्न	मुँहमाँगा	मुँह से माँगा
श्रमजीवी	श्रम से जीने वाला	देहचोर	देह से चोर

सम्प्रदान तत्पुरुष

रसोईघर	रसोई के लिए घर	स्नानघर	स्नान के लिए घर
राहखर्च	राह के लिए खर्च	देशभक्ति	देश के लिए भक्ति
बलिपशु	बलि के लिए पशु	विद्यालय	विद्या के लिए आलय
सभाभवन	सभा के लिए भवन	मालगोदाम	माल के लिए गोदाम
विधानसभा	विधान के लिए सभा	पुत्रशोक	पुत्र के लिए शोक
हथकड़ी	हाथ के लिए कड़ी	कृष्णार्पण	कृष्ण के लिए अर्पण

अपादान तत्पुरुष

जन्मान्ध	जन्म से अन्धा	ॠणमुक्त	ॠण से मुक्त
पदच्युत	पद से च्युत	जातिभ्रष्ट	जाति से भ्रष्ट

धर्मविमुख	धर्म से विमुख	ईश्वरविमुख	ईश्वर से विमुख
देशनिकाला	देश से निकाला	कामचोर	काम से चोर
बलहीन	बल से हीन	नेत्रहीन	नेत्र से हीन
शक्तिहीन	शक्ति से हीन	गुणहीन	गुण से हीन
स्थानभ्रष्ट	स्थान से भ्रष्ट	पापमुक्त	पाप से मुक्त
लोकोत्तर	लोक से उत्तर (परे)	मरणोत्तर	मरण से उत्तर (परे)
जलरिक्त	जल से रिक्त	प्रेमरहित	प्रेम से रहित
व्ययमुक्त	व्यय से मुक्त	मायामुक्त	माया से मुक्त

सम्बन्ध तत्पुरुष

राजपुत्र	राजा का पुत्र	प्रजापति	प्रजा का पति
देवालय	देव का आलय	पराधीन	पर के अधीन
नरेश	नर का ईश	बनमानुष	बन का मानुष
शिवालय	शिव का आलय	रामकहानी	राम की कहानी
श्रमदान	श्रम का दान	आनन्दाश्रम	आनन्द का आश्रम
वीरकन्या	वीर की कन्या	त्रिपुरारि	त्रिपुर का अरि
खरारि	खर का अरि	रामायण	राम का अयन
राजभवन	राजा का भवन	गंगाजल	गंगा का जल
रामोपासक	राम का उपासक	शिवोपासक	शिव का उपासक
प्रेमोपासक	प्रेम का उपासक	सूर्योदय	सूर्य का उदय
चन्द्रोदय	चन्द्र का उदय	राष्ट्रसेवा	राष्ट्र की सेवा
सेनापति	सेना का पति	राजगृह	राजा का गृह
चरित्रचित्रण	चरित्र का चित्रण	सभापति	सभा का पति
राष्ट्रपति	राष्ट्र का पति	हिमालय	हिम का आलय
राजदरबार	राजा का दरबार	पुस्तकालय	पुस्तक का आलय
धर्मशाला	धर्म की शाला	विद्यापति	विद्या का पति
विद्यासागर	विद्या का सागर	गुरुसेवा	गुरु की सेवा

अधिकरण तत्पुरुष

आत्मनिर्भर	आत्म पर निर्भर	कविश्रेष्ठ	कवियों में श्रेष्ठ
आनन्दमग्न	आनन्द में मग्न	आनन्दविभोर	आनन्द में विभोर
नरोत्तम	नरों में उत्तम	गृहप्रवेश	गृह में प्रवेश

आपबीती	आप पर बीती	देशाटन	देश में अटन
पुरुषसिंह	पुरुषों में सिंह	ध्यानमग्न	ध्यान में मग्न
दानवीर	दान में वीर	नराधम	नरों में अधम
क्षत्रियाधम	क्षत्रियों में अधम	घरवास	घर में वास
शरणागत	शरण में आगत	रणविक्रम	रण में विक्रम
शास्त्रप्रवीण	शास्त्रों में प्रवीण	सर्वोत्तम	सर्व में उत्तम

नञ् तत्पुरुष

अनादि	न आदि	अनिष्ट	न इष्ट
अयोग्य	न योग्य	अनन्त	न अन्त
अनजाना	न जाना	अनाचार	न आचार
अन्याय	न न्याय	अधर्म	न धर्म
अनरीति	न रीति	अनहोनी	न होनी

कर्मधारय तत्पुरुष (विशेषतावाचक)

कदन्न	कुत्सित अन्न	कापुरुष	कुत्सित पुरुष
कृताकृत	कृत-अकृत (किया-बेकिया)	आमगाछ	आम है जो गाछ
मदनमनोहर	मदन जो मनोहर है	महात्मा	महान् आत्मा (वाला)
महावीर	महान् वीर	महाकाव्य	महान् काव्य
महापुरुष	महान् पुरुष	पीताम्बर	पीत अम्बर
नवयुवक	नव युवक	सद्भावना	सत् भावना
छुटभैये	छोटे भैये	परमेश्वर	परम ईश्वर
नीलोत्पल	नील उत्पल	सज्जन	सत् जन
नीलपीत	नीला-पीला (मिला हुआ)	शीतोष्ण	शीत-उष्ण (मिला हुआ)
श्यामसुन्दर	श्याम जो सुन्दर है	मदनमोहन	मदन जो मोहन है

उपमावाचक कर्मधारय

घनश्याम	घन जैसा श्याम	नररत्न	नर रत्न के समान
शैलोन्नत	शैल जैसा उन्नत	नरसिंह	नर सिंह के समान
विद्युतवेग	विद्युत के समान. वेग	कुसुमकोमल	कुसुम के समान कोमल
लौहपुरुष	लोहे के समान पुरुष (दृढ़)	चरणकमल	चरण कमल के समान
मुखचन्द्र	मुख ही है चन्द्र	स्त्रीरत्न	स्त्री ही है रत्न
विद्यारत्न	विद्या ही रत्न	अधरपल्लव	अधर पल्लव के समान

द्विगु (संख्यापूर्वपद) कर्मधारय

त्रिभुवन	तीन भुवनों का समाहार	चतुर्वेद	चार वेदों का समाहार
त्रिलोक	तीन लोकों का समाहार	पंचवटी	पाँच वटों का समाहार
नवग्रह	नौ ग्रहों का समाहार	दुपहर	दूसरा पहर
चौराहा	चार राहों का समाहार	शतांश	शत (सौवाँ) अंश
सतसई	सात सौ का समाहार	दुधारी	दो धारों वाली (तलवार)
त्रिगुण	तीन गुणों का समूह	दुसूती	दो सूतों वाली (चादर)
त्रिफला	तीन फलों का समाहार	पंसेरी	पाँच सेरों का समाहार

बहुब्रीहि (समानाधिकरण बहुब्रीहि)

जितेन्द्रिय	जीती है इन्द्रियाँ जिसने	पीताम्बर	पीत हैं अम्बर जिनके
नेकनाम	नेक है नाम जिसका	प्राप्तोदक	प्राप्त है उदक जिसे
निर्धन	नहीं है धन जिसको	चौलड़ी	चार लड़ियाँ हैं जिसमें
चतुर्भुज	चार भुजाएँ हैं जिसकी	चतुरानन	चार हैं आनन जिसके
दिगम्बर	दिक् है अम्बर जिसका	वज्रायुध	वज्र है आयुध जिसका
शान्तिप्रिय	शान्ति है प्रिय जिसे	सहस्रमुख	सहस्र हैं मुख जिसके
षडानन	षड् हैं आनन जिसके	वज्रदेह	वज्र है देह जिसकी
गोपाल	गो का जो पालन करे	लम्बोदर	लम्बा है उदर जिसका

व्यधिकरण बहुब्रीहि

वीणापाणि	वीणा है पाणि में जिसके	शूलपाणि	शूल है पाणि में जिसके
चक्रपाणि	चक्र है पाणि में जिसके	चन्द्रभाल	चन्द्र है भाल पर जिसके
चन्द्रमौलि	चन्द्र है मौलि में जिसके	चन्द्रवदन	चन्द्र है वदन पर जिसके

सह बहुब्रीहि

सपुत्र	पुत्र के साथ है जो	सबल	बल के साथ है जो
सपरिवार	परिवार के साथ है जो	सचेत	चेत (चेतना) के साथ है जो
सफल	फल के साथ है जो	सार्थक	अर्थ के साथ है जो
सकर्मक	कर्म के साथ है जो	सदेह	देह के साथ है जो

व्यतिहार बहुब्रीहि

मुक्का-मुक्की मुक्के-मुक्के से जो लड़ाई हुई लाठा-लाठी लाठी-लाठी से जो लड़ाई हुई बाता-बाती बात-बात से जो लड़ाई हुई घूँसा-घूँसी घूँसे-घूँसे से जो लड़ाई हुई

प्रादि बहुब्रीहि

सामासिक पद	विग्रह	सामासिक पद	विग्रह
बेरहम	नहीं है रहम जिसमें	निर्जन	नहीं रह गया है जन जहाँ
निर्दय	गयी हुई है दया जिसकी	निर्धन	गया हुआ है धन जिसका
विधवा	नहीं है धवा जिसका	कुरूप	कुत्सित है रूप जिसका

द्वन्द्व (इतरेतर द्वन्द्व)

धर्माधर्म	धर्म और अधर्म	देवासुर	देव और असुर
पापपुण्य	पाप और पुण्य	दालभात	दाल और भात
गौरीशंकर	गौरी और शंकर	देशविदेश	देश और विदेश
सीताराम	सीता और राम	भाई बहन	भाई और बहन
राधाकृष्ण	राधा और कृष्ण	हरिशंकर	हरि और शंकर
शिवपार्वती	शिव और पार्वती	धनुर्बाण	धनुष और बाण

समाहार द्वन्द्व

रुपया-पैसा	रुपया-पैसा इत्यादि	घर-द्वार	घर-द्वार वगैरह
नाक-कान	नाक-कान आदि	कपड़ा-लत्ता	कपड़ा-लत्ता वगैरह
नहाया-धोया	नहाया और धोया आदि	घर-आँगन	घर-आँगन वगैरह
आचार-विचार	आचार-विचार आदि	साग-पात	साग-पात आदि
गोला-बारूद	गोला-बारूद वगैरह	काम-काज	काम-काज आदि
आगा-पीछा	आगा-पीछा आदि	चढ़ा-उतरी	चढ़ा-उतरी आदि

वैकल्पिक द्वन्द्व

पाप-पुण्य	पाप अथवा पुण्य	धर्माधर्म	धर्म अथवा अधर्म
भला-बुरा	भला या बुरा	थोड़ा-बहुत	थोड़ा या बहुत
लाभालाभ	लाभ या अलाभ	जात-कुजात	जात या कुजात

शब्द रूप और शब्द-प्रयोग

रूप और अर्थ की अभिव्यक्ति के विचार से शब्द विभिन्न प्रकार के होते हैं। शब्द भाव और विचार की अभिव्यक्ति के साधन होते हैं। शब्द साध्य नहीं होते। उनकी सुन्दरता आकार-प्रकार से नहीं, वरन् भाव-विचार को वहन करने की क्षमता से आँकी जाती हैं। शब्द वही सुन्दर कहे जायेंगे जो भावाभिव्यक्ति करने में समर्थ हों। प्रयोगार्थ विभिन्न शब्द-रूपों की अपनी विशेषताएँ होती हैं। अर्थ-प्रकाशन की दृष्टि से आगे कतिपय महत्वपूर्ण ऊनार्थक, पर्यायवाची, एकार्थक, अनेकार्थक, श्रुतिसमभिन्नार्थक आदि शब्द प्रस्तुत किये जाते हैं।

१. ऊनार्थक शब्द

ऊनार्थक (ऊन + अर्थक) के 'ऊन' का अर्थ है– तुच्छ या हीन। **किसी वस्तु की तुच्छता, हीनता या संक्षिप्तता के बोधक शब्द ऊनार्थक कहे जाते हैं।** वैसे शब्दों की रचना संज्ञाओं में प्रत्ययों (आ, इया, ई, ओला, का, की, टा, टी, ड़ी, री, ली, ना आदि) का योग करने से होती है। आगे महत्वपूर्ण ऊनार्थक शब्द रखे जाते हैं।

संज्ञा	ऊनार्थक शब्द	संज्ञा	ऊनार्थक शब्द
खाट	खटोला/खटिया	कली	कलिका
आसन	आसनी	कुटी	कुटिया
गगरा	गगरी	कटोरा	कटोरी
गट्ठर	गठरी	किवाड़	किवाड़ी
गीला	गीली	कण	कणिका
घर	घरौंदा	कंगन	कँगनी
घट (घड़ा)	घटी	कलसा	कलसी
घण्टा	घण्टी	चूहा	चूही/चुहिया
जूता	जूती	चोर	चोट्टा
झोला	झोली	चमचा	चमची
छूरा	छूरी	चिमटा	चिमटी
छाता	छतरी	टोप	टोपी
तसला	तसली	टोकरा	टोकरी
ताला	ताली	टीका	टिकुली/टिकली
ताल	तलैया	टाँग	टँगड़ी/टँगरी
चाम	चमड़ी	ढकना	ढकनी
नद	नदी	नाँद	नँदोला/नदिया
नथ	नथुनी	पहाड़	पहाड़ी
पटरा	पटरी	पिटारा	पिटारी
मटका	मटकी	रस्सा	रस्सी
ठाकुर	ठकुरा	पलंग	पंलगडी/पलंगरी
थाल	थाली	ढोलक	ढोलकी
सूप	सुपली/सुपती	फोड़ा	फुंसी
डब्बा	डिब्बी/डिबिया	झण्डा	झण्डी
डल्ला	डलिया	हथौड़ा	हथौड़ी
साँप	सँपोला	हाँड़ी	हँड़िया

पंख	पंखुड़ी/पंखुरी	डफ	डफली
पुर	पुरी	बाग	बागीचा
डोला	डोली	लोढ़ा	लोढ़ी
बहू	बहूटी	मुख	मुखड़ा
मोट	मोटरी	दीया	दियरी
ढोल	ढोलकी	नाला	नाली
बाछा	बछड़ा		

२. पर्यायवाची शब्द

समान अर्थ का बोध कराने वाले शब्द पर्यायवाची या प्रतिशब्द कहे जाते हैं। पर्यायवाची शब्दों की अधिकता भाषा का समृद्धि का द्योतक है। पर्यायवाची शब्द यद्यपि अर्थ में प्रायः समान होते हैं, तथापि उनके अर्थों में सूक्ष्म अन्तर होता है। अर्थ में सूक्ष्म अन्तर होने के कारण उनके प्रयोग में अधिक सावधानी अपेक्षित होती है। प्रत्येक स्थिति और सभी स्थानों पर एक ही शब्द का प्रयोग संगत या मौलिक नहीं होता। गिरिधर, मुरलीधर, माखनचोर, रणछोड़ आदि सभी कृष्ण के पर्यायवाची हैं, पर सबके अर्थबोध में अन्तर है। प्रकरण, विषय या स्थान के अनुरूप ही शब्द-प्रयोग किया जाना चाहिए। आगे कतिपय महत्पवूर्ण पर्यायवाची शब्द रखे जाते हैं–

शब्द		पर्यायवाची शब्द
१. अंग	–	भाग, हिस्सा, अंश।
२. अनुपम	–	अपूर्व, अनोखा, अनूठा, अद्वितीय, अतुल,।
३. अग्नि	–	आग, अनल, वह्नि, कृशानु, दहन, पावक, हुताशन, वैश्वानर।
४. असुर	–	दनुज, दानव, दैत्य, राक्षस, निशिचर, रजनीचर, मनुजाद।
५. आँख	–	अक्षि, चक्षु, नेत्र, लोचन, नयन, दृग, अम्बक।
६. आकाश	–	गगन, व्योम, नभ, अम्बर, आसमान, अंतरिक्ष।
७. आम	–	आम्र, सहकार, चूत, अमृतफल, पिकबन्धु।
८. इन्द्र	–	देवेन्द्र, महेन्द्र, शक्र, पुरन्दर, वासव, देवराज, सुरपति, मेघवाहन।
९. इच्छा	–	चाह, आकांक्षा, वांछा, कामना, अभिलाषा, मनोरथ, स्पृहा।
१०. ईश्वर	–	भगवान, परमेश्वर, जगदीश, परमात्मा, नियन्ता, जगत्पिता।
११. उमा	–	शिवा, शैलजा, शैलसुता, सती, अपर्णा, भवानी, शिवानी, पार्वती।

१२. **उल्लास** – हर्ष, आह्लाद, आमोद, प्रमोद, आनन्द, प्रसन्नता।

१३. **उल्लू** – तमचर, उलूक, श्रीयान, लक्ष्मीवाहन।

१४. **कुटी** – आश्रम, मठ, विहार, अखाड़ा, संघ, स्तर।

१५. **कपड़ा** – वस्त्र, पट, वसन, अम्बर, चीर, दुकूल।

१६. **कमल** – सरोज, जलज, अब्ज, पंकज, पद्म, अरविन्द, शतदल, अम्बुज।

१७. **कल्पवृक्ष**– कल्पद्रुम, कल्पतरु, सुरतरु, पारिजात, मन्दार।

१८. **किरण** – मरीचि, मयूख, कर, अंशु, रश्मि, अर्चि, गो, दीधिति।

१९. **कामदेव** – मदन, मार, मन्मथ, अनंग, कन्दर्प, मनशिज, स्मर, मनोज, मनोभव।

२०. **कुबेर** – धनाधिप, धनद, यक्षराज, राजराज, किन्नरेश, यक्षेश, धनेश।

२१. **कोयल** – पिक, कोकिल, वसन्तदूती, वसन्तप्रिय, परभृत।

२२. **गंगा** – देवनदी, सुरसरि, भागीरथी, त्रिपथगा, जाह्नवी, विष्णुपदी, देवापगा।

२३. **गणेश** – लम्बोदर, एकदन्त, गणपति, गजवदन, गजानन, विनायक, गौरीसुत।

२४. **गदहा** – खर, गर्दभ, बेशर, धूसर, रासभ, वैशाखनन्दन।

२५. **गृह** – गेह, घर, निकेतन, सदन, आवास, निलय, भवन, आलय, आगार।

२६. **गज** – हाथी, हस्ती, कुंजर, नाग, दन्ती, करी, मतंग, कुम्भी।

२७. **गाय** – गो, धेनु, कपिला, सुरभि, बहुला, रोहिणी।

२८. **चतुर** – विज्ञ, दक्ष, प्रवीण, पटु, निपुण, नागर, कुशल, योग्य।

२९. **चन्द्रमा** – चाँद, हिमांशु, सुधांशु, विधु, राकेश, शशि, सुधाकर, मयंक, निशाकर, चन्द्र, रजनीपति, निशापति, मृगांक, सारंग, कलानिधि।

३०. **चोर** – तस्कर, रजनीचर, कुम्भिल, खनक, दस्यु, मोषक, बटमार।

३१. **चाँदी** – रजत, रौप्य, रुक्म, चामीकर, कलधौत, जातरूप।

३२. **चाँदनी** – ज्योत्स्ना, चन्द्रिका, चन्द्रमरीचि, जुन्हाई, कौमुदी, इँजोरिया।

३३. **जल** – नीर, सलिल, उदक, पानी, अम्बु, तोय, जीवन, वारि, पय मेघपुष्प। अप, शम्बर, सारंग, वन, अमृत।

३४. **यमुना** – रवितनया, रविसुता, सूर्यसुता, सूर्यतनया, कालिन्दी, अर्कजा, तरणि, यमी।

३५. **जगत्** – जग, संसार, विश्व, भुवन, लोक।

३६. **झण्डा** – ध्वज, निशान, फरहरा, वैजयन्ती, पताका, विजयिनी।

३७. **तालाब** – सर, सरोवर, पुष्कर, ह्रद, जलाशय, तड़ाग, पद्माकर।

३८. **तरकश** – तूण, तूणीर, उपसंग, निसंग, भाथा।

३९. **तलवार** – असि, खड्ग, करवाल, कृपाण, चन्द्रहास।

४०. **तीर** – शर, बाण, शायक, नाराच, विशिख, शिलीमुख, आशुग, इषु।

४१. **दाँत** – दशन, रद, दन्त, दंश, द्विज, मुखनुर।

४२. **दिन** – दिवस, वासर, अहन, दिवा, वार।

४३. **दुःख** – क्लेश, व्यथा, क्षोभ, अवसाद, खिन्नता, पीड़ा, कष्ट, वेदना, यातना, क्षोभ, विषाद, सन्ताप।

४४. **दुर्गा** – चण्डी, चण्डिका, कालिका, कल्याणी, सिंहवाहिनी, धातृ, कामाक्षी, सुभद्रा, महागौरी, चामुण्डा, कुमारी, अष्टभुजा, चन्द्रिका, गिरिजा, भवानी।

४५. **दास** – नौकर, अनुचर, सेवक, भृत्य, किंकर, परिचारक, चाकर।

४६. **देवता** – देव, सुर, अमर, अमर्त्य, विबुध, वृंदारक, त्रिदश, गीर्वाण, निर्जर।

४७. **दूध** – पय, क्षीर, अमृत, स्तन्य, दुग्ध।

४८. **द्रव्य** – धन, वित्त, सम्पदा, दौलत, सम्पत्ति, विभूति।

४९. **धनुष** – धनु, कोदण्ड, चाप, शरासन, सारंग, पिनाक।

५०. **नर** – व्यक्ति, आदमी, मनुष्य, मनुज, मानव, इंसान, मनुपुत्र।

५१. **नारी** – स्त्री, महिला, कलत्र, मानवी, औरत, भामिनी, वामा, अबला, मामा, महिषी, योषा, रमणी, रामा, कामिनी, कान्ता, तन्वी, पुरन्ध्री, पत्नी, बाला, स्वयंवरा, पतिंवरा, अंगना, अध्यूढ़ा, ललना, वनिता, वधू, वामलोचना, वरारोहा, वरवर्णिनी, सुन्दरी, सीमन्तिनी, जाया, श्यामा, शर्वरी, जनी (जनि), नितम्बिनी, कोपना, कुलपालिका, सहधर्मिणी, अन्तर्बत्नी, कृताभिषेका, मतकाशिनी, योषणा।

५२. **नाव** – तरणि, नौका, तरी, जलयान, पतंग, जलवाहन, डोंगी, बेड़ा।

५३. **पति** – भर्त्ता, स्वामी, वल्लभ, आर्यपुत्र, कान्त, नाथ, ईश, वर, प्राणनाथ।

५४. **पत्नी** – स्त्री, भार्या, दारा, गृहिणी, सहधर्मिणी, सहचरी, वल्लभा, जोरू, अर्द्धांगिनी, प्राणप्रिया, कलत्र, बहू, वधू, कान्ता।

५५. **पक्षी** – चिड़िया, खग, विहंग, द्विज, शकुंत, पतंग, सारंग, खेचर, नभचर, पखेरू, अण्डज, विहग, परिन्दा।

५६. **पर्वत** – पहाड़, भूधर, शैल, अचल, महीधर, गिरि, नग, भूमिधर, अद्रि, तुंग।

५७. **पण्डित** – विद्वान्, कोविद, बुध, धीर, मनीषि, प्राज्ञ, विचक्षण।

५८. **पत्थर** – शिला, प्रस्तर, कुलिश, पाषाण, उत्पल।

५६. **पुत्र** – सुत, बेटा, तनय, आत्मज, लड़का, तनुज, नन्दन, दायाद, सुवन।

६०. **पुत्री** – सुता, बेटी, तनया, आत्मजा, लड़की, तनुजा, दुहिता, स्वजा, जाया।

६१. **पृथ्वी** – भू, इला, भूमि, धरा, उर्वी, धरती, धरित्री, धरणी, वसुधा, वसुन्धरा।

६२. **पुष्प** – फूल, सुमन, कुसुम, प्रसून, मंजरी।

६३. **प्रकाश** – कान्ति, ज्योति, चमक, प्रभा, द्युति, आलोक।

६४. **पेड़** – तरु, द्रुम, पादप, विटप, वृक्ष, गाछ, अगम, रूख, शाखी।

६५. **पैर** – पग, पाँव, चरण, पद, डग।

६६. **बाग** – बागीचा, वाटिका, उपवन, उद्यान, फुलवारी, आराम।

६७. **बादल** – वारिद, नीरद, जलद, मेघ, धन, पयोद, पयोधर, पयद।

६८. **बिजली** – विद्युत, चपला, चंचला, दामिनी, सौदामिनी, तड़ित, क्षणप्रभा।

६६. **बुद्धि** – धी, मति, मेधा, प्रज्ञा, मनीषा।

७०. **ब्राह्मण** – विप्र, बटु, भूसुर, भूदेव, द्विज।

७१. **ब्रह्मा** – आत्मभू, स्वयंभू, चतुरानन, चतुर्मुख, पितामह, हिरण्यगर्भ, विधि, विधाता, लोकेश, अग्रजन्मा, स्रष्टा, अज, विरिंचि।

७२. **बाल** – कच, केश, कुंतल, चिकुर, चूल, जटा, शिरोरुह।

७३. **बानर** – बन्दर, कपि, कीश, हरि, मर्कट, शाखामृग।

७४. **भाग्य** – प्रारब्ध, विधिलेख, ब्रह्मलेख, ललाट।

७५. **भौंरा** – भ्रमर, मधुकर, मधुप, मिलिन्द, अलि, चंचरीक, षट्पद।

७६. **मछली** – मत्स्य, मीन, झष, शफरी, जलजीवन, शकली, मकर।

७७. **मदिरा** – शराब, सुरा, मद्य, आसव, वारुणी, हाला, सोमरस, कपिशायिनी।

७८. **महादेव** – शिव, शम्भु, महेश्वर, महेश, पशुपति, भूतेश, गिरीश, हर, त्रिलोचन, गंगाधर, कैलासपति, कैलासनाथ, भूतनाथ, नीलकण्ठ, उमापति, गिरिजापति, भव, चन्द्रमौलि, वृषकेतु,

पार्वतीनाथ।

७६. मयूर – मोर, शिखी, केकी, शिखण्डी।

८०. मधु – शहद, मकरन्द, कुसुमा, माक्षिक, माधवीक, सारंग।

८१. मृग – हरिन, हिरण, कुरंग, कुरंगम, सारंग, मुणिक।

८२. माता – माई, मातृ, जननी, जन्मदात्री, अम्बा, मा।

८३. माला – माल्य, हार, मालिका, सुमरिनी, गुणिका, दाम, उरबासी।

८४. मुनि – मती, संन्यासी, वैरागी, तापस, संत, साधु, महात्मा, मुक्तपुरुष।

८५. मित्र – सखा, सनेही, दोस्त, सुहृद, मीत, आत्मीय।

८६. मेघ – घन, जलधर, वारिद, बादल, नीरद, वारिधर, अम्बुद, पयोद।

८७. यमराज – अन्तक, काल, धर्मराज, कृतांत, रविसुत, यम।

८८. राजा – नृप, नरेश, सम्राट, दण्डधर, भूपति, भूप, भुवाल, नृपति, नरेन्द्र, अवनीपति, महीपति, महीप, महीपाल (महिपाल), राव।

८९. रात्रि – रात, निशा, यामिनी, विभावरी, क्षमा, शर्वरी, तमा, रैन, रजनी।

९०. रमा – कमला, पद्मा, लक्ष्मी, इन्दिरा, लोकमाता, श्री, सिंधुजा, चंचला।

९१. विष्णु – केशव, माधव, रमापति, इन्दिरापति, लक्ष्मीपति, जनार्दन, चक्रपाणि, नारायण, गरुड़ध्वज, विश्वम्भर, मुकुन्द, दामोदर, मधुसूदन, श्रीपति, शेषशायी, हरि, लक्ष्मीनाथ, अच्युत, हृषिकेश, विभु, विश्वरूप।

९२. विष – गरल, हलाहल, माहुर, कालकूट, जहर, धूलक।

९३. सब – सर्व, समस्त, निखिल, अखिल, समग्र, सकल, पूर्ण, सम्पूर्ण।

९४. शिक्षक – गुरु, अध्यापक, आचार्य, अदिष्टा, आदेशक।

९५. शरीर – देह, गात्र, वपु, तन, काया, कलेवर, चोला।

९६. शोभा – कान्ति, दीप्ति, छवि, द्युति, सुषमा, आभा, छटा, विभा।

९७. समुद्र – सागर, जलधि, नीरनिधि, तोयनिधि, उदधि, पयोधि, अर्णव, सिन्धु, रत्नाकर, नीरधि, अब्धि, वारीश, पारावार, नदीश, जलधाम।

९८. समूह – समुदाय, वृन्द, गण, संघ, पुंज, राशि, समुच्चय, कलाप, दल, झुण्ड, टोली, जमात, जत्था, मण्डली, गिरोह।

९९. सर्प – अहि, भुजंग, विषधर, व्याल, नाग, फणी, उरग, पन्नग, साँग।

१००. सरस्वती – वाक्, भारती, गिरा, वाणी, शारदा, वीणापाणि, विधात्री, वागीश्वरी, ब्राह्मी, भाषा, वागीश।

१०१. **सूर्य** – रवि, दिनकर, भास्कर, आदित्य, मार्तण्ड, दिवाकर, भानु, अर्क, सविता, अंशुमाली, पतंग, मिहिर, दिनेश, दिनमणि, प्रभाकर, मरीचि, हंस, सहस्रांशु।

१०२. **सिंह** – हरि, वनराज, केशरी, मृगेन्द्र, मृगराज, केशी, पंचानन, शैलाट, केहरी, पंचमुख, शार्दूल, नाहर, शेर, बबर, व्याघ्र, महावीर।

१०३. **सोना** – स्वर्ण, सुवर्ण, कनक, कंचन, हेम, जातरूप, कलधौत, कुंदन, हिरण्य।

१०४. **सेना** – दल, सैन्य, अनी, वरुथिनी, वाहिनी, कटक, चमू।

१०५. **स्वर्ग** – नाक, दिव, सुरलोक, देवलोक, सुरपुर, द्यौ, बैकुण्ठ, सौरिक, अमरलोक।

१०६. **सुन्दर** – रम्य, रुचिर, सुहावना, मनोहर, ललित, रमणीक, कमनीय, उत्तम, ललाम, चित्ताकर्षक, मनोरम, चारु, सुरम्य, मंजुल।

१०७. **हाथ** – कर, हस्त, पाणि, पंचशाख, शय।

१०८. **कृष्ण** – गोपाल, हरि, श्याम, मुरारि, वासुदेव, नन्दनन्दन, गोविन्द, गिरिधर, मुरलीधर, चक्रधर, रणछोड़, कंसारि, माखनचोर।

समानार्थक शब्द

कुछ शब्दों के अर्थ प्रायः समान तो होते हैं, पर पूर्णतः एक नहीं। उनमें अर्थ एवं प्रयोग के विचार से सूक्ष्म अन्तर होता है। वैसे शब्द समानार्थक कहे जाते हैं। कुछ लोग इन्हें एकार्थक भी कहना चाहते हैं जो उचित नहीं लगता। वैसे कुछ शब्द आगे रखे जाते हैं–

१. **अहंकार** – मन का गर्व, झूठे अपनेपन का बोध।
अभिमान – प्रतिष्ठा में अपने को बड़ा और दूसरे को छोटा समझना।
घमण्ड – सभी स्थितियों में अपने को बड़ा और दूसरे को छोटा समझना
दर्प – नियम-विरुद्ध काम करने पर भी घमण्ड करना।
गर्व – विद्या, रूप, कला, धन आदि पर अभिमान।
दम्भ – अपने को बड़ा दिखाने के लिए मिथ्या आडम्बर करना।

२. **अज्ञान** – ज्ञान का न होना।
अनभिज्ञ – किसी भी जानकारी की कमी; अनुभव राहित्य।

३. **अमूल्य** – जिसका निश्चित मूल्य लगाया ही न जा सके।

अतिमूल्य – अधिक एवं अनुचित मूल्य; दुर्मूल्य।

बहुमूल्य – बहुत मूल्य वाला; कीमती।

४. **अज्ञ** – जो जानता नहीं हो, पर बतलाने पर जान जाये।

मूर्ख – जो मोटी बुद्धि के कारण किसी बात को बहुत देर से समझे।

मूढ़ – जिसमें समझने की शक्ति हो ही नहीं।

५. **अभिज्ञ** – अनेक विषयों का ज्ञाता।

विज्ञ – किसी खास विषय का अच्छा ज्ञाता।

६. **अस्त्र** – फेंक कर प्रयोग किया जाने वाला युद्धोपकरण। यथा– बम, गोला, तीर, बर्छी आदि।

शस्त्र – हाथ में थाम कर चलाया जाने वाला युद्धोपकरण। यथा–तलवार, लाठी।

७. **अनुभव** – अभ्यास, व्यवहार आदि से प्राप्त ज्ञान।

अनुभूति – चिन्तन-मनन से स्फूर्त आन्तरिक ज्ञान।

८. **अनुरूप** – स्वरूप या योग्यता के अनुसार।

अनुकूल – अपने पक्ष में; उपादेयता/उपयोगिता का बोधक।

९. **अगोचर** – जो गोचर न हो; जो इन्द्रियों से नहीं, ज्ञान/बुद्धि से जाना जाये।

अज्ञेय – जो किसी प्रकार जाना नहीं जाये।

१०. **अद्वितीय** – जिसके समान दूसरा न हो।

अनुपम – जिसकी उपमा न हो।

११. **अवस्था** – जन्म से वर्तमान काल तक का समय; हालत।

आयु – जन्म से मृत्यु तक का समय। सम्पूर्ण जीवन।

१२. **अर्चा/अर्चना**– धूप, दीप, पुष्प आदि से देवता की पूजा।

आराधना – देवता का किसी भी रूप में मानसिक स्मरण, दया-याचना।

पूजा – बिना पूजा-सामग्री के ही भक्तिभाव पूर्वक देवता की प्रार्थना।

उपासना – देवता की निकटता/अनुभूति हेतु की गयी साधना।

१३. **अलौकिक** – जो इस लोक में का न हो। इस लोक में जो न मिले।

अस्वाभाविक– जो मानवप्रकृति के अनुरूप नहीं हो।

१४. **अबला** – स्त्री-जाति के अर्थ में।

निर्बला – बलहीन स्त्री।

१५. **अनुग्रह** – कृपा; किसी पर प्रसन्न हो उसका कुछ उपकार करना।
अनुकम्पा – विशेष कृपा; किसी के दुख से द्रवित हो उस पर की गयी दया।

१६. **अनुरोध** – अनुरोध बराबर वालों से किया जाता है।
प्रार्थना – ईश्वर या अपने से बड़ों के प्रति इच्छापूर्ति हेतु प्रार्थना की जाती है।
निवेदन – दूसरे के समक्ष नम्रतापूर्वक विचार रखना।
आवेदन – प्रार्थना, दरखास्त।

१७ **अपयश** – स्थायी रूप से दोष लगना।
कलंक – कुसंगति के कारण चरित्र पर दोष लगना।

१८. **अनुराग** – किसी विषय या व्यक्ति पर शुद्धभाव से मन केन्द्रित करना (Affection).
आसक्ति – मोहजनित प्रेम (Attachment).

१९. **आधि** – मानसिक कष्ट।
व्याधि – शारीरिक कष्ट।

२०. **अभिलाषा** – किसी विशेष वस्तु की हार्दिक इच्छा।
कामना – किसी विशेष वस्तु की सामान्य इच्छा।
इच्छा – किसी वस्तु की साधारण।

२१. **आरम्भ** – किसी सामान्य काम की प्रथम अवस्था (उत्पत्ति)।
श्रीगणेश – शुभ या धार्मिक कार्य की प्रथम अवस्था (उत्पत्ति)।

२२. **आज्ञा** – बड़ों, गुरुजनों, महत्वपूर्ण व्यक्तियों द्वारा किया गया कार्यनिर्देश।
आदेश – किसी अधिकारी द्वारा किया गया कार्य निर्देश।
निर्देश – किसी भी व्यक्ति द्वारा कोई नयी बात/राह सुझाना या बतलाना।

२३. **अभिवादन** – बड़ों को हाथ जोड़ कर अभिवादन किया जाता है।
नमस्कार/ नमस्ते – देवता, बड़े-छोटे एवं समान वय को लोगों को किया जाता है।
प्रणाम – अपने से बड़ों को हाथ जोड़ कर किया जाता है।

२४. **अनुज** – अपना छोटा भाई।

भाई — छोटे-बड़े, दोनों को भाई कहा जाता है।

२५. उत्साह — काम करने की उमंग।

प्रयास — साधारण प्रयत्न।

साहस — साधन के अभाव में भी काम करने की तीव्र इच्छा।

२६. करुणा — किसी का दुःख देख कर हृदय भर आना।

२७. दया — दूसरों के दुःख दूर करने की स्वाभाविक इच्छा।

कृपा — छोटों की सहायता करना।

सहानुभूति — किसी के दुःख-सुख का हल्का प्रभाव।

संवेदना — किसी के दुःख का गहरा प्रभाव।

२७. कष्ट — अभाव/असमर्थता के कारण मानसिक और शारीरिक कष्ट होता है।

क्लेश — अप्रिय भावों एवं मानसिक अवस्थाओं का सूचक।

पीड़ा — रोग, चोट आदि के कारण शारीरिक कष्ट का सूचक।

वेदना — मानसिक कष्ट।

२८. शोक — किसी प्रियजन की मृत्यु पर दुःखी होना।

क्षोभ — असफल होने या असामाजिक स्थिति पर होने वाला दुःख।

२९. ग्लानि — किये हुए कुकर्म पर लज्जा का भाव।

लज्जा — अनुचित काम करने पर मुँह छिपाना।

संकोच — किसी कार्य को करने में हिचकिचाहट का भाव।

व्रीड़ा — स्वाभाविक लज्जा।

३०. ग्रन्थ — वह पुस्तक जो विषय की गंभीरता और आकार की गुरुता का सूचक हो।

पुस्तक — सभी प्रकार की मुद्रित किताब।

३१. तट — नदी, तालाब या समुद्र के किनारे की जमीन।

पुलिन — नदी आदि के किनारे की भीगी हुई जमीन।

सैकत — नदी आदि के किनारे बालू वाली जमीन।

तीर — नदी, जलाशय आदि के जल को स्पर्श करने वाली जमीन।

३२. त्रुटि — कमी या चूक का भाव।

दोष — अनुचित का भाव।

भूल — सब प्रकार की गलतियाँ।

अशुद्धि — भाषा-सम्बन्धी या संस्कार-सम्बन्धी भूल।

३३. **प्रेम** – समशील और समवय वालों की स्वाभाविक प्रीति।

स्नेह – अपने से छोटों के प्रति प्रेम-भाव।

प्रणय – दाम्पत्य-प्रेम के अर्थ में।

३४. **श्रद्धा** – बड़ों के प्रति किया जाने वाला विश्वासपूर्ण प्रेम।

भक्ति – देवता, ईश्वर या गुरुजनों के प्रति प्रेम।

३५. **ईर्ष्या** – दूसरों की सफलता पर मन में जलन।

द्वेष – दूसरों के प्रति घृणा और शत्रुता का भाव।

स्पर्द्धा – दूसरे की सफलता देख कर अपनी सफलता प्राप्त करने की लगन।

३६. **मित्र** – वह पराया व्यक्ति जिससे आत्मीयता हो।,

सखा – आत्मीय मित्र, जिससे किसी प्रकार की गोपनीयता नहीं रह जाती।

सुहृद – हित-अहित की चिन्ता करने वाला मित्र; अच्छा हृदय वाला।

३७. **मन** – मन में संकल्प-विकल्प होता है।

चित्त – चित्त में बातों का स्मरण-विस्मरण होता है।

३८. **सेवा** – गुरुजनों की टहल।

शुश्रूषा – दीन-दुःखी और रोगी जन की सेवा।

३९. **प्रतियोगिता** – किसी का बिना अहित सोचे अपनी श्रेष्ठता के लिए होड़ करना।

प्रतिद्वन्द्विता – किसी को हानि पहुँचाने के भाव से होड़ करना।

४०. **महाशय** – सामान्य लोगों के लिए 'महाशय' का प्रयोग होता है।

महोदय – अपने से बड़ों के लिए अथवा अधिकारियों के लिए 'महोदय' लिखा जाता है।

४१. **यंत्रणा** – असह्य दुःख का मानसिक अनुभव।

यातना – आघात आदि के कारण शारीरिक कष्ट की अनुभूति।

४२. **दक्ष** – हाथ से किये जाने वाले कार्य को शीघ्र और अच्छी तरह करना।

निपुण – अपने विषय या कार्य की पूर्ण जानकारी।

कुशल – प्रत्येक कार्य में मानसिक एवं शारीरिक शक्तियों का उत्तम प्रयोक्ता।

कर्मठ – जिस काम में लगे, उसमें डटा रहने वाला।

४३. **व्याख्यान** – मौखिक भाषण।
अभिभाषण – लिखित भाषण।
४४. **विद्रोह** – शासन के विरुद्ध किसी दल विशेष का आन्दोलन।
क्रान्ति – शासन को समाप्त करने के लिए जनसाधारण द्वारा अचानक किया गया प्रयत्न।
४५. **बाधा** – कार्य-आरम्भ के पूर्व ही अड़चन होना।
विघ्न – कार्य-आरम्भ होने पर बीच में किसी प्रकार की कठिनाई होना।
४६. **कंगाल** – पेट पालने के लिए जिसे भीख माँगनी पड़े।
दीन – गरीबी के कारण जिसका आत्म गौरव गिर गया हो।
४७. **परामर्श** – अपनी बात के लिए दूसरों से सलाह करना।
मंत्रणा – गुप्त बात/योजना पर परस्पर विचार करना।
४८. **द्रोह** – कर्त्तव्य-विरूद्ध शत्रुता।
द्वेष – अकारण ईर्ष्या/बैर करना।
४८. **प्रयास** – किसी कार्य को सामान्य रूप से करना।
प्रयत्न – किसी कार्य के लिए तन-मन पूरी तरह लगाना।
५०. **स्वतंत्रता** – व्यक्ति के लिए 'स्वतंत्रता' का प्रयोग होता है।
स्वाधीनता – देश या राष्ट्र के लिए 'स्वाधीनता' का प्रयोग होता है।
५१. **अध्यक्ष** – किसी संस्था, परिषद्, गोष्ठी आदि का स्थायी रूप से प्रधान।
सभापति – नैमित्तिक तौर पर आयोजित किसी अस्थायी सभा का प्रधान।
५२. **पारितोषिक** – किसी प्रतियोगिता में विजयी होने पर दिया जाने वाला।
पुरस्कार – किसी अच्छे कार्य आदि के लिए दिया जाने वाला।
५३. **बुद्धि** – बुद्धि कर्त्तव्य का निश्चय करती है।
ज्ञान – इन्द्रियों द्वारा प्राप्त प्रत्येक अनुभव ज्ञान कहा जाता है।
५४. **संतोष** – जो मिल जाये, उसे ही पूर्ण मान लेना।
तृप्ति – प्राप्त वस्तु से यदि इच्छा पूरी हो जाये।
५५. **मौन** – बोलने की इच्छा नहीं करना; नहीं बोलना।
मूक – जो बोल ही नहीं सके।
५६. **विलाप** – दुःख में रोना।
प्रलाप – बकवास, चीख-पुकार, हाय-तौबा।

५७. **राजा** – देश या भूमिविशेष का वंशगत अधिकारी।
सम्राट – राजाओं का राजा।
५९. **पत्नी** – विवाहिता स्त्री।
स्त्री – स्त्री-जाति का बोधक।
महिला – कुलीन स्त्री।
६०. **बाला** – सोलह वर्ष की या उससे बड़ी लड़की।
किशोरी – दस से पन्द्रह वर्ष की लड़की।
कन्या – दस वर्ष या उससे कम की लड़की।

४. अनेकार्थक शब्द

कतिपय शब्दों के अनेक अर्थ होते हैं। वे अनेकार्थवाचक होते हैं। वे भिन्न-भिन्न प्रसंगों के अनुसार गृहीत होते हैं। वे कतिपय शब्द इस प्रकार हैं–

शब्द	अर्थ
१. अज	– ब्रह्मा, बकरा, दशरथ के पिता, अजन्मा, विष्णु, शिव, कामधेनु।
२. अजा	– बकरी, माया।
३. अर्क	– सूर्य, काढ़ा, निचोड़, स्फटिक।
४. अरुण	– सूर्य का सारथि, सूर्य का लाल रंग, एक आचार्य का नाम।
५. अंक	– गिनती की संख्या, नाटक के अंक, गोद, चिह्न, अध्याय, भाग्य।
६. अर्थ	– धन, मतलब, कारण, लिए।
७. अक्ष	– आँख, सर्प, ज्ञान, धुरी, कील, चौसर का पासा, मण्डल, रथ।
८. अक्षर	– जो क्षर न हो, जल, तप, आकाश, ब्रह्मा, सत्य, धर्म, मोक्ष, तपस्या आदि।
९. अम्बर	– आकाश, वस्त्र।
१०. अपवाद	– कलंक, नियम के विरुद्ध।
११. अतिथि	– मेहमान, अपरिचित, यात्री, अग्नि, राम का पोता या कुश का बेटा।
१२. अपेक्षा	– इच्छा, आवश्यकता, आशा, बनिस्बत।
१३. आपत्ति	– एतराज, विपत्ति।
१४. आम	– आम का फल, मामूली, साधारण।
१५. अलि	– सखि, भ्रमर, वृश्चिक।

१६. **अंग** – अवयव, खंड, पक्ष, सहायक।

१७. **अमृत** – सुधा, जल, दूध, अन्न, पारद।

१८. **अशोक** – एक वृक्ष, शोकरहित, सम्राट अशोक।

१९. **इन्द्रवधू** – इन्द्र की पत्नी, वीरबहूटी क्रीड़ा।

२०. **उत्तर** – जवाब, उत्तर दिशा, हल आदि।

२१. **कनक** – धतूरा, सोना, गेहूँ।

२२. **कला** – अंश, किसी काम को करने का कौशल, चन्द्रमा का अंश।

२३. **कर** – हाथ, सूँड, किरण, टैक्स।

२४. **कर्ण** – कान, व्यक्ति का नाम (कुंती-पुत्र) समकोण के सामने वाली त्रिभुज की भुजा।

२५. **कल** – चैन, शांति, बीता हुआ पिछला या आने वाला अगला दिन।

२६. **कुशल** – चतुर, खैरियत।

२७. **कुल** – सब, वंश, परिवार।

२८. **काल** – समय, मृत्यु, यमराज।

२९. **कृष्ण** – काला, श्रीकृष्ण, वेदव्यास।

३०. **काम** – कार्य, काम, कामदेव।

३१. **खग** – पक्षी, तारा, बाण, हवा।

३२. **खल** – दुष्ट, औषधि कूटने का यंत्र, तृण, गदहा, एक राक्षस।

३३. **गो** – गाय, बाण, आँख, वज्र, स्वर्ग, पृथ्वी, सूर्य, सरस्वती, किरण।

३४. **गुरु** – भारी, श्रेष्ठ, ग्रहविशेष, शिक्षक।

३५. **गति** – चाल, दशा, मोक्ष।

३६. **गण** – समूह, भूत-प्रतादि शिव के गण, पिंगल के गण।

३७. **घन** – बादल, अधिक, घना, हथौड़ा, जिसमें लम्बाई, चौड़ाई और मोटाई बराबर हो।

३८. **चक्र** – घेरा, पहिया, चाक, चकवा, सेना।

३९. **चीर** – चीरना, वस्त्र, एक वृक्ष।

४०. **चपला** – बिजली, लक्ष्मी।

४१. **जलधर** – बादल, समुद्र।

४२. **जाल** – माया, फन्दा, झरोखा, समूह, जादू, फरेब।

४३. **ज्येष्ठ** – जेठ महीना, बड़ा, श्रेष्ठ, पति का बड़ा भाई।

४४. **जलज** – कमल, मोती, शंख, मछली, सेवार, चन्द्रमा।

४५. **तारा** – आँख की पुतली, सितारे, बालि की पत्नी, बृहस्पति की पत्नी।

४६. दण्ड — सजा, डण्डा।

४७. दक्ष — कुशल, ब्रह्मा-पुत्र प्रजापति दक्ष।

४८. दल — सेना, पक्ष, पत्ता, समूह।

४९. द्विज — ब्राह्मण, दो बार जन्म लेने वाला, दाँत, नख, केश, पक्षी, क्षत्रिय, वैश्य।

५०. द्रोण — दोना, कौआ, द्रोणाचार्य।

५१. धन — सम्पत्ति, योग।

५२. धर्म — प्रकृति, स्वभाव, कर्त्तव्य, सम्प्रदाय।

५३. ध्रुव — अटल, भक्तध्रुव, ध्रुव तारा, सत्य।

५४. धर्मराज — युधिष्ठिर, यमराज, न्यायप्रिय।

५५. नग — नगीना, संख्या, पर्वत, वृक्ष।

५६. नाग — केशर, हाथी, सर्प।

५७. निशाचर — राक्षस, प्रेत, उल्लू, चोर।

५८. पत्र — पत्ता, चिट्ठी, पंख।

५९. पय — दूध, पानी।

६०. पृष्ठ — पीठ, पन्ना, पीछे का भाग।

६१. पानी — जल, चमक, प्रतिष्ठा।

६२. प्रभाव — असर, सामर्थ्य, महिमा, दबाव।

६३. बल — सेना, सामर्थ्य।

६४. बलि — बलिदान, राजा बलि, कर।

६५. मधु — शराब, शहद, बसन्त ऋतु।

६६. महावीर — हनुमान्, जैन तीर्थंकर, बहुत बली।

६७. मूक — गूँगा, चुप, विवश।

६८. फल — नतीजा, किसी वृक्ष का फल।

६९. मित्र — दोस्त, सूर्य, प्रिय, सहयोगी

७०. वर्ण — जाति, रंग, अक्षर।

७१. विग्रह — लड़ाई, देवता की मूर्त्ति, शरीर, समास के पदों को अलग करना।

७२. विषम — जो सम न हो, भीषण, कठिन।

७३. शिव — मंगल, महादेव, भाग्यशाली।

७४. शुद्ध — पवित्र, ठीक, जिसमें मिलावट न हो।

७५. सुधा — अमृत, पानी।

७६. **सर** — तालाब, सिर, पराजित।

७७. **सेहत** — सुख, स्वास्थ्य, रोगरहित।

७८. **सूर** — अन्धा, वीर, सूर्य, सूरदास।

७९. **सारंग** — फूल, कमल, सूर्य, मोर, बादल, पपीहा, सिंह, हंस, हिरण, जल, कोमल, कपूर, दीपक, धनुष आदि।

८०. **हरि** — विष्णु, इन्द्र, सर्प, मेढ़क, सिंह, घोड़ा, सूर्य, चाँद, तोता, वानर, यमराज, किरण, हाथी, ब्रह्मा आदि।

८१. **शिलीमुख** — भौंरा, वाण।

८२. **हरकत** — गति, चेष्टा, नटखटपन।

८३. **हंस** — पक्षी विशेष, प्राण, आत्मा।

८४. **हस्ती** — हाथी, अस्तित्व

८५. **हीन** — रहित, दीन, निकृष्ट

८६. **हलधर** — वृषभ, कृषक, बलराम।

८७. **मान** — इज्जत, अभिमान, नाप-तौल।

८८. **लक्ष्य** — निशाना, उद्देश्य।

८९. **वन** — जंगल, जल।

९०. **विरोध** — विपरीत भाव, वैर

५. विपरीतार्थक शब्द

जो शब्द अर्थों की दृष्टि से विपरीत होते हैं, वे विपरीतार्थक या विलोमार्थक शब्द कहे जाते हैं। यहाँ केवल यह ध्यातव्य है कि संज्ञा शब्द का विलोम संज्ञा हो और विशेषण शब्द का विशेषण। आगे कतिपय विलोम शब्द रख जाते हैं।

शब्द	विलोम शब्द	शब्द	विलोम शब्द
अनाथ	सनाथ	अचल	चल
अवनति	उन्नति	अन्त	आदि
अंधकार	प्रकाश	अनुकूल	प्रतिकूल
अपेक्षा	उपेक्षा	अपना	पराया
अति	अल्प	अपमान	सम्मान
उपकार	अपकार	अवरोह	आरोह
अग्रज	अनुज	अमर	मर्त्य
अरुचि	सुरुचि	अरक्षित	सुरक्षित

अनिवार्य	ऐच्छिक	अनभिज्ञ	भिज्ञ
अनुराग	विराग	असंतोष	संतोष
अचर	चर	अंतरंग	बहिरंग
अल्पज्ञ	बहुज्ञ	अस्त	उदय
अल्पायु	दीर्घायु	अनुलोम	प्रतिलोम
अल्पसंख्यक	बहुसंख्यक	अग्नि	जल
अधम	उत्तम	अन्तुर्मुखी	बहिर्मुखी
अवनत	उन्नत	अज्ञ	प्रज्ञ/विज्ञ
अन्तर्द्वन्द्व	बहिर्द्वन्द्व	अगम	सुगम
अन्तः साक्ष्य	बहिर्साक्ष्य	अमृत	विष
अथ	इति	अनुग्रह	विग्रह
अतिवृष्टि	अनावृष्टि	अवनि	अम्बर
अनुकूल	प्रतिकूल	आर्द्र	शुष्क
आशा	निराशा	आस्तिक	नास्तिक
आलोक	अन्धकार	आय	व्यय
आधुनिक	प्राचीन	अविभीव	तिरोभाव
आगामी/आगत	विगत	आचार	अनाचार
आत्मा	परमात्मा	अन्तरात्मा	बहिरात्मा
आदान	प्रदान	आयात	निर्यात
आकाश	पाताल	आग्रह	अनाग्रह
आकीर्ण	विकीर्ण	आधार	आधेय/लम्ब
आकर्षण	विकर्षण	आद्य	अन्त्य
आसक्त	अनासक्त	आजादी	गुलामी
आभ्यान्तर	बाह्य	आज्ञा	अवज्ञा
आरोह	अवरोह	आवश्यक	अनावश्यक
आमिष	निरामिष	इहलोक	परलोक
इच्छा	अनिच्छा	इष्ट	अनिष्ट
ईद	मुहर्रम	ईश्वर	जीव
उपसर्ग	प्रत्यय	उत्कर्ष	अपकर्ष
उन्मूलन	रोपण	उदात्त	अनुदात्त
उदार	कृपण	उत्साह	निरुत्साह/अनुत्साह

उत्कृष्ट	निकृष्ट	उत्तम	अधम
उपयोग	दुरुपयोग	उद्यमी	निरुद्यमी
उपयुक्त	अनुपयुक्त	उत्थान	पतन
उच्च	निम्न	उधार	नकद
उत्तीर्ण	अनुत्तीर्ण	उपरि	अधः
उद्धत	विनीत	उग्र	सौम्य
उदयाचल	अस्ताचल	उत्तरायण	दक्षिणायन
एकता	अनेकता/विविधता	एकत्र	विकीर्ण/अनेकत्र
एड़ी	चोटी	ऐतिहासिक	अनैतिहासिक/ काल्पनिक
ऐश्वर्य	अनैश्वर्य	एकेश्वरवाद	बहुदेववाद
कीर्ति	अपकीर्त्ति	कठोर/कर्कश	कोमल
कुरूप	सुरूप	कृष्ण	श्वेत
क्रय	विक्रय	कनिष्ठ	ज्येष्ठ
कटु	मधु	कपटी	निष्कपट
क्रूर	अक्रूर	कुटिल	सरल
कृत्रिम	प्रकृत	क्रोध	क्षमा
कर्मण्य	अकर्मण्य	कृपण	दाता/उदार
कोप	कृपा	कुमार्ग	सुमार्ग/सन्मार्ग
कुपुत्र	सुपुत्र	खेद	प्रसन्नता
खण्डन	मण्डन	खिलना	मुरझाना
खाद्य	अखाद्य	गरल	सुधा
गणतंत्र	राजतंत्र/एकतंत्र	गीला	सूखा
गुरु	लघु	गौरव	लाघव
गुप्त	प्रकट	गृहस्थ	संन्यासी
ग्रस्त	मुक्त	गत	आगत
ग्राह्य	त्याज्य/अग्राह्य	गुण	अवगुण/दोष
गगन	धरती	गमन	आगमन
गंभीर	वाचाल	गेय	अगेय
गोरक्षक	गोभक्षक	गोचर	अगोचर
ग्राम्य	नागर	घात	प्रतिघात
घटना	बढ़ना	घरेलू	बनैला/बाहरी

चाह	अनचाह	चोर	साधु
चिरन्तन	नश्वर	छली	निश्छल
छाँह	धूप	छूत	अछूत
चंचल	स्थिर/गम्भीर	चेतन	जड़
चिर	अचिर	जेय	अजेय
ज्वार	भाटा	जन्म	मरण
जल	थल/स्थल	जंगम	स्थावर
जाति	विजाति	जटिल	सरल
जय	पराजय	जागरण	निद्रा
ज्योति	तम	जल्द	देर
जीवन	मृत्यु	जातीय	विजातीय
ताप	शीत	तिमिर	प्रकाश
तामसिक	सात्त्विक	तीव्र	मन्द
तुकान्त	अतुकान्त	तरल	ठोस
तुच्छ	महान्	तानी	भरणी/भरनी
तारीफ	शिकायत	देव	दानव
दिवा	रात्रि	दुर्जन/दुष्ट	सज्जन
दूषित	स्वच्छ	देय	अदेय
दुर्बल/निर्बल	सबल/प्रबल	दीर्घकाय	कृशकाय
दक्षिण	उत्तर	दुराचारी	सदाचारी
देव	दानव	थोक	खुदरा
दृश्य	अदृश्य	धूप	छाया
धनी	निर्धन	ध्वंस/विनाश	निर्माण
नया	पुराना	नूतन	पुरातन
निर्दोष	सदोष	न्यून	अधिक
नश्वर	अनश्वर/शाश्वत	नगर	ग्राम
निन्दा	स्तुति	निर्दय	सदय
नागरिक	ग्रामीण	नैसर्गिक	कृत्रिम
निष्काम	सकाम	निन्द्य	वन्द्य
निरक्षर	साक्षर	निर्लज्ज	सलज्ज
निगलना	उगलना	निर्मल	मलिन

नवीन	प्राचीन	निरक्षर	साक्षर
नेकी	बदी	नकली	असली
नैतिक	अनैतिक	निरर्थक	सार्थक
पण्डित	मूर्ख	परमार्थ	स्वार्थ
पक्ष	विपक्ष	परुष	कोमल
प्रलय	सृष्टि	प्रवृत्ति	निवृत्ति
प्रारम्भिक	अन्तिम	प्राचीन	अर्वाचीन/नवीन
पाश्चात्य	पौरस्त्य/पूर्वीय	प्रत्यक्ष	परोक्ष
प्रशंसा	निन्दा	प्राकृतिक	कृत्रिम/विकृत
पाप	पुण्य	पुष्ट	अपुष्ट/क्षीण
परार्थ	स्वार्थ	परिश्रम	विश्राम
पुरस्कार	तिरस्कार/दण्ड	पूर्व	उत्तर/अपर/पश्चिम
पूर्ववर्ती	परवर्ती/उत्तरवर्ती	पूर्णता	अपूर्णता
पराधीन	स्वाधीन	परतंत्र	स्वतंत्र
प्रयोग	अप्रयोग	पूर्णिमा	अमावस्या
पतनोन्मुख	विकासोन्मुख	पाठ्य	अपाठ्य
पात्र	अपात्र	परकीय	स्वकीय
प्रसारण	संकोचन	प्रफुल्ल	म्लान
बन्धन	मुक्ति/मोक्ष	बाह्य	अभ्यन्तर
बलवान्	बलहीन	बाढ़	सूखा
बर्बर	सभ्य	भूत	भविष्य
भौतिक	आध्यात्मिक	भद्र	अभद्र
भोगी	योगी	मानव	दानव
महात्मा	दुरात्मा	मिलन	विरह
मृदुल	कठोर	मृत	जीवित
मुख	प्रतिमुख/पृष्ठ	मुनाफा	नुकसान
मनुज	दनुज	मंगल	अमंगल
योग	वियोग	योगी	भोगी
रक्षक	भक्षक	रिक्त/अपूर्ण	पूर्ण
लौकिक	अलौकिक/पारलौकिक	लिप्त	अलिप्त/निर्लिप्त
लुप्त	व्यक्त	रागी	विरागी

रचना	ध्वंस	रत	विरत
रंगीन	बेरंग/सादा	राजा	रंक/प्रजा
लाभ	हानि	विवाद	निर्विवाद
विशिष्ट	साधारण	वीर	कायर
विशालकाय	लघुकाय	विजय	पराजय
वृहत्/महत्	क्षुद्र/लघु	व्यस्त	अव्यस्त/खाली
विस्तृत	संक्षिप्त	विशेष	सामान्य
वसन्त	पतझर	विपत्ति	सम्पत्ति
बहिष्कार	स्वीकार/अंगीकार	वृष्टि	अनावृष्टि
विपद्	सम्पद्	वृद्धि	ह्रास
विधवा	सधवा	वक्र	सरल
विमुख	उन्मुख/सम्मुख	वियोग/विरह	संयोग/मिलन
वैतनिक	अवैतनिक	वक्र	ऋजु/सरल
व्यास	समास	विकीर्ण	संकीर्ण
विस्मरण	स्मरण	वाचाल	मूक
विपन्न	सम्पन्न	सम	विषम
सगुण	निर्गुण	सजीव	निर्जीव/अजीव
सफल	विफल/निष्फल	सनाथ	अनाथ
सहयोगी	प्रतियोगी	सरल	वक्र/कुटिल
सजल	निर्जल	संयोग	वियोग
स्वजाति	विजाति	सम्मुख	विमुख
सकाम	निष्काम	सार्थक	निरर्थक
साकार	निराकार	सुकर्म	कुकर्म/दुष्कर्म
सुगन्ध	दुर्गन्ध	सुलभ	दुर्लभ
सुगम	दुर्गम	सुपथ	कुपथ
सुशील	दुःशील	स्तुति	निन्दा
स्मरण	विस्मरण	स्थूल	सूक्ष्म
सशंक	निश्शंक	सुनाम	दुर्नाम
सन्तोष	असन्तोष	स्वामी	सेवक
संकल्प	विकल्प	सृष्टि	प्रलय/संहार
स्वधर्म	परधर्म/विधर्म	स्थिर	चंचल/अस्थिर

सबाध	निर्बाध	समष्टि	व्यष्टि
संघटन	विघटन	स्वार्थ	परमार्थ/निःस्वार्थ
सापेक्ष	निरपेक्ष	सक्षम	अक्षम
सादर	निरादर	सलज्ज	निर्लज्ज
सदय	निर्दय	स्वप्न	जागरण
संकोच	प्रसार	सभ्य	असभ्य/बर्बर
सुदूर	अदूर/सन्निकट	सभय	अभय/निर्भय
सामान्य	विशिष्ट	सुकाल	दुष्काल/अकाल
सविकार	निर्विकार	सौम्य	उग्र/असौम्य
साक्षर	निरक्षर	सदवृत्त	दुर्वृत्त
समूल	निर्मूल	सत्कर्म	दुष्कर्म
सुमति	कुमति	सौभाग्य	दुर्भाग्य
संकीर्ण	विस्तीर्ण	सखा	शत्रु
समास	व्यास	स्वकीया	परकीया
संगत	असंगत	साला	बहनोई
सूखा	गीला	सापेक्ष	निरपेक्ष
सरल	वक्र	संयोगी	वियोगी
सुराज	कुराज	सहयोगी	प्रतियोगी
शकुन	अपशकुन	शीत	उष्ण
शुक्ल	कृष्ण	श्वेत	श्याम
श्रव्य	दृश्य	शोषक	पोषक
श्लील	अश्लील	शक्ति	क्रान्ति/अशान्ति
शुष्क	सिक्त	शत्रु	मित्र
श्री गणेश	इतिश्री	श्रद्धा	घृणा/अश्रद्धा
श्यामा	गौरी	शिव	अशिव
हास	रुदन	ह्रस्व	दीर्घ
ह्रास	वृद्धि	हर्ष	विषाद
हिंसा	अहिंसा	क्षर	अक्षर
क्षम्य	अक्षम्य	क्षणिक	शाश्वत
क्षुद्र	विराट्/महान	क्षमा	दण्ड

६. श्रुतिसमभिन्नार्थक (युग्म) शब्द

श्रुतिसम का अर्थ है—सुनने में समान, अर्थ में समान नहीं। अनेक शब्द ऐसे हैं जिनका उच्चारण मात्रा या वर्ण के हल्के हेर-फेर के सिवा प्रायः समान है, पर उनके अर्थ में भिन्नता होती है। अतः उनके अर्थ और अक्षरी को ध्यान में रख कर ही प्रयोग किया जाना चाहिए। आगे वैसे कुछ शब्द और उनके अर्थ दिये जाते हैं—

	शब्द	अर्थ		शब्द	अर्थ
१.	अंस	कन्धा	३.	अनल	आग
	अंश	हिस्सा		अनिल	हवा
२.	अंत	समाप्ति	४.	अविराम	लगातार
	अंत्य	नीच		अभिराम	सुन्दर
५.	अम्ब	माता/आम	६.	अन्न	अनाज
	अम्बु	जल		अन्य	दूसरा
७.	अम्बुज	कमल	८.	अशन	भोजन
	अम्बुधि	सागर		आसन	बैठने की वस्तु
९.	अणु	कण	१०.	अतल	गहरा
	अनु	पीछे		अतुल	जिसकी तुलना न हो
११.	अशक्त	शक्तिहीन	१२.	अन्यान्य	दूसरा-दूसरा
	असक्त	विरक्त		अन्योन्य	परस्पर
१३.	अवृत्ति	बेकारी	१४.	अपेक्षा	इच्छा
	आवृत्ति	दुहरावट		उपेक्षा	निरादर
१५.	अश्व	घोड़ा	१६.	अवलम्ब	सहारा
	अश्म	पत्थर		अविलम्ब	शीघ्र
१७.	अनिष्ठ	श्रद्धाहीन	१८.	अलक	बाल
	अनिष्ट	हानि/बुराई		अलिक	मस्तक
१९.	अयश	अपकीर्ति	२०.	अभिज्ञ	ज्ञाता
	अयस्	लोहा		अनभिज्ञ	अनजान
२१.	अली	सखी	२२.	अजर	जो बूढ़ा न हो
	अलि	भौंरा		अजिर	आँगन
२३.	अग	अचल	२४.	अगम	दुर्गम

	अघ	पाप		आगम	शास्त्र
२४.	अधूत	निर्भय	२६.	अभय	निर्भय
	अवधूत	संन्यासी		उभय	दोनों
२७.	अमित	बहुत	२८.	अब्ज	कमल
	अमीत	शत्रु		अब्द	वर्ष
२९.	अस्र	आँसू	३०.	असित	काला
	अस्त्र	हथियार		अशित	भोथरा
३१.	अर्घ	मूल्य	३२.	अथक	जो थके नहीं
	अर्घ्य	पूजा सामग्री		अकथ	जो कहा न जाये
३३.	अरि	शत्रु	३४.	आदि	वगैरह/आरम्भ
	अरी	स्त्रीवाची संबोधन		आदी	अभ्यस्त/अदरक
३५.	अवधि	समय	३६.	आरति	विरक्ति/ दुःख
	अवधी	अवध की भाषा		आरती	धूप-दीप
३७.	आहूत	निमन्त्रित	३८.	आसन	बैठने की जगह
	आहुति	होम		आसन्न	निकट
३९.	आवास	वास स्थान	४०.	आकर	खान/खजाना
	आभास	झलक		आकार	ढाँचा
४१.	आमरण	मरण तक	४२.	आयत	लम्बा-चौड़ा/कुरान में लिखी बातें
	आभरण	गहना		आयात	बाहर से आना
४३.	आर्त	दुःखी	४४.	आविल	गन्दा
	आर्द्र	गीला		अवलि	पंक्ति
४५.	इत्र	सुगन्ध वाला द्रव	४६.	इन्दु	चन्द्रमा
	इतर	दूसरा		इन्दुर	चूहा
४६.	कटक	सेना	४८.	कंजर	नीच पुरुष
	कटुक	कड़ुआ		कुंजर	हाथी
४९.	कान्ता	स्त्री/सुन्दर स्त्री	५०.	कुन्तल	सिर के बाल
	कान्तार	जंगल/भयानक स्थान		कुण्डल	कान का एक आभूषण
५१.	कपिश	मटमैला	५२.	कपि	बन्दर
	कपीश	वानरों का राजा		कपी	घिरनी

५३.	कुच	स्तन	५४.	कस	दबाव/बल
	कूच	प्रस्थान		कष	कसौटी
५५.	कंकाल	ठठरी/अस्थिपंजर	५६.	कर्म	कार्य
	कंगाल	गरीब		क्रम	सिलसिला
५७.	कृति	रचना	५८.	क्रान्ति	उलट-फेर
	कृती	निपुण		क्लान्ति	थकावट
	कीर्ति	यश		कान्ति	चमक
५९.	कृत	किया हुआ	६०.	कुजन	दुर्जन
	क्रीत	खरीदा हुआ		कूजन	पक्षियों का बोलना
६१.	कली	अधखिला फूल	६२.	कृपण	कंजूस
	कलि	कलियुग		कृपाण	कटार/तलवार
६३.	कर्ण	कान	६४.	चास	खेत की जोताई
	करण	करणकारक		चाष	नीलकण्ठ पक्षी
६५.	चसक	आदत/लत	६६.	चतुष्पद	चौपाया
	चषक	प्याला/घूँट		चतुष्पथ	चौराहा
६७.	चरि	पशु	६८.	च्युत	गिरा हुआ
	चरी	हरा चारा		चूत	आम/आम का पेड़
६९.	चक्रवात	बवण्डर	७०.	चीता	बाघ की तरह का पशु
	चक्रवाक	चकवा पक्षी		चिता	शव जलाने के लिए सजायी गयी लकड़ी
	चक्रवाल	एक पर्वत			
७१.	चर	दूत/नौकर	७२.	चूर	चूर्ण
	चारु	सुन्दर		चूड़	चोटी/सिर
७३.	चपड़ा	लाह/कुदाल का एक प्रकार	७२.	कूट	पहाड़ की चोटी
	चपरास	बैज		कुट	घर/किला
७५.	कास	खाँसी	७६.	कटिबद्ध	तैयार
	काश	एक तरह की घास		कटिबन्ध	कमरबन्द

७७.	कुनबा	परिवार	७८.	चिर	पुराना
	कुनवा	खरीदार		चीर	वस्त्र
७६.	तनु	दुबला-पतला	८०.	तरी	गीलापन
	तनू	पुत्र/पुत्री/गाय		तरि	नाव
८१.	तरंग	लहर	८२.	तव	तुम्हारा
	तुरंग	घोड़ा		तब	इसके बाद
८३.	तप्त	गर्म	८४.	तोष	संतोष
	तृप्त	संतुष्ट		तोश	हिंसा
८५.	दार	स्त्री	८६.	दूत	सन्देशवाहक
	द्वार	दरवाजा		द्यूत	जूआ
८७.	दिन	दिवस	८८.	दारु	लकड़ी
	दीन	गरीब		दारू	शराब
८६.	द्वीप	टापू	६०.	दमन	दबाना
	द्विप	हाथी		दामन	छोर/अंचल
६१.	दशन	दाँत	६२.	द्रव	रस/तरल
	दंशन	दाँत से काटना		द्रव्य	पदार्थ/धन
६३.	जगत्	संसार	६४.	जरा	थोड़ा
	जगत	कुएँ के चतुर्दिक चबूतरा		जरा	बुढ़ापा
६५.	जलज	कमल	६६.	जाया	पत्नी
	जलद	बादल		ज़ाया	व्यर्थ
६६.	टुक	थोड़ा	६८.	टोटा	घाटा
	टूक	टुकड़ा		टोंटा	कारतूस
६६.	डीठ/दीठ	दृष्टि	१००.	तड़ाक	जल्दी
	ढीठ	निडर		तड़ाग	तालाब
१०१.	तरणि	सूर्य	१०२.	नियत	निश्चित
	तरणी	नाव		नीयत	मंशा/इरादा
	तरुणी	युवती		नियति	भाग्य
१०३.	धुरा	अक्ष	१०४.	नित	नित्य
	धूरा	धूल		नीत	लाया हुआ
१०५.	निहत	मरा हुआ	१०६.	नीर	जल
	निहित	छिपा हुआ		नीड़	घोंसला

१०७.	नगर	शहर	१०८.	नशा	खुमारी
	नागर	शहरी		निशा	रात्रि
१०६.	निशित	तीक्ष्ण	११०.	निवार	रोकना
	निशीथ	आधी रात		नीवार	जंगली धान
१११.	निश्चल	अटल	११२.	नमित	झुका हुआ
	निश्छल	छल रहित		निमित्त	हेतु
११३.	नीरद	बादल	११४.	नेति	जिसका अन्त न हो
	नीरज	कमल		नेती	मथानी की रस्सी
११५.	निशाकर	चन्द्रमा	११६.	नाई	हज्जाम
	निशाचर	राक्षस		नाईं	तरह/समान
११७.	नारी	स्त्री	११८.	निसान	झण्डा
	नाड़ी	नब्ज		निशान	चिह्न
११६.	परुष	कठोर	१२०.	प्रतीप	उलटा
	पुरुष	मर्द		प्रदीप	दीपक
१२१.	प्रसाद	कृपा	१२२.	प्रणय	प्रेम
	प्रासाद	महल		परिणय	विवाह
१२३.	प्रबल	शक्तिशाली	१२४.	परिणाम	नतीजा
	प्रवर	श्रेष्ठ/गोत्र		परिमाण	मात्रा
१२५.	पास	निकट	१२६.	पानी	जल
	पाश	बन्धन		पाणि	हाथ
१२७.	पिक	कोयल	१२८.	प्रेय	प्रिय/सांसारिक
	पीक	पान आदि का थूक		पेय	पीने योग्य
१२६.	परमिति	चरम सीमा	१३०.	प्रताप	पराक्रम
	परिमिति	मर्यादा		परिताप	संताप/दुःख
१३१.	प्रस्तर	पत्थर	१३२.	पत	सम्मान
	प्रस्तार	फैलाव		पति	स्वामी
१३३.	पवन	हवा	१३४.	पदत्राण	जूता
	पावन	पवित्र		परित्राण	रक्षा
१३५.	पर्यन्त	तक	१३६.	प्रधान	मुख्य

	पर्यंक	पलँग		परिधान	पोशाक
१३७.	प्रहार	आघात	१३८.	परीक्षा	इम्तहान
	परिहार	परित्याग		परिक्षा	कीचड़
१३९.	पथ	रास्ता	१४०.	प्रवार	चादर
	पथ्य	रोगी का भोजन		प्रवाल	मूँगा
१४१.	पुर	नगर	१४२.	प्रतिहार	द्वारपाल
	पूर	बाढ़/पूरा		प्रत्याहार	निवारण
१४३.	पाश	बन्धन	१४४.	प्रवाह	बहाव
	पार्श्व	बगल		परवाह	चिन्ता
१४५.	पट	वस्त्र	१४६.	फन	कारीगरी/कला
	पटट्	तख्ता		फण	साँप का फण
१४७.	बहन	बहिन	१४८.	बल	ताकत
	वहन	ढोना		वल	मेघ
१४९.	बाईं	बायाँ का स्त्रीलिंग	१५०.	बन्दी	कैदी
	बाई	वेश्या		वन्दी	भाट/चारण
१५१.	बारिश	वर्षा	१५२.	बात	वचन
	वारीश	समुद्र		वात	हवा
१५३.	बुरा	खराब	१५४.	बन	बनना
	बूरा	शक्कर		वन	जंगल
१५५.	बहु	बहुत	१५६.	बार	दफा
	बहू	विवाहिता स्त्री		वार	चोट/दिन
१५७.	बिना	अभाव	१५८.	बाण	तीर
	वीणा	एक बाजा		बान	आदत/डोरी
१५९.	बलि	बलिदान	१६०.	बास	गन्ध
	बली	वीर		वास	निवास
१६१.	बाँट	हिस्सा/भाग	१६२.	भवन	महल
	बाट	रास्ता/बटखारा		भुवन	पृथ्वी/संसार
१६३.	भारती	सरस्वती	१६४.	मूल	जड़
	भारतीय	भारत का		मूल्य	कीमत

१६५.	मद	अहंकार/नशा	१६६.	मणि	रत्न
	मद्य	शराब		मणी	सर्प
१६७.	रेचक	दस्तावर	१६८.	लक्ष	लाख
	रोचक	रुचने वाला		लक्ष्य	उद्देश्य
१६९.	वसन	कपड़ा	१७०.	वरद	वर देने वाला
	व्यसन	लत/आदत		बरद	बैल
१७१.	वित्त	धन	१७२.	वाद	तर्क/विचार
	वृत्त	गोलाकार		वाद्य	बाजा
१७३.	वस्तु	चीज	१७४.	वासना	कामना
	वास्तु	मकान		बासना	महकना
१७५.	विधायक	विधान निर्माता	१७६.	शर	बाण
	विधेयक	कानून/विधान		सर	तालाब/सिर
१७७.	शंकर	महादेव	१७८.	शूर	वीर
	संकर	दोगला/मिश्रित		सूर	अन्धा
१७९.	शुचि	पवित्र	१८०.	शम	संयम
	सुचि	सूचन करने वाली		सम	समान
१८१.	शर्व	शिव	१८२.	शुक्ति	शीप
	सर्व	सब		सूक्ति	अच्छी उक्ति
१८३.	शहर	नगर	१८४.	शीशा	काँच/दर्पण
	सहर	सवेरा		सीसा	एक धातु
१८५.	शिखा	चोटी	१८६.	शारदा	सरस्वती
	सीखा	सीख चुका		सारदा	सार भाग देने वाली
१८७.	शकल	टुकड़ा	१८८.	श्वपच	चाण्डाल
	सकल	सम्पूर्ण		स्पपच	स्वयंपाकी
१८९.	शराब	मदिरा	१९०.	शब	रात
	शराब	मिट्टी का प्याला		शव	लाश
१९१.	शिव	धारदार/दुर्बल	१९२.	शुक	सुग्गा
	शीत	ठण्डा		शूक	अन्न की बाली /जौ
१९३.	शकट	बैलगाड़ी	१९४.	शिवा	पार्वती/गीदड़ी
	शकठ	मचान		सिवा	छोड़ कर

१६५.	श्रमण	बौद्ध संन्यासी	१६६.	शय्या	बिछावन
	श्रवण	सुनना		सज्जा	सजावट
१६७.	शाला	मकान	१६८.	शुक्ल	उजला
	साला	पत्नी का भाई		शुल्क	फीस
१६६.	शान	इज्जत	२००.	शती	सैकड़ा
	शाण	धार तेज करने का पत्थर		सती	पतिव्रता स्त्री
२०१.	सीकर	जलकण	२०२.	संग	साथ
	सीकड़	जंजीर		संघ	समिति
२०३.	स्वच्छ	साफ	२०४.	हरि	विष्णु
	स्वक्ष	सुन्दर आँख		हरी	हरे रंग की
२०४.	हलू	शुद्ध व्यंजन	२०५.	हंसी	मादा हंस
	हल	खेत जोतने का यंत्र		हँसी	हँसने का काम

७. अनेक शब्दों के लिए एक शब्द

शब्द भावाभिव्यक्ति के साधन हैं। गम्भीर भावों और सुचिन्तित विचारों की अभिव्यक्ति में योग्य शब्दों के उचित प्रयोग का महत्त्वपूर्ण योगदान होता है। कम-से-कम शब्दों में अधिकाधिक गम्भीर भाव और विचार को व्यक्त करने में कुशल शब्द-प्रयोग की महती भूमिका होती है। वैसे शब्द रखना के अनावश्यक विस्तार को न केवल रोकते हैं।, वरन् भाषा को सुन्दर गठन और शैली को चुस्ती प्रदान करते हैं। इस निमित्त अनेक बार समास, तद्धित और कृदन्त वाक्यांश या वाक्य के शब्दों के अनुरूप एक शब्द निर्मित कर लिया जाता है। साथ ही, संस्कृत से आगत अनेक तत्सम शब्द भी हैं जिनसे वाक्यांश या पूरे वाक्य का अर्थ बोध होता है। आगे अनेक शब्दों (वाक्यांशों) के लिए एक शब्द के कुछ उदाहरण प्रस्तुत किये जाते हैं–

अनेक शब्द/वाक्य खण्ड	एक शब्द
१. जिसका कोई शत्रु जनमा ही न हो	अजातशत्रु
२. जिसे काटा न जा सके	अकाट्य
३. जिसे ईश्वर में विश्वास हो	आस्तिक
४. जो नारी अध्यापन का कार्य करती है	अध्यापिका
५. जिसका कोई नाथ ही न हो	अनाथ
६. दोपहर के बाद का समय	अपराह्न

७. जो पढ़ा हुआ न हो	अपठित
८. हाथी को हाँकने का हथियार	अंकुश
९. जिसके बिना काम न चले	अनिवार्य
१०. जिसका जन्म बाद में हुआ हो	अनुज
११. जिसे देखा न जा सके	अदृश्य
१२. जो आदर करने योग्य हो	आदरणीय
१३. जिसे भेदा न जा सके	अभेद्य
१४. जिसकी उपमा न हो	अनुपम
१५. जिसके समान कोई द्वितीय (दूसरा) न हो	अद्वितीय
१६. जिसके आर-पार देखा न जा सके	अपारदर्शक
१७. जो अण्डे से उत्पन्न हो	अण्डज
१८. जिसका जन्म आगे (पहले) हुआ हो	अग्रज
१९. जिसका जन्म ओछी जाति में हुआ हो	अन्त्यज
२०. जिसका का कोई अन्य उपाय नहीं हो	अनन्योपाय
२१. जो सोचने (चिन्ता करने) योग्य न हो	अचिंत्य
२२. जिस स्त्री को सूर्य भी न देख सके	असूर्यम्पश्या
२३. जिसे बढ़ा-चढ़ा कर कहा जाये	अतिश्योक्ति
२४. जो अल्प (कम) बोलता हो	अल्पभाषी
२५. सिर से पैर तक	आपाद्मस्तक
२६. जिसे वचन (शब्द) द्वारा व्यक्त नहीं किया जा सके	अनिर्वचनीय
२७. जो कहा नहीं जा सके	अकथनीय
२८. जिसकी बाहु (भुजा) जानु तक हो	आजानुबाहु
२९. जिसका मन किसी दूसरी ओर हो	अन्यमनस्क
३०. जिसे मापा न जा सके	अपरिमेय
३१. जिसकी आशा न की गयी हो	अप्रत्याशित
३२. जो इन्द्रियों द्वारा गोचर न हो	अगोचर
३३. जो आगे (भविष्य) की बात सोचता हो	अग्रशोची
३४. जिसे जीता न जा सके	अजेय
३५. जिसकी वृत्ति निश्चित न हो	आकाशवृत्ति
३६. बिना वेतन का	अवैतनिक
३७. कानून के विरुद्ध	अवैध

३८.	जो सबसे आगे गिना जाये/रहे	अग्रगण्य/अग्रणी
३६.	जिसे लक्ष्य न किया जा सके	अलक्ष्य
४०.	जिसके आने की तिथि निश्चित न हो	अतिथि
४१.	बीता हुआ	अतीत/व्यतीत
४२.	जो मरे नहीं	अमर
४३.	आशा से अतीत (अधिक)	आशातीत
४४.	जो अश्व (घोड़े) का आरोही (सवार) हो	अश्वारोही
४५.	जो अभिनय करे (पुरुष/स्त्री)	अभिनेता/अभिनेत्री
४६.	जो आकाश/गगन को चूमे	आकाशचुम्बी /गगनचुम्बी
४७.	आलोचना करने वाला	आलोचक
४८.	आदि से अन्त तक	आद्योपान्त
४६.	बिना आयास (श्रम) के	अनायास
५०.	वृष्टि का अभाव	अनावृष्टि
५१.	वृष्टि की अधिकता	अतिवृष्टि
५२.	जो उर (हृदय/छाती) के बल चलता है	उरग (साँप)
५३.	जो इच्छा के अधीन हो	ऐच्छिक
५४.	जिसका जन्म उच्च कुल में हुआ हो	कुलीन
५५.	जो फूल खिला न हो	कली
५६.	अमावस्या की रात	कुहू
५७.	जो कुल से द्रोह करे	कुलद्रोही
५८.	जिस स्त्री का चाल-चलन अच्छा न हो	कुलटा
५६.	जो काव्य की रचना करता/करती हो	कवि/कवयित्री
६०.	जो किये गये उपकार को मानता हो	कृतज्ञ
६१.	जो किये गये उपकार को नहीं मानता हो	कृतघ्न
६२.	भगवान् शिव का निवास स्थान	कैलाश
६३.	जो काँटों से भरा हो	कण्टकाकीर्ण
६४.	जिसकी बुद्धि बहुत तेज हो	कुशाग्रबुद्धि
६५.	जिसकी गरदन कपोत (कबूतर) की तरह (सुन्दर) हो	कपोतग्रीव
६६.	जो धन का देवता है	धनेश/कुबेर
६७.	जो कल्पना से अतीत (परे) हो	कल्पनातीत
६८.	तो कर्तव्य से च्युत हो गया हो	कर्त्तव्यच्युत

६६.	जो कहा गया है	कथित
७०.	जो इन्दियों (गो) के ज्ञान से परे हो	गोतीत.
७१.	संध्या और रात्रि के बीच का समय	गोधूलि
७२.	जिसके पाणि (हाथ) में चक्र हो	चक्रपाणि
७३.	जिसकी चार भुजाएँ हों	चतुर्भुज
७४.	जिसके चार पैर हों	चौपाया/चतुष्पद
७५.	जो जन्म से अन्धा हो	जन्मान्ध
७६.	जिसे जानने की इच्छा हो	जिज्ञासु
७७.	पेट की आग (भूख)	जठराग्नि
७८.	जिसने इन्द्रियों को जीत लिया है	जितेन्द्रिय
७६.	जो ठेंगे के समान (नाटा) हो	ठिंगना
८०.	जिसके दस मुख हैं	दशानन
८१.	जिसे लाँघना कठिन हो	दुर्लंघ्य
८२.	जिसे समझना कठिन हो	दुर्बोध
८३.	जो देखने योग्य हो	द्रष्टव्य/दर्शनीय
८४.	जिसका दमन करना कठिन हो	दुर्दम्य
८५.	जहाँ जाना कठिन हो	दुर्गम्य
८६.	जो तेज चलता हो	द्रुतगामी
८७.	जो दूर (भविष्य) तक देखता हो	दूरदर्शी
८८.	जिसे कठिनाई से भेदा जा सके	दुर्भेद्य
८६.	अनुचित हठ या आग्रह	दुराग्रह
६०.	जिसे ईश्वर (या वेदों) पर विश्वास न हो	नास्तिक
६१.	जो आमिष भोजी (माँस-मछली खाने वाला) नहीं है	निरामिष
६२.	जो नया-नया (तुरत) आया हो	नवागान्तुक
६३.	जो रात को घूमता (चर) हो	निशाचर
६४.	जिसमें तेज (प्रतिभा) न हो	निस्तेज
६५.	जिसका मूल न हो	निर्मूल
६६.	जिसका आधार न हो	निराधार
६७.	बिना पलक गिराये/एकटक	निर्मिमेष
६८.	जिसके पार देखा जा सके	पारदर्शक
६६.	जो पृथ्वी से सम्बद्ध हो	पार्थिव

१००. जो विदेश में वास करता हो	प्रवासी
१०१. जो बात बार-बार कही जाये	पुनरुक्ति
१०२. जो देखने में प्रिय हो	प्रियदर्शी
१०३. लौट कर आया हुआ	प्रत्यागत
१०४. पति के द्वारा त्वक्त स्त्री	परित्यक्ता
१०५. उपकार के बदले किया गया उपकार	प्रत्युपकार
१०६. जो पर्दे के भीतर रहे	पर्दानशीं (शीन)
१०७. जो पथ दिखलाये	पथदर्शक
१०८. जो किसी की ओर (प्रति) से हैं	प्रतिनिधि
१०९. जो पहरा देता है	प्रहरी
११०. जो पर के अधीन है	पराधीन
१११. आँखों के सामने	प्रत्यक्ष
११२. आँखों से परे	परोक्ष
११३. सबसे प्रिय	प्रियतम
११४. पूजने योग्य	पूज्य/पूजनीय
११५. पढ़ने योग्य	पठनीय/पठ्य
११६. जो दायर मुकदमे का प्रतिवाद (काट) करे	प्रतिवादी
११७. जो कुटी पर्ण (पत्ते) से बनी है	पर्णकुटी
११८. पृथ्वी(भू) को धारण करने वाला	भूधर
११९. भू (पृथ्वी) के भीतर का हाल जानने वाला	भूगर्भवेत्ता
१२०. जो पहले था या हुआ था	भूतपूर्व
१२१. दिल खोल कर कहना या गाना	मुक्तकण्ठ
१२२. दिल खोल कर (खुले हाथ)	मुक्तहस्त
१२३. माता/पिता की हत्या करने वाला	मातृहन्ता/पितृहन्ता
१२४. जो आसानी से पच जावे	लघुपाक
१२५. जो व्याकरण जानता हो	वैयाकरण
१२६. जिसके पाणि (हाथ) में व्रज हो	वज्रपाणि
१२७. जिसके पाणि में वीणा हो	वीणापाणि
१२८. जो वचन अमृत के समान हो	वचनामृत
१२९. जो विषयों (सांसारिक माया-मोह) में आसक्त हो	विषयासक्त
१३०. जो बिजली की प्रभा (चमक) वाला हो	विद्युत्प्रभ

१३१.	जो सुनने योग्य हो	श्रव्य/श्रवणीय
१३२.	जिसके पाणि में शूल हो	शूलपाणि
१३३.	जो शक्ति से सम्बद्ध या शक्ति का उपासक हो	शाक्त
१३४.	जो शिव से सम्बद्ध या शिव का उपासक हो	शैव
१३५.	जो शाक का आहार करे	शाकाहारी
१३६.	जो सदा रहे	शाश्वत/स्थायी
१३७.	शत्रु को मारने वाला	शत्रुघ्न
१३८.	बाँयें हाथ से तीर चलाने वाले	सव्यसाची
१३९.	सब कुछ जानने वाला	सर्वज्ञ
१४०.	समान (एक ही) उदर से जन्म लेने वाला	सहोदर
१४१.	सब जगह व्याप्ति हो जिसकी	सर्वव्यापी
१४२.	स्वेद (पसीना) से उत्पन्न होने वाला	स्वेदज
१४३.	सब कुछ भक्षण करने वाला	सर्वभक्षी
१४४.	जिसका स्वभाव स्त्रियों जैसा हो	स्त्रैण
१४५.	जो सर (तालाब) में उत्पन्न होता हो	सरसिज (कमल)
१४६.	जो समान रूप से शीत और उष्ण हो	समशीतोष्ण
१४७.	वस्तुओं (नदियों) का मिलन	संगम
१४८.	समान (एक ही) समय में रहने वाला	समसामयिक
१४९.	जिसकी आशा न की गयी हो	अप्रत्याशित
१५०.	जिस स्त्री की कोई संतान न हो	बन्ध्या/बाँझ
१५१.	किसी काम में दूसरे से बढ़ने की इच्छा	स्पर्धा
१५२.	मेघ की तरह नाद करने वाला	मेघनाद
१५३.	दूसरे के स्थान पर अस्थायी तौर पर काम करने वाला	स्थानापन्य
१५४.	एक स्थान से दूसरे स्थान पर हटाया हुआ	स्थानान्तरित
१५५.	जिसने किसी विषय में चित्त लगा दिया है	दत्तचित्त
१५६.	जिसकी मति झट सोचने वाली है	प्रत्युत्पन्नमति
१५७.	विष्णु का उपासक या विष्णु से सम्बद्ध	वैष्णव
१५८.	जिसकी चिन्ता नहीं हो सकती	अचिंत्य/अचिंतनीय
१५९.	मिष्ट या मधुर भाषण करने वाला	मिष्ट भाषी/मधुरभाषी
१६०.	हृदय का विदारण करने वाला दृश्य	हृदय विदारक

८. ध्वन्यात्मक शब्द

क. पशु-पक्षियों की बोलियाँ

१. उल्लू	घुघुआना	२. ऊँट	बलबलाना
३. कबूतर	गुटरना	४. कोयल	कूकना
५. बकरा	बों-बों करना	६. बतख	क्रें-क्रें करना
७. बकरी	मिमियाना	८. भैंस	चुकरना
९. कौआ	काँव-काँव करना	१०. कुत्ता	भौंकना
११. गदहा	रेंकना	१२. गाय	रँभाना
१३. घोड़ा	हिनहिनाना	१४. चिड़िया	चहचहाना
१५. चूहा	चूँ-चूँ करना	१६. झींगुर	झंकारना
१७. तोता	टें-टें करना	१८. पपीहा	पीउ-पीउ करना
१९. बन्दर	किकियाना	२०. मोर	केंकना
२१. साँप	फुँफकारना/ सिसकारना		
२२. सियार	हुआँ-हुआँ करना।		
२३. भेंड़ा	भेंभियाना	२४. मक्खी	भिनभिनाना
२५. मेंढ़क	टर्राना/टरटराना	२६. मुर्गा	बाँग देना
२७. मुर्गी	कुकड़ूँ-कूँ करना	२८. बाघ	गुर्राना
२९. बिल्ली	म्याऊँ-म्याऊँ करना	३०. भालू	खोंखियाना
३१. सांड	हिकड़ना/डकारना	३२. सूअर	किकियाना
३३. सिंह	दहाड़ना/गर्जन करना	३४. हंस	कूजना
३५. हाथी	चिंघाड़ना	३६. शेर	दहाड़ना/गर्जन करना

ख. अन्य बोलियाँ

१. मेघ	गरजना	७. चूड़ियाँ	खनखनाना
२. बादल	गरजना	८. हृदय/दिल	धड़कना
३. रुपया	खनकना	९. दाँत	किटकिटाना/सलसलाना
४. घड़ी	टिक-टिक करना	१०. पत्ता	खड़कना/मरमराना
५. जूता	मचमचाना/चरमराना	११. शस्त्र	झनझनाना
६. हवा	सनसनाना	१२. कपड़ा	फड़फड़ाना
१३. बहता पानी	कल-कल करना	१४. बिजली	कड़कना/तड़कना

९. समूहवाचक शब्द

किसी वस्तु विशेष के समूह का बोध कराने वाले शब्द समूहवाचक कहे जाते हैं। उसके कतिपय उदाहरण इस प्रकार हैं–

१. कुंज	लताओं का
२. काफिला	यात्रियों का/ऊँटों का
३. कारवाँ	ऊँटों का
४. गट्ठर	वस्त्रों का/लकड़ियों का
५. गुच्छा	फूलों का/फलों का
६. घौद	केले का
७. छत्ता	मधुमक्खियों का/बर्रे का
८. टुकड़ी	सैनिकों की
९. दल	राजनीतिकों का/घुड़सवारों का
१०. पुंज	पापों का/ तारों का
११. माला	फूलों की/पर्वतों की
१२. मण्डल	राष्ट्रों का/नक्षत्रों का
१३. मण्डली	मित्रों की/गायक या नर्तक की
१४. समिति	व्यक्तियों की
१५. कोश/कोष	मुद्राओं का/शब्दों आदि का
१६. भाण्डार	वस्तुओं का
१७. आलय	शिक्षा/विद्या आदि का
१८. संस्था	उद्देश्य प्रेरित व्यक्तियों की
१९. शृंखला	पर्वतों की/कड़ियों की
२०. समाज	सभ्यों का/विद्यार्थियों का
२१. सम्प्रदाय	धार्मिकों का
२२. झब्बा	चाभियों का

१०. विशेष अर्थ बोधक शब्द

कई ऐसे शब्द चलते हैं जो अपने मूल अर्थ के अतिरिक्त विशेष अर्थ का बोध कराने के लिए भी प्रयुक्त किये जाते हैं। उनके कुछ उदाहरण इस प्रकार हैं–

शब्द	विशेष अर्थ
१. कोयल	मधुरभाषी
२. कर्ण	दानी व्यक्ति

३. कुबेर	धनी व्यक्ति
४. काइयाँ	बहुत धूर्त व्यक्ति
५. कौआ	चालाक/धूर्त/कर्कश स्वर में बोलने वाला
६. भ्रमर	प्रेमी/उच्छृंखल और स्वार्थी
७. गाय/गऊ	सीधे स्वभाव का
८. चार सौ बीस	धोखेबाज
९. चकोर	आदर्श प्रेमी
१०. चातक	उच्च कोटि का प्रेमी
११. लक्ष्मी	सुशील कन्या/सुन्दर फल देने वाली
१२. तोता	रट्टू व्यक्ति
१३. उल्लू	मूर्ख व्यक्ति
१४. गदहा	मूर्ख/बोझ ढोने वाला व्यक्ति
१५. साँप	अकारण कष्ट देने वाला
१६. जयचन्द	कुलद्रोही/देशद्रोही
१७. विभीषण	कुलद्रोही/देश का भेदिया
१८. नारद	झगड़ा लगाने वाला
१९. हरिश्चन्द्र	सत्यवादी व्यक्ति
२०. भगीरथ	परिश्रमी व्यक्ति
२१. सुदागा	संतोषी व्यक्ति
२२. बृहस्पति	विद्वान् व्यक्ति
२३. सूरदास	अन्धा व्यक्ति
२४. श्रवण	आज्ञाकारी पुत्र
२५. भरत	आदर्श भ्रातृप्रेम
२६. सीता/सावित्री	पतिव्रता स्त्री
२७. चाणक्य	कूटनीतिज्ञ
२८. सेठ	धनी व्यक्ति
२९. युधिष्ठिर	सत्यवादी
३०. शकुनी	कपटी व्यक्ति
३१. राजा नल	द्यूत क्रीड़ा में माहिर
३२. हनुमान्	सेवक और भक्त
३३. व्यास	ज्ञानी व्यक्ति

३४. अश्वत्थामा	पशुबल/शारीरिक बल
३५. बलि	सत्य-संकल्प के निर्वाह हेतु जीवन को समर्पित करने वाला
३६. गंगा	पवित्रता बोधक
३७. रावण	अहंकारी व्यक्ति
३८. कंस	अत्याचारी व्यक्ति

११. एक शब्द का विभिन्न शब्दभेदों में प्रयोग

शब्द	विभिन्न शब्दभेदों में प्रयोग	
१. अच्छा	संज्ञा	– अच्छों का साथ देना मानव हित में है।
	विशेषण	– राम अच्छा विद्यार्थी है।
	अव्यय	– अच्छा, मैं आ जाऊँगा।
	क्रियाविशेषण	– राम अच्छा गाता है।
२. और	संज्ञा	– औरों को भी सुना करो।
	विशेषण	– और छात्र कहाँ हैं?
	अव्यय	– राम और मोहन पढ़ते हैं।
	सर्वनाम	– राम तो यहाँ है, और कहाँ गये?
३. एक	संज्ञा	– एक रोता है, एक गाता है।
	विशेषण	– तुम एक काम करो।
	सर्वनाम	– उन छात्रों में एक भी काम का नहीं है।
४. कुछ	संज्ञा	– कुछ पढ़ रहे हैं और कुछ खेल रहे हैं।
	विशेषण	– कुछ छात्र जा रहे हैं।
	सर्वनाम	– उनमें से कुछ चालाक भी हैं।
	अव्यय	– कुछ-न-कुछ बोलिए, बोलना तो पड़ेगा ही।
५. जो	सर्वनाम	– जो पढ़ेगा, सो पास करेगा।
	विशेषण	– जो किताब चाहिए, ले जाइए।
	अव्यय	– जो वह कर ले, वही ठीक है।
६. थोड़ा	संज्ञा	– थोड़ा और लीजिए।
	विशेषण	– थोड़े रुपयों से काम चला लीजिए।
	अव्यय	– राम ने थोड़ा किया, पर ठीक किया।
७. भला	संज्ञा	– किसका भला करना है?

	विशेषण	– आप भला तो जग भला।
	अव्यय	– भला, आप क्या कर सकते हैं?
८-९. यह/वह	सर्वनाम	– यह/वह कब पढ़ेगा?
	क्रियाविशेषण	– अच्छा, मेरा यह/वह रहा।
	विशेषण	– यह/वह लड़का भला है।
१०. बुरा	संज्ञा	– बुरों का साथ ठीक नहीं।
	विशेषण	– बुरे व्यक्ति के साथ रहना ठीक नहीं।
	क्रियाविशेषण	– वह बुरा गाता है।
११. ऊपर	संज्ञा	– ऊपर मत जाओ।
	विशेषण	– तुम ऊपर क्लास में पढ़ोगे।
	अव्यय	– उसे ऊपर-ऊपर पाँच रुपये मिले।

१२. मुहावरे और कहावतें

अरबी शब्द 'मुहावरा' ही हिन्दी में मुहावरा है। इसे 'वाग्धारा' भी कहा जाता है। **जो वाक्यांश या वाक्यखण्ड सामान्य अर्थ का बोध नहीं कराता, वरन् किसी वाक्य का अभिन्न अंग बन कर लक्षणा अथवा व्यंजना द्वारा बोधगम्य होता है, वह मुहावरा कहा जाता है।** मुहावरे के प्रयोग से भाषा सरस, व्यंजक, चामत्कारिक और प्रभावी बन जाती है। मुहावरों के अपने विशिष्ट रूप और धर्म होते हैं। उनका शब्दार्थ नहीं, अवबोधक अर्थ ही ग्रहण किया जाता है। उनके रूप में किसी प्रकार का परिवर्तन किया ही नहीं जा सकता। वे पूरी तरह अनमनीय होते हैं। सामान्यतः मुहावरा कहने का एक ढंग होता है। वे भाषा की समृद्धि और सभ्यता के विकास के द्योतक भी होते हैं। सभ्यता के विकास के साथ नये मुहावरे बनते रहते हैं। वर्तमान मशीनी युग में जहाँ कई नये मुहावरे बने हैं, वहीं पिछले सामंतीयुग के अनेक मुहावरों का प्रचलन प्रायः कम हुआ है या समाप्त-प्राय हो चुका है। हिन्दी के अधिकांश मुहावरे मानव शरीर के विभिन्न अवयवों से सम्बद्ध हैं। यद्यपि यह बात अन्य भाषाओं के मुहावरों में मिलती हैं। तथापि हिन्दी में इनका बाहुल्य है।

कहावत [हिं. 'कहा' (कही हुई बात) + 'वत' प्रत्यय], की ही प्रसिद्धि **'लोकोक्ति'** (लोक में प्रचलित उक्ति) नाम से भी है। **कहावत ऐसा बँधा हुआ लोक-प्रचलित कथन या वाक्य होता है, जिसमें किसी अनुभूत सत्य का चामत्कारिक प्रतिपादन या प्रस्थापन किया गया हो।** कहावत के मूल में कोई घटना अथवा कहानी छिपी होती है। यह अनुभूत सत्य होता है। कहावत ऐसा वाक्य, उपवाक्य अथवा वाक्यांश होता है जिसका वाक्य रचना में न केवन स्वतंत्र अस्तित्व रहता है, वरन् एक स्वतंत्र भाव विद्यमान रहता है।

आगे कतिपय मुहावरे और कहावतें अर्थ एवं प्रयोग के अनुसार प्रस्तुत किये जाते हैं–

कतिपय प्रचलित मुहावरे

मुहावरा		प्रयोग
१. अंक भरना (गोद में स्नेहपूर्वक उठा लेना)	–	रोते हुए बच्चे को माँ ने अंक भर लिया।
२. अंग-अंग टूटना (थकान से दर्द)	–	आज इतना श्रम करना पड़ा कि अंग-अंग टूट रहा है।
३. अँगूठा दिखाना (धोखा देना, चिढ़ाना)	–	अपना काम निकल जाने पर उसने मुझे अँगूठा दिखा दिया।
४. अण्टी मारना (चाल चलना)	–	उसने ऐसी अण्टी मारी कि सारे चारों खाने चित्त हो गये।
५. अँचरा (आँचल) पसारना (याचना करना)	–	महिलाएँ अँचरा (आँचल) पसार कर देवीमाता से सुहाग माँगती हैं।
६. अन्धे की लाठी (सहारा)	–	बुढ़ापे में माता-पिता के लिए पुत्र ही अन्धे की लाठी होते हैं।
७. अपने मुँह मियाँ मिठ्ठू (अपनी प्रशंसा स्वयं करना)	–	अपने मुँह मियाँ मिट्ठू बनना अनुचित है।
८. अक्ल पर पत्थर पड़ना (बुद्धिभ्रष्ट होना)	–	विद्वान् और वीर होने के बावजूद रावण की अक्ल पर पत्थर पड़ गया था, तभी तो उसने सीता का अपहरण किया था।
९. अक्ल की दुम (अपने को बुद्धिमान मानना)	–	दस तक की गिनती तो आती नहीं, मगर अक्लकी दुम वह अपने को महान् विद्वान् मानता है।
१०. अपनी खिचड़ी अलग पकाना (स्वार्थी होना)	–	यदि सभी अपनी खिचड़ी अलग पकायें तो समाज कैसे चलेगा?
११. आँच न आने देना (कष्ट या दोष नहीं आने देना)	–	मेरे रहते रमेश पर आँच नहीं आ सकती।
१२. आस्तीन का साँप (कपटी मित्र)	–	अन्ततः वह आस्तीन का साँप ही निकला।
१३. आकाश-पाताल एक करना (कोई कसर उठा नहीं रखना)	–	अपना काम पूरा करने के लिए उसने आकाश-पाताल एक कर दिया।

१४. आटे-दाल का भाव मालूम होना (सांसारिक झंझटों का ज्ञान)	–	पिता के मरते ही मोहन को आटे-दाल का भाव मालूम होने लगा है।
१५. अब-तब करना (बहानेबाजी)	–	कुछ भी माँगने पर रामू अब-तब करने लगता है।
१६. आँखे खुलना (सावधान होना)	–	ठोकरें खाने पर सब की आँखें खुल जाती हैं।
१७. आँखें गड़ना (लालच होना)	–	मेरी घड़ी पर उसकी आँखें गड़ी हैं।
१८. आँखें आना (आँख में रोग होना)	–	तेज धूप में रहने के कारण मेरी आँखे आ गयी हैं।
१६. आँखें लगना (नींद आना)	–	मोहन की आँखें अभी लगी ही थीं कि उसे जगा दिया गया।
२०. आँखें चुराना (नजर बचाना)	–	बुरे व्यक्ति सज्जनों से आँखें चुराते हैं।
२१. आँखें बिछाना (प्रतीक्षा करना)	–	मैं आपके लिए कई दिनों से आँखें बिछाये बैठा हूँ।
२२. आँखें चार होना (प्रेम होना, देखना)	–	बहुत दिनों के बाद उन दोनों की आँखें चार हुईं।
२३. आँखें मूँदना (मर जाना)	–	आज मेरे पिता ने आँखें मूँद लीं।
२४. आँख मारना (इशारा करना)	–	उसने आँख मार कर राम को बुलाया।
२५. आँखें फेर लेना (उदासीन होना)	–	मतलब निकल होने पर लोग आँखें फेर लेते हैं।
२६. आँखों में धूल झोंकना (धोखा देना)	–	वह किसी की भी आँखों में धूल झोंक सकता है।
२७. आँखों का काँटा (दुश्मन)	–	वह मेरी आँखों का काँटा बन चुका है।
२८. आँखों का तारा (प्यारा)	–	अच्छा लड़का माँ-बाप की आँखों का तारा होता है।

२६. आँख उठाना (बुरी दृष्टि से देखना) – किसी देश के लिए भारत की ओर आँख उठाना आसान नहीं है।

३०. आँखों का पानी गिरना (निर्लज्ज होना) – वह किसी को भी कुछ कह सकता है, क्योंकि उसकी आँखों का पानी गिर गया है।

३१. आँखों के आगे अंधेरा छाना (घबराना) – कैकेयी की माँग पर दशरथ की आँखों के आगे अँधेरा छा गया।

३२. अँगूठा चूमना (खुशामद करना) – काम निकालने के लिए वह मंत्री का अँगूठा चूम रहा है।

३३. आठ-आठ आँसू रोना (पछताना) – अभी नहीं पढ़ोगे तो बाद में आठ-आठ आँसू रोने पड़ेंगे।

३४. आसन डोलना (विचलित होना) – धन के कारण ईमान का भी आसन डोल जाता है।

३५. ईंट से ईंट बजाना (युद्धात्मक विनाश लाना) – ईंट से ईंट बजाना अच्छा नहीं, उसमें अपनी ईंट भी नहीं बचती।

३६. ईट का जबाव पत्थर से देना (दुष्टता का करारा जबाब देना) – ऐसे लोगों को ईंट का जबाब पत्थर से ही देना उचित है।

३७. ईद का चाँद होना (बहुत दिनों पर दिखायी पड़ना) – आजकल आप ईद का चाँद हो रहे हैं, लोग आपकी प्रतीक्षा करते रहते हैं।

३८. उगल देना (सच कह देना) – पिटाई होने पर चोरों ने सारी बातें उगल दीं।

३६. उठा न रखना (बाकी न छोड़ना) – तुम्हारी नौकरी के लिए वह कुछ उठा न रखेगा।

४०. उड़ती चिड़िया पहचानना (मन की बात ताड़ लेना) – वह किसी के धोखे में नहीं आ सकता, कारण वह उड़ती चिड़िया भी पहचान लेता है।

४१. उल्लू का पट्ठा (महामूर्ख) – वह अपने को चालाक समझता है, पर है उल्लु का पट्ठा ही।

४२. एक आँख से देखना (सब को बराबर मानना) – कानून सबको एक आँख से देखता है।

४३. एक ही डण्डे से हाँकना (समान व्यवहार करना) – सबको एक ही डण्डे से हाँकना भले-बुरे की पहचान भुलाना है।

४४. ओठ चबाना (क्रुद्ध होना)	–	शत्रु को देखते ही वह ओठ चबाने लगा।
४५. औंधी खोपड़ी का (मूर्ख)	–	वह बनता है होशियार, पर है औंधी खोपड़ी का ही।
४६. कलेजे पर साँप लोटना (ईर्ष्या करना)	–	जिसके पास सब कुछ है, उसे दूसरों की उन्नति देख कर कलेजे पर साँप क्यों लोटे?
४७. कलेजा ठण्डा होना (संतोष होना)	–	सौत के मरते ही श्यामा का कलेजा ठण्डा हुआ।
४८. किताबी कीड़ा होना (पढ़ने के अतिरिक्त कुछ न करना)	–	विद्यार्थी को मात्र किताबी कीड़ा ही नहीं होना चाहिए, खेलने-कूदने पर भी ध्यान देना चाहिए।
४९. कलम तोड़ना (खूब लिखना)	–	आज तूने ऐसा लिखा मानो कलम ही तोड़ दी।
५०. कल पड़ना (आराम मिलना)	–	नयी दवा से रोगी को कुछ कल पड़ा है।
५१. काठ की हाँड़ी (अस्थायी वस्तु)	–	स्वार्थी व्यक्ति की मित्रता को काठ की हाँड़ी ही समझिए।
५२. काठ मार जाना (सन्न रह जाना)	–	म. गाँधी की मृत्यु की खबर सुन कर देशवासियों को काठ मार गया।
५३. कान खड़े हो जाना (सावधान होना)	–	उसकी चालाकी देख कर मेरे कान खड़े हो गये।
५४. कान खोलना (सावधान करना)	–	मैं धोखे में रहता, पर राम ने मेरे कान खोल दिये।
५५. कान पकड़ना (प्रतिज्ञा करना)	–	मैं कान पकड़ता हूँ कि अब ऐसी गलती नहीं करूँगा।
५६. कान खाना (तंग करना)	–	वह हमेशा मेरे कान खाता रहता है।
५७. कान भरना (चुगली लगाना)	–	कई व्यक्ति एक-दूसरे के विरुद्ध कान भरते रहते हैं।
५८. कान काटना (बढ़ कर काम करना)	–	पढ़ाई करने में राम ने श्याम के कान काट लिये।

५९. कान देना (ध्यान देना) – क्लास में अध्यापक की बातों पर कान दिया करो।

६०. कान में तेल डालना (अनसुनी करना) – शिक्षके कहते-कहते थक गए, पर वह कान में तेल डाले बैठा रहा।

६१. कान फूँकना (बहकाना, दीक्षा देना) – राम ने श्याम के कान इस प्रकार फूँके कि वह अब किसी की कुछ नहीं सुनता।

६२. कान पर जूँ न रेंगना (ध्यान न देना) – कुछ भी कहो, उसके कान पर जूँ नहीं रेंगती।

६३. कान लगाना (ध्यान देना) – ये बातें कान लगाने योग्य हैं।

६४. कुआँ खोदना (हानि पहुँचाने का यत्न करना) – जो दूसरों के लिए कुआँ खोदता है, वह उसमें स्वयं गिरता है।

६५. खरी-खोटी सुनाना (कटु सत्य कहना) – चाहे जितनी भी खरी-खोटी सुनाओ, उस पर कोई प्रभाव पड़ने वाला नहीं है।

६६. खेत रहना/आना (वीरगति पाना) – स्वातंत्र्य समर में इतने लोग खेत रहे (आये), तब भी भारत स्वतंत्रता-प्राप्ति के दीवानों से खाली नहीं हुआ।

६७. खून-पसीना एक करना (कठिन श्रम करना) – पिता ने राम को खून-पसीना एक कर पढ़ाया, पर नौकरी पाकर वह पिता की तनिक भी सुधि नहीं लेता।

६८. खटाई में पड़ना (अनिश्चित स्थिति में होना) – कार्यालयों में हजारों आवेदन-पत्र खटाई में पड़े रहते हैं।

६९. खयाली पुलाव (कल्पना करना) – खयाली पुलाव पकाने से कुछ नहीं होता, सब के लिए परिश्रम करना पड़ता है।

७०. खिल्ली उड़ाना (हँसी उड़ाना) – गरीबों की खिल्ली नहीं उड़ाओं, उनकी मदद करो।

७१. खिल उठना (प्रसन्न होना) – बच्चों के स्वस्थ रहने पर माता-पिता का दिल खिल उठता है।

७२. खराद पर चढ़ना (जाँच में आना) – खराद पर चढ़ने से ही वस्तु की परख होती है।

७३. खाक छानना (भटकना) – नौकरी की खोज में किसे खाक नहीं छाननी पड़ती?

मुहावरा (अर्थ)		वाक्य प्रयोग
७४. गाल बजाना (डींग हाँकना)	–	गाल बजाने से कुछ नहीं होता, कुछ पाने के लिए श्रम करना पड़ता है।
७५. गुस्सा पीना (क्रोध दबाना)	–	उसका वह पुराना परिचित था, इसीलिए गुस्सा पीकर रह गया।
७६. गला छूटना (पिण्ड छूटना)	–	उससे गला तभी छूटेगा, जब मैं यहाँ से चला जाऊँ।
७७. गूलर का फूल होना (अदृश्य/लापता होना)	–	राम तो गूलर का फूल हो गया है, उसका कुछ पता ही नहीं चलता।
७८. गर्दन उठाना (प्रतिवाद करना)	–	मंत्री के विरोध में गर्दन उठाना ठीक नहीं।
७९. गर्दन काटना (हानि पहुँचाना)	–	इस काम में तो वह राम की गर्दन ही काट देगा।
८०. गर्दन पर सवार होना (साथ लगा रहना)	–	जब देखो, तब वह मेरी गर्दन पर सवार रहता है।
८१. गाल बजाना (डींग हाँकना)	–	काम करो, गाल बजाने से कुछ नहीं होता।
८२. घात लगाना (मौका देखना)	–	शिकार के लिए शिकारी घात लगाये बैठा है।
८३. घड़ों पानी पड़ना (लज्जित होना)	–	भेद खुल जाने पर उस पर घड़ों पानी पड़ गया।
८४. घी के दीये जलाना (खुशी मनाना)	–	वह काला धन जमा कर अब घी के दीये जला रहा है।
८५. घोड़े बेच कर सोना (चिंतारहित होना)	–	परीक्षा समाप्त होने पर छात्र घोड़े बेच कर सोते हैं।
८६. चल बसना (मरना)	–	राम भरी जवानी में चल बसा।
८७. चार चाँद लगना (प्रतिष्ठा बढ़ना)	–	सुन्दर छपाई ने पुस्तक में चार चाँद लगा दिये हैं।
८८. चार दिन की चाँदनी (थोड़े दिन का सुख)	–	उसकी चार दिनों की चाँदनी रही, तुम किस खेत की मूली हो।
८९. चाँद का टुकड़ा (बहुत सुन्दर)	–	राम सचमुच चाँद का टुकड़ा है।

९०. चाँद पर थूकना (व्यर्थ कलंक लगाना) – म. गाँधी की निन्दा करना चाँद पर थूकना है।

९१. चींटी के पर लगना (विनाश के लक्षण प्रकट होना) – यह चींटी के पर लगना ही था कि हिरण्यकशिपु ने प्रह्लाद को सताया।

९२. चिराग तले अँधेरा (योग्यता की जगह अयोग्यता का होना) – राम नामी विद्वान थे, पर उनके बेटे श्याम को चिराग तले अँधेरा ही जानो।

९३. छक्के छूटना (हारना) – कारगिल युद्ध में पाकिस्तानी सेना के छक्के छूट गये।

९४. जंगल में मंगल होना (नीरव वातावरण में आनन्द मनाना) – सच्चा मित्र मिले तो जंगल में भी मंगल होता है।

९५. जूते चाटना (चापलूसी करना) – मंत्री जी के जूते चाटते-चाटते वह थक गया, पर कोई फल न मिला।

९६. जान पर खेलना (साहसिक कार्य) – हमारे जवान जान पर खेल कर देश की रक्षा करते हैं।

९७. झाँसे में आना (धोखे में आना) – ठग के झाँसे में आकर उसने अपना सर्वस्व गँवा दिया।

९८. झण्डा गाड़ना (विजय प्राप्त करना) – सिकन्दर ने भी एक समय अनेक देशों पर झण्डा गाड़ा था।

९९. झड़ी लगाना (अधिक संख्या में उपस्थित करना) – उसने अपने भाषण में मुहावरों की झड़ी लगा दी।

१००. टन हो जाना या बोल जाना (तुरन्त मर जाना) – गोली लगते ही वह टन बोल गया।

१०१. टाँग अड़ाना (अड़चन डालना) – कुछ आता-जाता नहीं, पर हर बात में टाँग अड़ाते रहते हो।

१०२. टाट उलटना (दिवालिया होना) – जब उसका टाट उलटा है तो तुम अपनी रकम की आशा न करो।

१०३. तूती बोलना (प्रभाव होना) – आजकल सब जगह आपकी ही तूती बोलती है।

१०४. तीन तेरह होना (तितर-बितर होना) — यों तो आपसी मतभेद थे ही, श्रीकृष्ण के मरते ही सारा यदुकुल तीन तेरह हो गया।

१०५. तारे गिनना (चिंता में रात बिताना) — तुम्हारी प्रतीक्षा में मैं सारी रात तारे गिनता रहा।

१०६. तलवे सहलाना (खुशामद करना) — अफसरों के तलवे सहलाने पर भी उसे तरक्की नहीं मिली।

१०७. तूती बोलना (प्रभाव होना) — आजकल पूरे गाँव में आपकी ही तूती बोलती है।

१०८. थाली (डगरे) का बैगन (असंतुलित/विश्वासी) — वह तो थाली (डगरे) का बैगन है, उससे दोस्ती करना हितकर नहीं।

१०९. थूक कर चाटना (वादे से डिगना) — थूक कर चाटने वाले कभी विश्वसनीय नहीं होते।

११०. दाँत खट्टे करना (परास्त करना) — भारतीय सेना ने पाकिस्तानी सेना के दाँत खट्टे कर दिये।

१११. दाँत दिखाना (खीस दिखाना) — स्वयं देर करते हो और अब दाँत दिखाते हो।

११२. दाँतों तले उँगली दबाना (चकित होना) — नालन्दा विश्व विद्यालय के खण्डहर देख कर भी लोग दाँतों तले उँगली दबा लेते हैं।

११३. दाँत कटी रोटी (दोस्ती) — राम और श्याम में दाँत कटी रोटी है।

११४. दाँत गिनना (अवस्था का पता लगाना) — मँगनी के बैल के दाँत नहीं गिने जाते।

११५. दूध के दाँत न टूटना (अनुभवहीन) — अभी तो दूध के दाँत भी नहीं टूटे हैं, वह सभा में क्या भाषण करेगा?

११६. दिन दूना रात चौगुना (खूब उन्नति) — अब देश का विकास दिन दूना रात चौगुना हो रहा है।

११७. निन्नानवे का फेर (धन जोड़ने का लालच) — राम भाई, निन्यानवे के फेर में दोपहर को मुँह धोते हैं।

११८. नौ दो ग्यारह होना (चम्पत होना) — पुलिस का नाम सुनते ही उग्रवादी नौ दो ग्यारह हो गये।

११९. न घर का, न घाट का (कहीं का नहीं) – न उसने पढ़ाई की, न पुस्तैनी कला सीखी, अब वह न घर का रहा, न घाट का (न इधर का रहा, न उधर का)।

१२०. नचा मारना (परेशान करना) – राम ने मुझे एक छोटे-से काम के लिए नचा मारा।

१२१. पेट में चूहे कूदना (भूख लगना) – सवेरे से मैंने कुछ खाया नहीं, अब पेट में चूहे कूद रहे हैं।

१२२. पट्टी पढ़ाना (बुरी राय देना) – राम को मोहन ने ऐसी पट्टी पढ़ाई कि वह घरवालों की एक भी नहीं सुनता।

१२३. पगड़ी रखना (प्रतिष्ठा बचाना) – पाकिस्तान के साथ युद्ध में जवानों ने देश की पगड़ी रख ली।

१२४. पेट में दाढ़ी होना (कम अवस्था में बुद्धिमान होना) – इस लड़के की बुद्धि देख कर तो लगता है कि इसके पेट में दाढ़ी है।

१२५. फूल झड़ना (मधुर वचन बोलना) – वह इतना मीठा बोलता है मानों फूल झड़ते हों।

१२६. बन्दरघुड़की (झूठी धमकी) – मैं आपकी बन्दर घुड़की से डरने वाला नहीं।

१२७. बाग-बाग होना (खुश होना) – शिष्य की उन्नति से शिक्षक का दिल बाग-बाग हो उठा।

१२८. बगुलाभगत होना (ऊपर से भला, भीतर से बुरा) – आज के अधिकांश संन्यासी बगुलभगत होते हैं।

१२९. बात का धनी (वादे का पक्का) – मुझे पता है कि राम बात का धनी है।

१३०. बात की बात में (अतिशीघ्र) – बात की बात में वह यहाँ से चलता बना।

१३१. बात चलाना (चर्चा करना) – आप उनसे मेरी नौकरी की बात चलाइएगा।

१३२. बात बनाना (बहाना करना) – तुम सदा बात बनाते रहते हो, मेरा काम करते नहीं।

१३३.	बात बढ़ाना (बहस छेड़ना)–	देखो, बात बढ़ाना अच्छा नहीं होता।
१३४.	बाल की खाल निकालना– (नुक्ताचीनी करना)	केवल बाल की खाल निकालने से कुछ नहीं होता, स्वयं करो तब जानो।
१३५.	भाड़े का टट्टू (पैसे के लिए काम करने वाला) –	भाड़े के टट्टू का क्या भरोसा? वह तो दो पैसों पर भी बिक सकता है।
१३६.	भीगी बिल्ली होना (डर से दुबकना) –	पुलिस को देखते ही वह भीगी बिल्ली हो गया।
१३७.	भैंस के आगे बीन बजाना– (नासमझ के आगे समझदारी की बात करना)	इन मूर्खों को अहिंसा का महत्त्व समझाना भैंस के आगे बीन बजाना है।
१३८.	भूँजी भाँग न होना (अति दरिद्रता) –	घर में भूँजी भाँग नहीं, बात करते हैं लाख टके की।
१३९.	मक्खी मारना (बेकार होना) –	कुछ तो करो, दिन भर मक्खी मारने से कैसे चलेगा?
१४०.	मोटा असामी (मालदार) –	आज महीनों बाद एक मोटा असामी दुकान पर आया है।
१४१.	मुट्ठी गरम करना (घूस देना) –	मंत्री जी की मुट्ठी गरम करो तो काम हो जायेगा।
१४२.	भण्डा फूटना (भेद खुलना) –	भण्डा फूटने से राम मुँह छिपाये चलता है।
१४३.	भाँड में झोंकना (नष्ट करना) –	अब इसे रखने से कोई लाभ नहीं, इसे भाँड में झोंक दो।
१४४.	मुँह छिपाना (लज्जित होना) –	मुझसे वह मुँह छिपाये बैठा है।
१४५.	मुँह की खाना (हार जाना) –	अन्ततः राम को मुँह की खानी पड़ी।
१४६.	मुँह उतरना (उदास होना) –	परीक्षा में विफल होने के कारण उसका मुँह उतर गया है।
१४७.	रंग जमना (धाक जमना) –	कल सभा में तुम्हारा खूब रंग जमा।

१४८. रोंगटे खड़े होना (चकित/भयभीत होना) – रास्ते में साँप को देखते ही मेरे रोंगटे खड़े हो गये।

१४९. रँगा सियार होना (धूर्त) – वह संन्यासी तो रँगा सियार निकला

१५०. लकीर का फकीर होना (पुरानी मान्यता को मानना) – आदमी चाँद पर चला गया, पर अभी तक ये लकीर के फकीर बने हैं।

१५१. लेने के देने पड़ना (लाभ के बदले हानि) – काम नया है, ठीक से काम करना; अन्यथा कहीं लेने के देने न पड़ जायें।

१५२. शहद की छुरी होना (ऊपर से मधुर, भीतर से खतरनाक) – उस धूर्त से बचो, वह शहद की छुरी है।

१५३. श्री गणेश करना (शुभारम्भ करना) – शुभ मुहूर्त में ही इस कार्य का श्रीगणेश करना।

१५४. साँप छछुंदर की हालत (दुविधा) – पिता और माता दोनों नाराज हैं। किन्हें क्या कह कर सच बताऊँ? मेरी अवस्था तो साँप-छछूँदर की हो रही है।

१५५. सोलह आना (सवा सोलह आना) सही (पूरा ठीक) – राम की सेना में हनुमान की श्रेष्ठता इसी कारण थी कि वे हर काम में सोलह (सवा सोलह) आने सही सिद्ध होते थे।

१५६. सिर उठाना (विरोध करना) – देखता हूँ कि मेरे सामने कौन सिर उठाता है?

१५७. सिर पर सवार होना (पीछे पड़ना) – तुम मेरे सिर पर कब तक सवार रहोगे?

१५८. सिर से पैर तक (आदि से अन्त तक) – वह सिर से पैर तक कर्ज में डूबा हुआ है।

१५९. सिर पीटना (शोक करना) – घर का सामान तो राख हो ही गया, अब सिर पीटने से क्या होने वाला है?

१६०. सिर चढ़ाना (शोख बनाना) – बच्चों को सिर चढ़ाना ठीक नहीं होता।

१६०. सिर पर भूत संचार होना– (एक ही बात की रट लगाना) लगता है कि उनके सिर पर भूत सवार हो गया है, तभी वह जी-जान से इस काम में जुटा है।

१६२. सिर मढ़ना (दूसरों को जबर्दस्ती देना) – सड़ा हुआ गेहूँ मेरे सिर मढ़ दिया गया है।

१६३. सिर मुड़ाते ओले पड़ना (आरम्भ में हानि होना) – मैंने व्यापार क्या शुरु किया कि सिर मुंड़ाते ही ओले पड़े, अब तक हजारों की चपत लग चुकी है।

१६४. हवा का रंग देखना (समय पहचानना) – तेजी की हवा का रंग देख कर ही रामू सेठ ने सैकड़ों टन चावल पहले ही खरीद लिया था।

१६५. हाथ पैर मारना (काफी प्रयत्न करना) – कुश्ती में वीरू ने ऐसी दाँव लगायी कि हाथ-पैर मारने के बावजूद शामू से कुछ नहीं बन पड़ा।

१६६. हाथ के तोते उड़ना (स्तब्ध होना) – पूर्वी पाकिस्तान में मुक्तिवाहिनी के आन्दोलन में पाकिस्तानी सेना के हाथ के तोते उड़ गये।

१६७. हाथ मलना (पछताना) – अवसर चूकने पर हाथ मलते रहने के अलावा और क्या हो सकता है?

१६८. हुक्का-पानी बन्द करना (जाति से निकालना) – जातिवालों ने राम का हुक्का-पानी बन्द कर दिया है।

कतिपय कहावतें

१. अकेला चना भाड़ नहीं फोड़ता (अकेला व्यक्ति किसी काम को पूरा नहीं कर सकता)—माना कि तुम बहादुर हो, पर अकेले उग्रवादियों का सामना नहीं कर सकते। तुमने सुना नहीं कि अकेला चना भाड़ नहीं फोड़ता?

२. अधजल गगरी छलकत जाये (डींग हाँकना)—राम की दो-चार कविताएँ क्या छप गयीं, वह अपने को कवि-सम्राट समझने लगा है। ठीक ही कहा गया है कि अधजल गगरी छलकत जाये।

३. अन्धों में काना राजा (मूर्खों में साक्षर व्यक्ति)—दलितों में कोई पढ़ा-लिखा तो है नहीं, इस कारण नोखू पासवान को वे लोग सब कुछ मानते हैं। ठीक ही कहा गया है कि अन्धों में काना राजा।

४. आँख का अन्धा नाम नयनसुख (गुण के विपरीत नाम)—वह अपनी बहादुरी की सदा डींग हाँकता था, पर घर में दो बिल्लियों की लड़ाई में म्याऊँ-म्याऊँ सुन कर काँपने लगा। यह देख उसकी पत्नी मुस्कराती हुई बोली कि यह कहावत ठीक ही है कि आँख का अन्धा नाम नयन सुख।

५. आगे नाथ न पीछे पगहा (सर्वथा स्वतंत्र/निरंकुश)–तुम्हारा तो काम ही है यों ही चक्कर लगाना; आगे नाथ न पीछे पगहा, बस मस्ती किया करो।
६. आम के आम गुठलियों के दाम (दूना लाभ)–पुस्तक-लेखन से नाम तो होता ही है, दाम भी मिलता है– आम के आम गुठलियों के दाम।
७. ऊँची दुकान फीका पकवान (केवल बाहरी तड़क-भड़क, सार कुछ नहीं)–वह विज्ञापन करता है शुद्ध घी से बनी मिठाई का, पर उसके यहाँ बिकती है मिलावटी घी से बनी मिठाई ही। कहा गया है न, ऊँची दुकान फीका पकवान।
८. एक पन्थ दो काज (एक काम से दूसरे का भी हो जाना)–नालन्दा जाओगे तो सूर्यषष्ठी मेला तो देखोगे ही, पुराने विश्वविद्यालय का विशाल ऐतिहासिक अवशेष भी देख लोगे। इस प्रकार एक पन्थ दो काज हो जायेगा।
९. एक और एक ग्यारह होते हैं (एकता में बल)–तुम दोनों मिल कर इस कार्य में लगो तो यह शीघ्र हो जायेगा, क्योंकि एक और एक ग्यारह होते हैं।
१०. कहाँ राजा भोज और कहाँ भोजू (गंगू) तेली (असमानता में तुलना कैसी)–आप ठहरे करोड़ी मल और मैं साधारण मजदूर। आप से मेरा मेल कैसा! कहाँ राजा भोज और कहाँ भोजू (गंगू) तेली?
११. का वर्षा जब कृषि सुखानी (समय निकल जाने पर वस्तु की प्राप्ति व्यर्थ होती है।)–इस बार परीक्षाफल निकलने में महीनों की देरी है, पर का वर्षा जब कृषि सुखानी? मुझे तो रुड़की में नामांकन कराना था जिसकी तिथि भी निकल गयी।
१२. खोदा पहाड़ निकली चुहिया (अधिक श्रम, पर थोड़ा लाभ)–मैंने साल भर पूरी मेहनत की, पर क्या मिला? खोदा पहाड़ और निकली चुहिया।
१३. खिसियानी बिल्ली खम्भा नोचे (सबल पर जोर नहीं चलने पर निर्बल को कष्ट देना)–साहब नाराज हुए बड़े बाबू पर, तो बड़े बाबू चपरासियों पर गुस्सा झाड़ने लगे। तब एक ने टिप्पणी की–खिसियानी बिल्ली खम्भा नोचे।
१४. घर का जोगी जोगड़ा, आन गाँव का सिद्ध (निकट का गुणी व्यक्ति सम्मान कम पाता है, पर दूर का अधिक)– वह अन्यत्र स्वामी सत्यानन्द के नाम से प्रख्यात है, पर गाँव वाले उसे सतुआ ही के रूप ही में जानते हैं।
१५. चमड़ी जाय तो जाय पर दमड़ी न जाय (थोड़ी हानि के बदले अधिक हानि सहना)–बेटा बीमार है, पर रूपया रहते ही उसका इलाज नहीं करा रहे हैं। उनका तो मानना ही है कि चमड़ी जाय तो जाय, पर दमड़ी न जाय।
१६. छटाँक चून चौबारे पर रसोई (तादाद से अधिक काम करना)–उनके यहाँ

प्रबन्ध था दस व्यक्तियों का, और निमंत्रित कर आये पचास व्यक्तियों को। बताइए, अब क्या होगा? हुई न छटाँक चून चौबारे पर रसोईवाली बात।

१७. डूबते को तिनके का सहारा (संकट में थोड़ी भी सहायता महत्त्वपूर्ण होती है–) वह तो दाने-दाने को मोहताज है। यदि तुमने उसे कुछ रुपये दिये तो डूबते को तिनके का सहारा मिल जायेगा।

१८. तेते पाँव पसारिये जेती लम्बी सौर (सामर्थ्य के अनुरूप ही काम करना चाहिए)–तुम कमाते हो पाँच सौ रुपये प्रतिमाह और खर्च करोगे सात सौ रुपये। इससे कैसे चलेगा? तेते पाँव पसारिये जेती लम्बी सौर।

१९. जल में रहे, मगर से बैर (जिसके आश्रय में रहे उसी से शत्रुता करना)–कॉलेज में प्राचार्य महोदय से बिगड़ना उचित नहीं, क्योंकि जल में रहने पर मगर से बैर निभ नहीं सकता।

२०. नाच न जाने आँगन टेढ़े (काम नहीं जानना पर बहाना करना)–रमा को गाने के लिए कहने पर उसने कहा कि साज ही ठीक नहीं है गाऊँ कैसे? कहा है न कि नाच न जाने आँगन टेढ़ा।

२१. न रहेगा बाँस, न बजेगी बाँसुरी (न कारण रहेगा, न कार्य होगा)–घर में झगड़े की जड़ एक नौकर था जिसे निकाल दिया गया। पूछने पर पता चला कि न रहेगा बाँस न बजेगी बाँसुरी।

२२. पढ़े फारसी बेचे तेल (अधिक योग्यता होने पर भी निम्न स्तर का काम करना)–उसकी शैक्षणिक योग्यता एम. कॉम. है, पर वह मज़दूरी कर रहा है। तभी तो कहा गया है कि पढ़े फारसी बेचे तेल।

२३. मुँह में राम, बगल में छूरी (प्रत्यक्ष में भला, परोक्ष में बुरा)–उसकी साधुता देख आप धोखे में न पड़ें। उसके मुँह में राम और बगल में छूरी है।

२४. यथा राजा तथा प्रजा (जैसा मालिक वैसा ही मातहत)–आज के युग में रामू का ईमानदार होना आश्चर्य की बात नहीं, उसके पिता और शिक्षक, दोनों ईमानदार हैं। अस्तु, यथा राजा तथा प्रजा।

२५. होनहार विरवान के होत चीकने पात (होनहार के लक्षण पहले से ही प्रतीत होने लगते हैं)–इस नन्हे बालक के गुणों को देख कर तो यही अनुमान होता है कि आगे चल कर यह महान् विद्वान् होगा, क्योंकि होनहार विरवान के होत चीकते पात।

मुहावरे और कहावतें असंख्य हैं। ऊपर केवल नमूने के तौर पर थोड़े उदाहरण प्रस्तुत किये गये हैं।

वाक्य-विचार

व्याकरण के जिस भाग में वाक्य, वाक्य के भेद, वाक्य के अवयवों के पारस्परिक सम्बन्ध, वाक्य रूपान्तर, वाक्य विन्यास आदि का विचार किया जाता है, उसे वाक्य-विचार कहा जाता है।

वाक्य

किसी विचार को पूर्णता से प्रकट करने वाले शब्दसमूह (पदसमूह) को वाक्य कहा जाता है। ध्वनि से अक्षर बने, अक्षर से शब्द बने और शब्दों के सही संयोजन से वाक्य। वाक्यों में आये विचार या भाव। विचारों और भावों को अभिव्यक्ति वाक्यों द्वारा मिलती है। इस निमित्त योग्य और सार्थक शब्दों को एक व्यवस्थित क्रम से इस प्रकार तारतम्य प्रदान करना होता है कि वह श्रोता की आकांक्षा को पूर्ण कर सके। वाक्यों में प्रयुक्त शब्दों में सन्निधि या आसक्ति और अन्वय (व्याकरण की दृष्टि से समानरूपता) का होना भी अनिवार्य है।

वाक्य में प्रयुक्त शब्दों को उनके अर्थ और सम्बन्ध की प्रधानता के अनुसार प्रयोग किया जाना ही **क्रम** कहा जाता है। वाक्य में प्रत्येक शब्द का अर्थबोधन में सहायक होना ही शब्द की **योग्यता** होती है। सन्निधि या **आसक्ति** का अर्थ है—समीपता अर्थात् सभी प्रयुक्त शब्दों का समीप होना आवश्यक है एवं एक शब्द को सुन कर दूसरे शब्द को सुनने या जानने की स्वाभाविक उत्कण्ठा **आकांक्षा** कही जाती है। इन आधारों पर कहा जायेगा कि **वाक्य व्यवस्थित क्रम से सजे सार्थक शब्दसमूह (पदसमूह) हैं जिनमें परस्पर योग्यता, आसक्ति और अव्यय हों।**

वाक्य और उपवाक्य

वाक्य सार्थक शब्दसमूह होता है, पर उनमें कर्त्ता और क्रिया, दोनों का होना आवश्यक है। दोनों में से किसी एक के अभाव में वाक्य नहीं होता। यथा– 'राम', श्याम, घर, मैदान, आदि सार्थक, शब्दसमूह हैं, पर वाक्य नहीं, क्योंकि इनमें कोई क्रिया-पद नहीं है। इसी प्रकार 'खाता' है, खींचता है, खेलता है' आदि क्रियापदों के समूह भी वाक्य नहीं कहे जा सकते। वस्तुतः वही शब्दसमूह वाक्य होगा जिसमें कर्त्ता (उद्देश्य) और क्रिया (विधेय), दोनों हों। यथा–

राम खाता है,   श्याम खेत सींचता है;   मोहन खेलता है।

वाक्य में उद्‌देश्य और विधेय के अर्थों में विरोध नहीं होना चाहिए। यथा–'श्याम आग से खेत सींचता है' वाक्य रचना की दृष्टि से शुद्ध होने के बावजूद भावबोध की दृष्टि से अयोग्य है। इसमें विरोध है। आग से खेत की सिंचाई नहीं होती, सिंचाई होती है पानी से। अतः 'श्याम पानी से खेत सींचता है' कहना उपयुक्त होगा।

अनेक बार एक वाक्य में ही कई वाक्य होते हैं। वैसी स्थिति में उनमें एक प्रधान वाक्य होता है और शेष उपवाक्य। यथा–

राम ने कहा कि मैं भात खाऊँगा।

इसमें 'राम ने कहा' प्रधान वाक्य है और 'कि में भात खाऊँगा' उपवाक्य। उगवाक्य गें वावय के सभी गुण वर्तमान होते हैं, पर वह किसी प्रधान वाक्य का आश्रित या भाग होता है। उपवाक्य सामान्यतः कि, ताकि, क्योंकि, चूँकि, पर, यदि, यद्यपि, जो, जिससे, जितना, ज्यों, जब, जहाँ आदि से आरम्भ होता है। उपवाक्य तीन प्रकार के होते हैं–(क) **संज्ञा उपवाक्य** (संज्ञा की तरह व्यवहृत आश्रित उपवाक्य), (ख) **विशेषण उपवाक्य** (विशेषण की तरह व्यवहृत आश्रित उपवाक्य) और (ग) **क्रियाविशेषण उपवाक्य** (क्रिया विशेषण की तरह व्यवहृत आश्रित उपवाक्य)।

संज्ञा उपवाक्य 'कि' से आरम्भ होता है, **विशेषण उपवाक्य** प्रायः जो, जैसा, जितना आदि शब्दों से आरम्भ होता है और **क्रियाविशेषण उपवाक्य** के आरम्भ में प्रायः जब, जहाँ, जिधर, ज्यों, यद्यपि आदि शब्द आते हैं। यथा–

संज्ञा उपवाक्य – राम ने कहा कि मैं पढ़ूँगा।
विशेषण उपवाक्य – राम, जो पढ़ता था, अब नहीं पढ़ता
क्रियाविशेषण उपवाक्य – जहाँ राम जाता है, वहाँ श्याम भी जाता है।

वाक्य भेद

वाक्यों के वर्गीकरण के दो आधार हैं– **रचना** और **अर्थ**। रचना के आधार पर वाक्य तीन प्रकार के होते हैं– सरल (साधारण) वाक्य, मिश्र वाक्य और संयुक्त वाक्य।

सरल (साधारण) वाक्य–एक उद्‌देश्य (कर्त्ता) और एक विधेय (क्रिया) वाले वाक्य सरल वाक्य कहे जाते हैं। यथा–

राम जाता है;   मोहन आया था;   श्याम पढ़ेगा।

मिश्र वाक्य–जिसमें एक सरल वाक्य के अतिरिक्त उसके आश्रित कोई दूसरा अंग वाक्य हो, वह मिश्र वाक्य कहा जाता है। यथा–

राम ने लिखा है कि वह कल आयेगा।

इसमें 'राम ने लिखा है' प्रधान उपवाक्य (सरल वाक्य) है और 'वह कल आयेगा' उसका आश्रित उपवाक्य है। दोनों समुच्चय बोधक अव्यय 'कि' से जुड़े हैं। आश्रित उपवाक्य संज्ञा उपवाक्य है। आश्रित उपवाक्य अपने आप में पूर्ण नहीं होते, पर वे प्रधान उपवाक्य के साथ आने पर पूर्ण अर्थ का द्योतन कराते हैं।

संयुक्त वाक्य : जिस वाक्य में दो या दो से अधिक सरल अथवा मिश्र वाक्यों का मेल संयोजक अव्ययों द्वारा होता है, वह संयुक्त वाक्य कहा जाता है–

क. राम हरिद्वार गया और गंगाजल ले आया।

ख. यह शाश्वत सत्य है कि जो परिश्रम करता है, वह सफल होता है।

ग. राम हरिद्वार जा रहा था कि गंगाजल लाऊँगा पर रास्ते में मोहन मिल गया और वह उसके साथ ही लौट गया।

उपरि वाक्यों में पहला दो सरल वाक्यों के मेल से, दूसरा एक सरल और एक मिश्र वाक्य के मेल से और तीसरा दो मिश्र वाक्यों के मेल से बने संयुक्त वाक्यों के उदाहरण हैं।

संयुक्त वाक्य के प्रत्येक उपवाक्य की स्वतंत्र स्थिति होती है। वे परस्पर आश्रित नहीं होते। वे समानाधिकरण उपवाक्य भी कहे जाते हैं।

अर्थ की दृष्टि से वाक्य आठ प्रकार के होते हैं–

१. विधानार्थक

जिससे किसी बात के होने का बोध हो, यथा–

सरल वाक्य – राम आया

मिश्र वाक्य – राम आया, तब मैंने खाना खाया।

संयुक्त वाक्य – मैंने खाना तो खाया, पर अब भी भूख लगी है।

२. निषेधार्थक

सरल वाक्य – राम नहीं आया।

मिश्र वाक्य – राम नहीं आया, इसलिए मैंने खाना नहीं खाया।

संयुक्त वाक्य – मैंने खाना नहीं खाया, फिर भी भूख नहीं लगी है।

३. आज्ञार्थक–

तुम जाओ

तुम जाओ और अपना काम करो।

४. प्रश्नार्थक–

तुम्हारा नाम क्या है?

क्या तुम जा रहे हो?

५. **विस्मयादिबोधक** – अरे! यह क्या हो गया।

६. **सन्देहार्थक** – वह आया होगा।

७. **इच्छाबोधक** – तुम विद्वान् बनो और खूब नाम करो।

८. **संकेतार्थक** – यदि तुम चलो तो मैं भी साथ चलूँ।

– पानी बरसता तो फसल अच्छी होती।

वाक्य का रूपान्तर

वाक्य के रूपान्तर से तात्पर्य है—वाक्य का रूप-परिवर्तन। अर्थात् बिना अर्थ बदले एक प्रकार के वाक्य को दूसरे प्रकार के वाक्य में परिवर्त्तित करना। इसमें ध्यान देने की महत्त्वपूर्ण बात इतनी है कि वाक्य का मूल अर्थ किसी भी हालत में नहीं बदले। आगे इसे कतिपय उदाहरण द्वारा स्पष्ट किया जाता है—

क. सरल वाक्य से मिश्र वाक्य

१. कमाने वाला खायेगा। — सरल वाक्य
जो कमायेगा, वह खायेगा। — मिश्र वाक्य
२. विद्वान् का सभी सम्मान करते हैं। — सरल वाक्य
जो विद्वान् होते हैं, उनका सभी सम्मान करते हैं। — मिश्र वाक्य

ख. सरल वाक्य से संयुक्त वाक्य

१. राम के आने पर मैं गया। — सरल वाक्य
राम आया और मैं गया। — संयुक्त वाक्य
२. सूरज के उगने पर अँधेरा हटा। — सरल वाक्य
सूरज उगा तब अँधेरा हटा। — संयुक्त वाक्य

ग. मिश्र वाक्य से सरल वाक्य

१. मैंने एक किताब खरीदी जो राम की थी। — मिश्र वाक्य
मैंने राम की किताब खरीदी। — सरल वाक्य
२. मेरे पास जो कुछ था, वह समाप्त हो गया। — मिश्र वाक्य
मेरा सब कुछ समाप्त हो गया। — सरल वाक्य

घ. संयुक्त वाक्य से सरल वाक्य

१. वह केवल खेलता ही नहीं, बल्कि पढ़ता भी है। — संयुक्त वाक्य
वह खेलने के अलावा पढ़ता भी है। — सरल वाक्य
२. वर्षा हुई और इसी कारण वह आज नहीं आ सका। — संयुक्त वाक्य
वर्षा के कारण वह आज नहीं आ सका। — सरल वाक्य

ड. विधानार्थक वाक्य से निषेधार्थक वाक्य

१. राम मुझसे छोटा है। — विधि
राम मुझसे बड़ा नहीं है। — निषेध
२. अपनी सम्पति की सब रक्षा करते हैं। — विधि
अपनी सम्पति की रक्षा कौन नहीं करता। — निषेध

च. प्रश्नार्थक वाक्य से विधानार्थक/निषेधार्थक वाक्य

१. मौत से कौन नहीं डरता? — प्रश्न
मौत से सब डरते हैं। — स्वीकार
२. अपनी भाषा किसे अच्छी नहीं लगती? — प्रश्न
अपनी भाषा सबको अच्छी लगती है। — स्वीकार
३. अपनी बुराई कौन चाहता है? — प्रश्न
अपनी बुराई कोई भी नहीं चाहता। — निषेध
४. उसे कौन जानता है? — प्रश्न
उसे कोई नहीं जानता। — निषेध

छ. विस्मयादिबोधक वाक्य से विधानार्थक वाक्य

१. अहा! यह दृश्य कितना मनोरम है। — विस्मयादि
यह दृश्य बड़ा मनोरम है। — स्वीकार
२. वाह! क्या कहना!
यह आश्चर्यजनक बात है। — स्वीकार

विस्मयादिबोधक वाक्यों को विधानार्थक (या निषेधार्थक) वाक्य में परिवर्तित करते समय विस्मय सूचक (हर्ष, आश्चर्य, शोक आदि) शब्दों का लोप कर दिया जाता है। साथ ही, अधूरे विस्मयादिबोधक वाक्य को पूरा कर उसके अर्थ के अनुसार संज्ञा या विशेषण का प्रयोग करना चाहिए जिससे उपयुक्त भाव प्रकट हो जाये। यथा—

१. आह! ऐसा घोर पतन! — विस्मय
यह बहुत अधिक (घोर) पतन है। — स्वीकार
२. यह पुस्तक कितनी अच्छी है! — विस्मय
यह पुस्तक बहुत अच्छी है। — स्वीकार

वाक्य-विश्लेषण

वाक्य का अंगों तथा भेदों के अनुसार विश्लेषण करना, वाक्य-विश्लेषण कहा जाता है। इसमें वाक्य के सभी अंगों को अलग-अलग कर उनका पारस्परिक सम्बन्ध स्थापित करना होता है। सर्वप्रथम वाक्य के उपवाक्यों को अलग-अलग कर उनका नामकरण किया जाता है। तदुपरान्त पूरे वाक्य का नामकरण किया जाता है। सरल वाक्य में उद्देश्य और उसका विस्तार एवं विधेय और उसका विस्तार बताया जाता है। मिश्र वाक्य में प्रधान वाक्य और उसके उपवाक्यों को बता कर सरल वाक्य की तरह सब का विश्लेषण किया जाना चाहिए। संयुक्त वाक्य में प्रत्येक वाक्य को अलग-अलग कर उपर्युक्त रीति से ही विश्लेषित किया जाना चाहिए। उदाहरण के लिए, यह वाक्य लीजिए—

'भारत के प्रधामंत्री श्री अटलबिहारी बाजपेयी १५ अगस्त को लालकिले के प्राचीर से राष्ट्रीय सुरक्षा विषयक भाषण करेंगे।' इसका विश्लेषण इस प्रकार होगा—

उद्देश्य			विधेय		
उद्देश्य का विस्तार					विधेय का विस्तार
उद्देश्य (कर्त्ता)	उद्देश्य का विचार	क्रिया	कर्म	कर्म का विस्तार	क्रिया का पूरक या अन्य विस्तार
श्री अटल बिहारी वाजपेयी	भारत के प्रधानमंत्री	करेंगे	भाषण	राष्ट्रीय सुरक्षा विषयक	१५ अगस्त को लालकिले की प्राचीर से

मिश्र तथा संयुक्त वाक्यों के उदाहरणस्वरूप आगे केवल उपवाक्यों तथा आश्रित वाक्यों में विश्लेषण का उदाहरण दिया जाता है। यथा—

१. राम ने कहा कि उसका जाना व्यर्थ है।

२. जब आप लखनऊ गये थे, मैं बनारस गया था और वहाँ से बनारसी साड़ी ले आया।

वाक्य-भेद		उपवाक्य संख्या	उपवाक्य प्रकार	पूरे वाक्य से सम्बन्ध	अव्यय
मिश्र वाक्य	१	राम ने कहा	प्रधान उपवाक्य	'कहा' क्रिया का कर्म	
	२	उसका जाना व्यर्थ है	संज्ञा उपवाक्य		कि
संयुक्त वाक्य	१	मैं बनारस गया था	उपप्रधान वाक्य		और
	२	वहाँ से बनारसी साड़ी ले आया	प्रधान उपवाक्य		
	३	जब आप जखनऊ गये थे	क्रिया विशेषण उपवाक्य	उपप्रधान वाक्य १ की क्रिया की काल सूचक विशेषता बतलाना	

वाक्यगत अशुद्धियाँ

क. शब्द-क्रम

१. अशुद्ध — दो हवाई जहाज एक-दूसरे का पीछा कर रहे थे।
   शुद्ध — एक हवाई जहाज दूसरे का पीछा कर रहा था।
२. अशुद्ध — उसने शुद्ध गाय का घी खरीदा है।
   शुद्ध — उसने गाय का शुद्ध घी खरीदा है।
३. अशुद्ध — सेमिनार में भाग लेने के लिए बहुत-से पाकिस्तान कें विद्वान् आये हैं।
   शुद्ध — सेमिनार में भाग लेने के लिए पाकिस्तान के बहुत-से विद्वान् आये हैं।
४. अशुद्ध — वे और मैं सब जायेंगे।
   शुद्ध — मैं और वे सब जायेंगे।
५. अशुद्ध — तू और मैं दोनों चलेंगे।
   शुद्ध — मैं और तू दोनों चलेंगे।
६. अशुद्ध — तुम सब और हम चलेंगे।
   शुद्ध — हम और तुम सब चलेंगे।
७. अशुद्ध — तुम, राम और मैं चलूँगा।
   शुद्ध — मैं, तुम और राम चलेंगे।

ख. शब्द प्रयोग

८. अशुद्ध — वहाँ एकतारा बज रहा है।
   शुद्ध — वहाँ इकतारा बज रहा है।
९. अशुद्ध — अन्तर्विश्वविद्यालय-प्रतियोगिता कब होगी?
   शुद्ध — अन्तरविश्वविद्यालय-प्रतियोगिता कब होगी?
१०. अशुद्ध — उसकी सौभाग्यवती कन्या का विवाह हो गया।
   शुद्ध — उसकी सौभाग्यकांक्षिणी कन्या का विवाह हो गया।
   या उसकी आयुष्मती कन्या का विवाह हो गया।
११. अशुद्ध — उसे आशा है कि मैं फेल कर जाऊँगा।
   शुद्ध — उसे आशंका/डर है कि मैं फेल कर जाऊँगा।
१२. अशुद्ध — श्रीमती शीला का विवाह कब होगा?
   शुद्ध — सुश्री/कुमारी शीला का विवाह कब होगा?

१३. अशुद्ध — बन्दूक बहुत उपयोगी शस्त्र है।
शुद्ध — बन्दूक बहुत उपयोगी अस्त्र है।
१४. अशुद्ध — बाघ और बकरी एक घाट पानी पीती है।
शुद्ध — बाघ और बकरी एक घाट पानी पीते हैं।
१५. अशुद्ध — एक गाय, दो घोड़े और एक बकरी मैदान में चर रहे हैं।
शुद्ध — एक गाय, दो घोड़े और एक बकरी मैदान में चर रही है।
१६. अशुद्ध — छात्रों ने प्रधानाध्यापक को अभिनन्दन पत्र प्रदान किया।
शुद्ध — छात्रों ने प्रधानाध्यापक को अभिनन्दन पत्र अर्पित किया।
१७. अशुद्ध — शोक है कि आपने मेरे पत्रों का कोई उत्तर नहीं दिया।
शुद्ध — खेद है कि आपने मेरे पत्रों का कोई उत्तर नहीं दिया।
१८. अशुद्ध — इस समय आपकी आयु पचास वर्ष की है।
शुद्ध — इस समय आपकी अवस्था पचास वर्ष की है।
१९. अशुद्ध — राज्य उसके लिए एक थाती थी।
शुद्ध — राज्य उसके लिए एक थाती था।
२०. अशुद्ध — मैंने सूई, कंघी, ऐनक और किताबें मोल लिये।
शुद्ध — मैंने सूई, कंघी, ऐनक और किताबें मोल लीं।
२१. अशुद्ध — तब शायद यह काम अवश्य हो जायेगा।
शुद्ध — तब यह काम अवश्य हो जायेगा।
२२. अशुद्ध — मुझसे यह काम सम्भव नहीं हो सकता।
शुद्ध — मुझसे यह काम सम्भव नहीं।
२३. अशुद्ध — उनकी मृत्यु से हमें खेद हुआ।
शुद्ध — उनकी मृत्यु से हमें बड़ा दुःख हुआ।
२४. अशुद्ध — व्यायाम करना चाहिए, जिससे कि स्वस्थ रहें।
शुद्ध — व्यायाम करना चाहिए, ताकि हम स्वस्थ रहें।
२५. अशुद्ध — चरखा कातना चाहिए।
शुद्ध — चरखा चलाना चाहिए।
२६. अशुद्ध — गाड़ी में लबालब भीड़ थी।
शुद्ध — गाड़ी में ठसाठस भीड़ थी।
२७. अशुद्ध — उसे मृत्युदण्ड की सजा मिली है।
शुद्ध — उसे मृत्युदण्ड मिला है उसे मौत की सजा मिली है।

२८. अशुद्ध — वह आज स्कूल में नहीं गया।
शुद्ध — वह आज स्कूल नहीं गया।
२९. अशुद्ध — नदी के कटाव से भू-रक्षण हो रहा है।
शुद्ध — नदी में कटाव से भू-क्षरण हो रहा है।
३०. अशुद्ध — राम दुर्घटना में मारा गया।
शुद्ध — राम दुर्घटना में मर गया।
३१. अशुद्ध — सिपाही युद्ध में मर गया।
शुद्ध — सिपाही युद्ध में मारा गया।
३२. अशुद्ध — मुझे उससे चिढ़ है।
शुद्ध — मुझे उससे चिड़ है।
३३. अशुद्ध — वह गले में मफलर लपेट कर टहलता है।
शुद्ध — वह गले पर मफलर लपेट कर टहलता है।
३४. अशुद्ध — अँगूठी अँगुली पर सजती है।
शुद्ध — अँगूठी अँगुली में सजती है।
३५. अशुद्ध — वह पटियाला में रहता है।
शुद्ध — वह पटियाले में रहता है।
३६. अशुद्ध — मैं कल में जाऊँगा।
शुद्ध — मैं कल को जाऊँगा।
३७. अशुद्ध — अच्छा, रात में देखा जायेगा।
शुद्ध — अच्छा, रात को देखा जायेगा।
३८. अशुद्ध — उसके यहाँ शाम में डाका पड़ा।
शुद्ध — उसके यहाँ शाम को डाका पड़ा।
३९. अशुद्ध — मैं एक मिनट को आता हूँ।
शुद्ध — मैं एक मिनट में आता हूँ।
४०. अशुद्ध — वह चारों घण्टों तक पढ़ता रहा।
शुद्ध — वह चार घण्टों तक पढ़ता रहा।
४१. अशुद्ध — छोटों को प्यार करना चाहिए।
शुद्ध — छोटों से प्यार करना चाहिए।
४२. अशुद्ध — उसने राष्ट्रपति को शुभ सन्देश भेजा।
शुद्ध — उसने राष्ट्रपति के नाम शुभ सन्देश भेजा।
४३. अशुद्ध — घोड़ा और गाड़ी खरीदी गयी।

शुद्ध — गाड़ी और घोड़े खरीदे गये।

४४. अशुद्ध — आठ बजने को है।

शुद्ध — आठ बजने वाले हैं।

४५. अशुद्ध — यह पढ़ने के योग्य पुस्तक है।

शुद्ध — यह पढ़ने योग्य पुस्तक है।

४६. अशुद्ध — मैं खाने के लिए जाता हूँ।

शुद्ध — मैं खाने जाता हूँ।

४७. अशुद्ध — प्रधानमंत्री का प्रस्ताव करतलध्वनि के साथ पास हो गया।

शुद्ध — प्रधानमंत्री का प्रस्ताव करतलध्वनि पूर्वक पास हो गया।

४८. अशुद्ध — आपातकाल में श्रीमती इन्दिरागाँधी पर से बाबू जयप्रकाश नारायण का विश्वास हट गया था।

शुद्ध — आपातकाल में श्रीमती इन्दिरागाँधी पर से बाबू जयप्रकाश नारायण का विश्वास उठ गया था।

४९. अशुद्ध — बड़ा शब्द है।

शुद्ध — घोर या ऊँचा शब्द है।

५०. अशुद्ध — बड़ा स्पर्श है।

शुद्ध — कोमल या मृदु स्पर्श है।

५१. अशुद्ध — बड़ा दुःख है।

शुद्ध — महा/अति/बहुत दुःख है।

५२. अशुद्ध — बड़ी बुद्धि है।

शुद्ध — तीव्र/तीक्ष्ण बुद्धि है।

५३. अशुद्ध — बड़ी हवा है।

शुद्ध — तेज/तीव्र हवा है।

५४. अशुद्ध — बड़े-बड़े सूक्ष्म भाव हैं।

शुद्ध — सूक्ष्म से सूक्ष्म भाव हैं।

५५. अशुद्ध — यह भूगोलिक सिद्धान्त है।

शुद्ध — यह भौगोलिक सिद्धान्त है।

५६. अशुद्ध — उसने ठण्डी साँस भरी।

शुद्ध — उसने ठण्डी साँस ली।

५७. अशुद्ध — प्रधानमंत्री ने भाषण दिया।

शुद्ध — प्रधानमंत्री ने भाषण किया।

५८. अशुद्ध — उसके पैरों में हथकड़ियाँ पड़ी हैं।
शुद्ध — उसके पैरों में बेड़ियाँ पड़ी हैं।
५९. अशुद्ध — उपरोक्त वाक्य सही है।
शुद्ध — उपर्युक्त वाक्य सही है।
६०. अशुद्ध — महँगी बढ़ रही है।
शुद्ध — महँगाई बढ़ रही है।
६१. अशुद्ध — वह आरोग्य हो गया।
शुद्ध — वह नीरोग हो गया।
६२. अशुद्ध — तुमने पत्र में क्या लिक्खा है।
शुद्ध — तुमने पत्र में क्या लिखा है?
६३. अशुद्ध — वह दरअसल में कमजोर है?
शुद्ध — वह दरअसल कमजोर है।
६४. अशुद्ध — वह इन दिनों में बीमार है।
शुद्ध — वह इन दिनों बीमार है।
६५. अशुद्ध — वह पूरी शक्ति भर काम करता है।
शुद्ध — वह शक्ति भर काम करता है।
६६. अशुद्ध — वह प्रातःकाल के समय आया।
शुद्ध — वह प्रातःकाल आया।
६७. अशुद्ध — वह लौट कर आज वापस आ गया।
शुद्ध — वह आज वापस आ गया (या लौट गया)।
६८. अशुद्ध — वह इसी बीच में बोल उठा।
शुद्ध — वह इसी बीच बोल उठा।
६९. अशुद्ध — राम ने उसे आड़े हाथों से लिया।
शुद्ध — राम ने उसे आड़े हाथों लिया।

सामान्य अशुद्धियाँ

१. वर्ण-सम्बन्धी अशुद्धियाँ

अशुद्ध	शुद्ध	अशुद्ध	शुद्ध
अनाधिकार	अनधिकार	अनुकुल	अनुकूल
अणुशरण	अनुसरण	अनिष्ठ	अनिष्ट

अभ्यस्थ	अभ्यस्त	अध्यन	अध्ययन
अस्थान	स्थान	अद्वितिय	अद्वितीय
अमदुर	अमरूद	अहिल्या	अहल्या
अगामी	आगामी	आन्ताक्षरी	अन्त्याक्षरी
अन्तर्ध्यान	अन्तर्धान	अमावश्या	अमावस्या
अर्थात	अर्थात्	आधीन	अधीन
अपन्हुति	अपह्नुति	अकांछा	आकांक्षा
आहवान	आह्वान	आर्द	आर्द्र
आजीवका	आजीविका	आल्हाद	आह्लाद
आमिश	आमिष	इकठ्ठा	इकट्ठा
ईर्षा	ईर्ष्या	उपरोक्त	उपर्युक्त
उशृखंल	उच्छृंखल	उँचाई	ऊँचाई
उज्वल	उज्ज्वल	उन्नती	उन्नति
उपलश	उपलक्ष्य	औद्योगीकरण	उद्योगीकरण
उन्मीलीत	उन्मीलित	कवियित्री	कवयित्री
कलस	कलश	कुशाशन	कुशासन
कालीदास	कालिदास	कनिष्ट	कनिष्ठ
कैलाश	कैलास	कृत्यकृत्य	कृतकृत्य
कंकन	कंकण	केन्द्रीयकरण	केन्द्रीकरण
कियारी	क्यारी	क्षात्र (विद्यार्थी)	छात्र
क्षत्र	छत्र	कोतुहल	कौतूहल/कुतूहल
गनित	गणित	गड्डुर	गरूड़
गृहस्थ्य	गृहस्थ	गोपनीय	गोपनीय
गिरस्ती	गृहस्थी	गृहीत	ग्रहीत
गृहीता	ग्रहीता	चारदीवारी	चहारदीवारी
घनिष्ट	घनिष्ठ	चर्मोत्कर्ष	चरमोत्कर्ष
चिन्ह	चिह्न	छमा	क्षमा
जमाता	जामाता	जागृत	जागरित
ज्येष्ट	ज्येष्ठ	त्याज	त्याज्य
तत्व	तत्त्व	तलाव	तालाब
दूधिची	दधीचि	दिपिका	दीपिका

द्वारिका	द्वारका	द्वन्द	द्वन्द्व
द्रविभूत	द्रवीभूत	निरपराधी	निरपराध
निरिह	निरीह	नरायन	नारायण
नछत्र	नक्षत्र	नबाब	नवाब
निवृती	निवृत्ति	नुपुर	नूपुर
पत्नि	पत्नी	पुन्य	पुण्य
प्रन्तु	परन्तु	पुज्य	पूज्य
पुस्प	पुष्प	परिस्थिती	परिस्थिति
प्रज्ज्वलित	प्रज्वलित	पृष्ट	पृष्ठ
पुर्व	पूर्व	प्रसंशा	प्रशंसा
प्रनाम	प्रणाम	परिक्षा	परीक्षा
प्रशाद	प्रसाद	परिक्षण	परीक्षण
पक्क	पक्व	प्रांगन	प्रांगण
पिचास	पिशाच	प्रवृर्त	प्रवृत्त
प्रदर्शिनी	प्रदर्शनी	प्रयाप्त	पर्याप्त
प्रान	प्राण	परिणती	परिणति
फाल्गुण	फाल्गुन	ब्रत	व्रत
ब्रम्ह	ब्रह्म	बिश्लेषण	विश्लेषण
बिधी	विधि	बुढ़ा	बूढ़ा
ब्राम्हन	ब्राह्मण	बृजभाषा	ब्रजभाषा
बृजृ	ब्रज	भरथ	भरत
भगीरथी	भागीरथी	भीस्म	भीष्म
भष्म	भस्म	भाग्यमान	भाग्यवान्
भागवत्	भागवत	भुधर	भूधर
मतन्तर	मतान्तर	मृन्मय	मृण्यम
मुहुर्त	मुहूर्त्त	मूर्धान्य	मूर्द्धन्य
महत्व	महत्त्व	महत्वाकांछा	महत्त्वाकांक्षा
मैथलीसरन	मैथिलीशरण	महात्म	महात्म्य
यथेष्ठ	यथेष्ट	याज्ञवल्क	याज्ञवल्क्य
रुग्न	रुग्ण	राज्यभवन	राजभवन
रसायण	रसायन	रमायन	रामायण

लछमन	लक्ष्मण	लच्छन	लक्षण
ललायित	लालायित	लिक्खा	लिखा
वनोवास	वनवास	वाहनी	वाहिनी
विभिषिका	विभीषिका	विस्मरन	विस्मरण
व्योहार	व्यवहार	व्यापित	व्याप्त
वीना	वीणा	वर्न	वर्ण
विसन्न	विषण्ण	विरहणी	विरहिणी
वांगमय	वाङ्.मय	बाल्मिकि	वाल्मीकि
वास्प	वाष्प	वनिक	वणिक्
वांक्षनीय	वांछनीय	सिंघ	सिंह
संतुष्ठ	संतुष्ट	संग्रहित	संगृहीत
सन्मान	सम्मान	सिन्दुर	सिन्दूर
सुर्य	सूर्य	सुर्पनखाँ	शूर्पणखा
सदृश्य	सदृश	सत्व	सत्त्व
साशन	शासन	सृजन	सर्जन
स्मसान	श्मशान	सम्राज्य	साम्राज्य
समीती	समिति	सूचिपत्र	सूचीपत्र
स्वास्थ	स्वास्थ्य	स्थई	स्थायी
स्थायीत्व	स्थायित्व	स्मर्ण	स्मरण
सुश्रूसा	शुश्रूषा	सुसुप्ति	सुषुप्ति
सुसमा	सुषमा	सम्वाद	संवाद
सर्ब	सर्व	सस्यस्यामला	शस्यश्यामला
सृंखला	श्रृंखला	श्रृंगार	शृंगार
श्रोत	स्रोत	श्राप	शाप
शसि	शशि	शोनित	शोणित
शिवी	शिवि	शारिरिक	शारीरिक
शत्रुहून	शत्रुघ्न	सौहार्द्र	सौहार्द
शुद्धिकरन	शुद्धीकरण	हासील	हासिल
हिन्दु	हिन्दू	हितैसी	हितैषी
हिरण्यकश्यपु	हिरण्यकशिपु	हितेच्छुक	हितेच्छु

२. प्रत्यय सम्बन्धी अशुद्धियाँ

अनुसंगिक	आनुषंगिक	अभ्यन्तिरिक	आभ्यान्तरिक
अध्यात्मक	आध्यात्मिक	असहनीय	असह्य
आधीन	अधीन	आवश्यकीय	आवश्यक
इतिहासिक	ऐतिहासिक	उत्कर्षता	उत्कर्ष
एकत्रित	एकत्र	ऐक्यता	एकता/ऐक्य
कौशलता	कौशल/कुशलता	गोपित	गुप्त
चारुताई	चारुता	चातुर्यता	चतुरता/चातुर्य
ज्ञानमान्	ज्ञानवान्	तत्व	तत्त्व
त्रिवार्षिक	त्रैवार्षिक	तत्कालिक	तात्कालिक
देहिक	दैहिक	देविक	दैविक
दरिद्रता	दरिद्रता/दारिद्रय	दाइत्व	दायित्व
द्विवार्षिक	द्वैवार्षिक	धैर्यता	धैर्य/धीरता
नौपुण्यता	नैपुण्य/निपुणता	निश्चयता	निश्चय
निरपराधी	निरपराध	पौर्वात्य	प्राच्य/पौरस्त्य/पौर्विक
पूज्यनीय	पूज्य/पूजनीय	प्रफुल्लित	प्रफुल्ल
प्रदेशिक	प्रादेशिक	प्रतिनिधिक	प्रातिनिधिक
प्रमाणिक	प्रामाणिक	प्राप्ती	प्राप्ति
पौरुषत्व	पौरुष	पूज्यास्पाद	पूजास्पद
पैत्रिक	पैतृक	बाहुल्यता	बाहुल्य/बहुलता
बुद्धिमानता	बुद्धिमत्ता/बुद्धिमानी	महत्व	महत्त्व
माधुर्यता	मधुरता/माधुर्य	मान्यनीय	माननीय/मान्य
राजनैतिक	राजनीतिक	लब्ध प्रतिष्ठित	लब्धप्रतिष्ठ
व्यवसाइक	व्यावसायिक	व्याकुलित	व्याकुल
व्यवहारित	व्यवहृत	विद्यवान	विद्यमान
व्यापित	व्याप्त	वास्तविक में	वास्तव में/वस्तुतः
वैधव्यता	वैधव्य	वैमनस्यता	वैमनस्य
श्रीमान	श्रीमन/श्रीमान्	शक्ती	शक्ति
षष्ठम	षष्ठ	सन्यास	संन्यास
सर्वजनिक	सार्वजनिक	सौहृद्यता	सौहृद्य/सौहार्द

सौजन्यता	सौजन्य	स्वातंत्र	स्वातंत्र्य
साम्यता	साम्य/समता	सौख्यता	सौख्य
सुन्दरताई	सुन्दरता	सौन्दर्यता	सुन्दरता/सौन्दर्य
सप्ताहिक	साप्ताहिक	समुद्रिक	सामुद्रिक/समुद्री
सम्पर्कित	सम्पृक्त	संसारिक	सांसारिक
हिमवती	हैमवती	प्रसंसनीय	प्रशंसनीय

३. लिंगप्रत्यय-सम्बन्धी अशुद्धियाँ

अशुद्ध	शुद्ध	अशुद्ध	शुद्ध
अनाथिनी	अनाथा	अश्वी	अश्वा
कोमलांगिनी	कोमलांगी	कृशांगिनी	कृशांगी
गोपिनी	गोपी	दिगम्बरी	दिगम्बरा
चातकिनी	चातकी	त्रिनयनी	त्रिनयना
पिशाचिनी	पिशाची	प्रेयसि	प्रेयसी
भुजंगिनी	भुजंगी	विहंगिनी	विहंगी
सुलोचनी	सुलोचना	शताब्दि	शताब्दी
श्वेतांग्नी	श्वेतांगी	श्रीमान् रानी जी	श्रीमती रानी जी

४. हलन्त-सम्बन्धी अशुद्धियाँ

प्रत्युत्	प्रत्युत	बुद्धिवान	बुद्धिमान्
च्युत्	च्युत	भाग्यमान	भाग्यवान्
श्रीयुत्	श्रीयुत	भविष्यत	भविष्यत्
विधिवत	विधिवत्	सतचित	सच्चित्
श्रीमान	श्रीमान्	साक्षात	साक्षात्

५. चन्द्रबिन्दु और अनुसार-सम्बन्धी अशुद्धियाँ

अंगना (आँगन)	अँगना	आंख	आँख
उंगली	उँगली	उंचा	ऊँचा
कंगना	कँगना	कांच	काँच
गूंगा	गूँगा	गांधीजी	गाँधी जी
चांद	चाँद	छटांक	छटाँक
जहां	जहाँ	जाउंगा	जाऊँगा

डांट	डाँट	तांत	ताँत
दांत	दाँत	दूंगा	दूँगा
पहुंच	पहुँच	पांचवां	पाँचवाँ
बंगला	बँगला	बांस	बाँस
महंगा	महँगा	मुंह	मुँह
सांकल	साँकल	सुंड़	सूँड़

पूर्व पृष्ठों में संधि और समास कोश दिये गये हैं। इस कारण सन्धि और समास सम्बन्धी कतिपय अशुद्धियाँ यहाँ नहीं रखी जा रही हैं।

परिशिष्ट

कतिपय प्रमुख सहायक पुस्तकें

१. हिन्दी व्याकरण—पं कामताप्रसाद गुरु, ना. प्र. सभा, विक्रमाब्द २०१४।

२. हिन्दी शब्दानुशासन— पं. किशोरीदास वाजपेयी, ना. प्र. सभा, विक्रमाब्द २०१४।

३. हिन्दी व्याकरण की रूपरेखा— डॉ. ज. म. दीमशित्स, राजकमल, १९६६ ख्रिष्टाब्द।

४. राष्ट्रभाषा का शुद्ध रूप—निगमानन्द परमहंस, शब्दलोक, वाराणसी, १९६७ ख्रिष्टाब्द।

५. आधुनिक हिन्दी व्याकरण और रचना—डॉ. वासुदेवनन्दन प्रसाद, भारती भवन, पटना, १९७२ ख्रिष्टाब्द।

६. हिन्दी व्याकरण (रस-छंद-अलंकार सहित)— डॉ. उमेशचन्द्र शुक्ल, वाणीप्रकाशन, २०००, ख्रिष्टाब्द।

७. ए ग्रामर ऑफ दि हिन्दी लैंग्वेज— रेवा. एस. एच. केलॉग, लन्दन, १९५५ ख्रिष्टाब्द।

८. आउटलाइन ऑफ हिन्दी ग्रामर— आर. एस. मैकग्रेगॉर, आक्सफोर्ड, दिल्ली, १९७६ ख्रि।

९. दि एलिमेण्ट्स ऑफ हिन्दी ग्रामर— डॉ. मुरलीधर श्रीवास्तव, मोतीलाल, १९७९ ख्रि०।

१०. ए बेसिक ग्रामर ऑफ मॉडर्न हिन्दी— डॉ. आर्येन्द्र शर्मा, केन्द्रीय हिन्दी निदेशालय, शिक्षा मंत्रालय, भारत सरकार, १९७२ ख्रि०।

□□□